### 2015 하루만에 끝내는 단기완성

# 공사공단
## 상식공략

시사상식연구회 편저

**단기완성 공사공단 상식 완전정복**

공사·공단 엄선된 기출문제 중심으로 서술!
공사·공단 분야별 필수 핵심기출문제 종합서술!
대기업 취업에 꼭 필요한 공사·공단 상식!
단시간에 효과만점의 공사·공단 상식 종합서술!
쉽게 읽어보고 최단시간에 합격이 가능한 서술!
공무원 및 공사공단, 금융기관, 퀴즈프로그램 대비!
각종 입사시험에 적극활용 가능한 공사·공단 상식!

아이디어 북스
dea books

2015 하루만에 끝내는
단기완성 공사·공단 상식공략

2014년 1월 20일 인쇄
2014년 1월 30일 발행

지은이 | 시사상식연구회
펴낸이 | 이 재 천
편집인 | 황혜정 외

출판등록 제 2010-000072호
펴낸곳 | 아이디어 북스(Idea books)
주 소 | 경기 구리시 이문안로 99번길 10-21(수택동 453-19)1F
전 화 | 02)926-0290
팩 스 | 02)926-0292
ISBN 978-89-964983-0-8 13030

홈페이지 www.booksarang.co.kr
         www.booknpeople.com

* 무단전재와 무단복제를 금합니다.

## 머리글

취업경기의 급변동으로 인하여 자신이 원하는 직장을 갖기란 결코 쉬운 일이 아니다. 특히 '신의 직장'이라는 공사·공단은 더욱 그렇다. 그러므로 구직자가 채용시장의 흐름을 정확하게 읽지 않고서는 적시에 원하는 공사·공단에 취업하기란 어렵다. 자신이 원하는 시점에 자신이 원하는 곳을 얻기 위해서는 전략이 필요하다. 예컨대 서류전형 통과나 적성검사, 면접, 어학, 상식에 이르기까지 망라된 취업전략이 필요하다.

그 중 상식(Common sense)은 시험과목으로 들어있는 경우뿐만 아니라 시험과목에 들어 있지 않은 경우에도 필히 알아둘 필요가 있다. 흔히 면접장에서 면접관이 시사상식 한 두 마디는 물어보는 것이 상례가 되고 있기 때문이다. 따라서 구직자는 이에 대한 철저한 대비가 필요하고 다른 지원자와 차별화된 자신만의 브랜드화를 위해서는 평소 이에 대한 대비가 필요하다.

그러나 그 방법에 있어서는 선뜻 어느 부문부터 시작해야 할지 난감한 경우가 많다. 또 어느 부문을 깊이 있게 치중하다보면 다른 영역을 노칠 수가 있으므로 길 잡기가 곤란하다. 이 같은 구직자들의 시사상식에 대한 「공사·공단의 안전한 길라잡이」가 되고자 여러 부문에 걸쳐 다방면으로 서술하고 있으며, 깊이보다는 폭 넓은 지식함양에 중점을 두고 서술하였다.

## 이 책의 특징은

**첫째,** 깊이 있는 서술보다 폭넓게 다방면을 서술하고 있다.
**둘째,** 공사·공단에서 출제된 「기출문제 중심」으로 서술하고 있다.
**셋째,** 시사문제와 연결하여 유기적으로 서술하고 있다.
**넷째,** 불필요한 서술은 축약하여 핵심요약만 서술하고 있다.
**다섯째,** 누구나 쉽게 단기간에 습득하여 합격할 수 있도록 서술하고 있다.


공사·공단에 대한 취업준비생이나 전직자들께 도움이 되도록 신경을 써서 기술했으나 기대에 부응할지는 결과에 바탕을 두고 있다고 본다. 아무쪼록 취업전략에 많은 도움이 되었으면 한다.

- 합격을 기원하며 건승빈다 -

저자

# C O N T E N T S

머리글 · 3

**Chapter 1**
최신 공사 공단 출제문제 / 07
최신 공사 공단 출제문제 08

**Chapter 2**
정치 · 법률 · 경제 · 경영 / 23
01 정치 24
02 법률 43
03 경제(무역 · 조세) · 금융 54
04 경영일반 77

**Chapter 3**
언론 · 사상 · 한국사 · 세계사 / 87
01 언론(방송) 88
02 사상(종교 · 윤리 · 교육) 94
03 한국사 108
04 세계사 129

**Chapter 4**
국어(문학) / 135
01 국어(문학) 136

**Chapter 5**
과학 · 기술 · 정보통신 · 환경 / 155
01 자연과학 · 기술 156
02 정보통신(컴퓨터 · 인터넷) 167
03 환경위생(보건) 187

**Chapter 6**  노동 · 복지 · 사회 · 지리 등 / 201
  01 노동 · 복지 202
  02 사회지리 · 문화(신조어) 211

**Chapter 7**  예술 · 스포츠 /235
  01 예술 · 스포츠 236

**Chapter 8**  필수 암기사항 / 251
  01 포인트 리멤버 252
  02 주요 국제 시사어 269

**Chapter 9**  한자 / 278
  01 고사성어 279
  02 의미가 유사한 고사성어 317
  03 한자읽기 323
  04 어려운 한자읽기와 뜻풀이 326
  05 육십갑자 331
  06 가족의 호칭 332

# Chapter 1

**최신 공사 공단 출제문제**

**남북회담** 〈2009 SH공사, 2010 한수원, 2011 국민연금공단, 2012 한구산업인력공단〉

7·4 남북공동성명(1972) → 민족자존과 통일번영에 관한 특별 선언 7.7선언(1988) → 남북한 유엔동시가입(1991) → 한·중수교(1992) → 남북한 연방제안(2000.6.15) : 6.15 남북공동성명(2000.6.15)

# 01 정치

**교섭단체**　　〈2004 경남, 2012 한국보훈복지의료공단, 2013 국립공원관리공단〉
국회에서 의사진행에 관한 중요한 안건을 협의하기 위하여 일정수의 의원들이 구성한 단체 - 『20명 이상』

**아그레망(agrement)**〈2005 안양시·국체공단·근로복지공단, 2013 국립공원관리공단〉
접수국이 파견국의 특정인물을 외교사절로 받아들인다는 동의
원래 아그레망은 프랑스어로 동의 또는 승인이라는 뜻이다.

**페르소나 논 그라타(persona non grata)**　　〈2005 근로복지공단·삼성그룹, 2013 국립공원관리공단〉
대사나 그 밖의 외교관을 접수국이 이유를 붙여 받아들일 수 없을 경우, 특정행위를 문제 삼아 「기피인물로 선언하는 것」, 「좋아하지 않는 인물」, 「기피인물」

# 02 법률

**미성년자**〈2006 경남, 2007 전남교육, 2011 한국산업단지공단·한국환경공단, 2013 한국마사회〉
대한민국의 민법상으로는 만 19세에 달하지 않은 자(민법 제4조).

> **Tip**
> 근로기준법 : 연소자(만 18세 미만)
> 근로기준법상 최저근로 나이:　15세

> 민법 : 미성년자, 만 19세미만
> 민법상 혼인 가능 연령 : 만 18세
> 소년법 : 소년, 만 19세 미만
> 청소년보호법등 : 청소년, 원칙상 만 19세 미만
> 형법 : 형사미성년자, 만 14세

## 03 경제(무역·조세)·금융

**GDP** 〈2004 파주시, 2005 진주시, 2006 고양시, 2007 경기교육·삼성그룹, 2009 수도권 매관공·삼성그룹, 2013 국립공원관리공단〉

「국내총생산(Gross domestic product, GDP)」
일정기간동안 한 국가에서 생산된 재화와 용역의 시장가치를 합한 것. 보통 1년 기준측정.

**Tip**

> 국가별 GDP순위 : 명목 국내총생산순 나라목록, 구매력평가 기준 국내총생산순 나라목록, 명목 1인당 국내총생산순 나라목록, 구매력평가 기준 1인당 국내총생산순 나라목록.
> GNP(국민총생산 ; Gross national product) : 일정기간에 일국의 국민경제 내에서 생산해 낸 최종생산물의 총 시장가치를 화폐단위로 나타낸 것.
> GNI : 국민소득의 세가지 측면 중 지출측면을 강조한 것으로, GNP가 국내총생산(GDP)에다 해외로부터의 순요소소득을 합산한 것이라면 GNI는 불변가격기준 국내총생산(GDP)에다 교역조건변동에 따른 무역손익을 더한 후 실질 대외 순수취요소소득을 합친 것이다.

**국세** - 「국가에서 징수하는 세금」 〈2004 창원시, 2005 근로복지공단, 2006 중부발전·서울시교육·시흥교육, 2008 경기·서울·대전·충남농협, 2010 국민건강보험공단, 2011 한국연구재단, 2012 서울시농수산물유통공사·경기신용보증재단, 2013 국립공원관리공단〉

소득세를 위시한 16개 세목이다. 국세는 국내세·관세·임시수입부가세·교육세로 나뉘고, 국내세는 직접세와 간접세로 구분된다.

```
         ┌─내국세─┬─직접세 : 소득세(종합·퇴직·양도), 법인세, 상속세 및 증
         │        │          여세, 종합부동산세
국세 ────┤        └─간접세 : 부가가치세, 개별소비세, 주세, 증권거래세, 인지세
         ├─관세
         └─목적세 : 교육세, 교통·에너지·환경세, 농어촌특별세

         ┌─보통세 : 주민세, 레저세, 면허세, 취득세, 재산세, 자동차세, 주행세,
지방세 ──┤          등록세, 농업소득세, 도축세, 담배소비세
         └─목적세 : 도시계획세, 사업소세, 공동시설세, 지역개발세, 지방교육세
```
☞ 취득세 ⇒ 지방세 〈시흥교육〉

### 더블딥(double - dip) - 「이중침체·이중하강」〈2011공무원연금공단·한국산업단지공단, 2013 국립공원관리공단〉
경기가 일시적으로 회복 조짐을 보이다가 다시 침체 국면으로 빠져드는 것

> **Tip**
> W형 경기 : 두 번에 걸쳐 저점을 형성하는 것으로, 더블 딥을 말한다.
> U자형 회복 : 경기가 급격하게 하강한 후에 상당히 오랫동안 바닥상태를 이어 가다가 서서히 회복되는 모습을 가리킨다.

### 보완재〈2004 조무사, 창원시, 2005 인천공항, 2006 경기교육, 2007·2009 삼성그룹, 2010 한수원, 2013 국립공원관리공단〉
「상호보완의 관계에 있는 재화」. 커피와 설탕, 잉크와 펜, 버터와 빵, 컴퓨터와 소프트웨어, 포도주와 포도주잔 등과 같이 어느 한쪽 재화의 수요가 증가하면 다른 한쪽 재화의 수요도 같이 증가함.

> **Tip**
> 독립재 : 커피와 소금과 같이 함께 사용·대용 할 수 없는 재화
> 대체재 : 홍차와 커피, 마가린과 버터, 연필과 샤프펜슬, 쌀과 빵, 닭고기와 소고기 등과 같이 서로 대용 될 수 있는 재화로 경쟁재라고도 한다.
> 기펜재 : 열등재 중에서 대체효과보다 소득효과가 더 큰 재화

**슈바베법칙** ⟨2006 용인시, 2008 서울·경기·대전·충남농협, 2009 수도권 매관공·삼성그룹, 2013 국립공원관리공단⟩

독일 통계학자 슈바베가 발견한 근로자의 「소득과 주거비에 대한 지출의 관계법칙」.

소득수준이 높으면 높을수록 집세에 지출되는 금액은 커지지만 전체생계비에 대한 주거비의 비율은 낮고, 소득이 낮을수록 전체 생계에 대한 주거비의 비율은 높아지는 것.

엥겔법칙 : 소득이 낮을수록 총 가계지출 중에서 식비가 차지하는 비율이 커진다는 법칙.

### 슈바베법칙과 슈바베지수 및 엥겔지수

| | |
|---|---|
| 슈바베법칙 | 슈바베(H. Schwabe)는 1868년 베를린시의 가계조사를 통해서 주민들의 가계소득이 증대할수록 가계의 소비지출 중 주거비에 대한 절대 지출액은 증가하나, 상대적 지출액인 지출비율은 감소한다는 법칙이다. |
| 슈바베지수 | 가구의 생계비 중에서 주거비가 차지하는 비율을 말한다. 저소득계층일수록 슈바베지수가 높고, 이 경우 주택부담은 크며, 주택부담능력은 떨어진다.<br>슈바베지수 = (주거비/생계비)×100 = _____ (%) |
| 엥겔지수 | 엥겔지수 = $\dfrac{음식비}{생계비}$ × 100 = _____ (%) |

- $Y = C + S$

  Y : 소득, C : 소비, S : 저축, Y-S : 생계비

  주거비가 높으면 저소득층은 소득이 전부 소비로 지출되고 저축은 거의 없다. 음식·주거비가 높으면 문화비가 없다.

  ☞ 그레샴의 법칙 : 「악화가 양화를 구축」한다는 법칙. ⟨2009 삼성그룹⟩

**스태그플레이션** ⟨2004 농어촌공사, 2005 안양시, 2006 토공, 안성시, 경기도, 2013 국립공원관리공단, 2012 한국보훈복지의료공단⟩

「경기침체와 인플레이션이 동시에 오는 현상」

### 엠바고(embargo) 〈2004 근로복지공단, 2005 안양시·교통안전공단, 2010 한수원, 2013 국립공원관리공단〉

한 나라가 특정 국가에 대해 직·간접교역, 투자, 금융거래 등 경제 부문의 모든 거래를 중지하는 금수조치

### 전시효과(demonstration effect) 〈2005 근로복지, 2006 고양시, 2007 한국수원, 2008 한국감정원·YTN, 2013 한국마사회〉

각자의 소비행동이 사회 일반 소비수준의 영향을 받아 「남의 소비행동을 모방하려는 사회심리학적 소비성향」의 변화

> **Tip**
>
> 톱니효과(ratchet effect) : 한번 상승하면 다시 본래 상태로 복귀하기 어렵기 때문에 계획 수립 시 차기 목표를 낮게 잡으려는 상황을 표현한 말이다.
> 전방연관 효과 : 한 산업이 발달하여 여기서 생산된 제품을 원료로 하는 새로운 산업이 유발되는 효과

### 필립스 곡선 〈2003 주공, 2005 마사회, 2006 토공, 2013 한국마사회〉

필립스 곡선이란 임금상승률과 실업률은 반비례 관계에 있음을 보여주는 곡선.

실업률이 하락하면 임금상승률이 높아지고 반대로 실업률이 상승하면 임금상승률이 낮아지는 현상을 설명한 것으로 영국 경제학자인 필립스가 1862년과 1957년 영국의 경험을 분석대상으로 하여 도출한 것이다.

### 헤지펀드(Hedge Fund) - 「단기이익 극대화 민간투자기금」

〈2008 서울·경기·대전·충남농협, 2012 보훈복지의료공단, 2013 국립공원관리공단〉

일종의 투자신탁으로 기관이나 개인으로부터 모은 돈의 이윤을 극대화하기 위한 것.

수익이 있다면 주식, 외환, 채권을 가리지 않고 투매를 하는데, 세계 금융시장을 위협할 정도의 힘을 갖고 있다.

## 04 언론(방송)

**오프 더 레코드(off the record)** 〈2005 근로복지공단, 2010 인천도시개발, 2013 국립공원관리공단〉
인터뷰나 기자회견 때 지상발표를 하지 않는다는 조건을 붙여 하는 발표. 즉 정보로서 참고할 뿐 「기사화하지 않는다는 조건」을 말한다.

**티저(teaser Ad) 광고** 〈2004 근로복지공단, 2005 삼성그룹, 2013 한국마사회〉
처음 광고할 때에는 어떤 광고인지를 모르게 광고주나 상품을 숨기면서, 광고 횟수를 늘려가면서 천천히 상품이나 광고주를 조금씩 나타내 가는 기법의 광고. - 「궁금증을 유발하여 상품광고」의 효과를 높이려는 것

## 05 사상(종교 · 윤리 · 교육)

**님비증후군(NIMBY)** 〈2005 충남연기 · 삼성그룹, 2006 용인시 · 안성시 · 충남농협, 2013 국립공원관리공단〉
핵발전소, 쓰레기 매립장, 공해업소 같은 혐오시설에 대한 주민들의 집단 반발, 즉 「내 뜰에는 불가」하다는 이른바 님비(not in my back yard)의 신드롬

## 06 한국사

**고조선** - 「우리나라 최초 국가(청동기시대), 8조법」 〈2011 한국환경공단 · 국민건강보험공단 · 한국연구재단, 2013 국립공원관리공단〉
☞ 청동기 시대유물 : 고인돌, 비파형동검, 반달돌칼, 미송리식토기, 민무늬토기

**신간회** 〈2004 근로복지공단, 2009 수도권매립공사, 2013 국립공원관리공단〉
1927년 2월 15일 창립되어 1931년 5월 까지 지속된 한국의 「좌우합작 독립운동단체」.
광주학생운동을 배후지원 하였으나 사회주의세력의 배신으로 실패하였다.

> **Tip**
>
> 신민회 〈2013 국립공원관리공단〉
> : 1907년 안창호·이동녕 등이 창설 → 「105인 사건을 계기로 해산」.
> 도자기회사경영 및 학교건립 등 인재양성, 국권침탈 후의 항일 독립운동기지 설정에 기여했다.
> 대한매일신보 발행·전국 규모의 비밀결사조직이다.

# 07 자연과학 · 기술

**카오스** - 「혼돈이론(Chaos theory)」
〈2005 국체공단·마사회, 2008 한국감정원, 2013 한국마사회〉
외관상 무질서하고 불규칙적으로 보이나 실제로는 내적인 질서와 규칙성을 갖고 있다는 이론. 혼돈현상은 「나비효과」로 잘 알려져 있으며, 지구의 대기, 판, 구조론, 경제인구현상, 다중성계의 궤도변화 등을 설명할 수 있다.

> **Tip**
>
> 나비효과(Butterfly effect) - 「작은 변화가 큰 결과 초래 현상」
> 〈2006 시흥교육, 2010 한국농어촌공사, 2013 한국마사회〉
> 혼돈이론에서 초기 값의 미세한 차이에 의해 결과가 완전히 달라지는 현상이다. 미국 기상학자 에드워드 로렌츠가 사용
> 채찍효과 : 정보가 왜곡되어 공급자 측에 재고가 쌓이면 고객에 대한 서비스 수준도 저하되고 생산계획에 차질을 빚고, 수송의 비효율과 같은 악영향도 발생되며, 배치식 주문으로 인하여 필요 이상의 기간이 소요되는 문제가 발생되는 현상

> 시너지효과 : 경영의 다각화 전략 추진과정에서 새로운 제품이 단지 그 제품 값 이상으로 더 큰 이익을 가져오는 현상
> 윔블던효과 : 외국자본이 국내시장을 지배하는 현상
> 베블런효과 〈2013 한국마사회〉
> 가격이 오르는 데도 일부 계층의 허영심으로 수요가 줄지 않는 현상 명품 등
> 누들볼효과 : 여러 국가와 FTA를 동시 다발적으로 체결할 때 FTA활용률이 저하되는 현상 - 스파게티효과

**핵안전조치협정** - 「우리나라 1975년 비준」
〈2005 근로복지공단·의정부, 2006 경기도·경기교육, 2008 SH공사, 2011 한국마사회, 2013 국립공원관리공단〉
NPT, 즉 핵 확산금지조약을 유지시키는 기본협정.
이 협정에 가입하면 자국 내의 모든 핵시설과 핵물질 등 핵 현황에 대해 국제원자력기구(IAEA)에 보고해야 한다. 북한은 NPT 탈퇴를 무기로 미국과 경수로 등의 협상을 벌이는 등 세계적인 문제를 야기시켰다.

**Tip**
> 핵확산 금지조약(NPT) : 북한은 미가입국가
> 중거리핵전력협정 : INF
> 핵국 : 미국·러시아··영국·프랑스·중국
> 핵무기 보유인정국 : 인도·파키스탄·이스라엘 등

## 08 정보통신(컴퓨터·인터넷)

**블루투스(blue tooth)** 〈2006 수자원, 2007 삼성그룹, 2009 경기농협, 2010 대한지적공사, 2013 국립공원관리공단〉
1994년 에릭슨이 최초로 개발한 개인근거리 무선 통신(PANs)을 위한

산업표준 - 「컴퓨터 및 통신산업계의 규격」

✋ **Tip**

> 홈네트워크 : 가정 내 다양한 정보기기들 상호 간 네트워크를 구축하는 것
> U-커머스 : 유비쿼터스 컴퓨터 환경에서의 전자상거래

**스트리밍(Streaming)** - 「실시간 재생하여 볼 수 있는 기법」
〈2006 한전, 2008 한국 산단·서울·경기·대전·충남·제주농협, 2009 전남·북 농협, 2010 대한지적공사, 2013 국립공원관리공단〉
인터넷상에서 다운로드가 완료될 때까지 기다리지 않고 실시간으로 재생해서 볼 수 있는 기법

✋ **Tip**

> P2P(Peer to peer) : 기존의 서버와 클라이언트 개념에서 벗어나 「개인과 개인이 직접 연결되어 파일을 공유하는 형태」 전송속도가 빠르고 검색이 간단, 저작권보호의 어려움, 유해정보 확산, 대표적인 예는 미국의 냅스터·한국의 소리바다
> 와레즈(warez) : 불법으로 컴퓨터 정품 프로그램을 다운로드 받을 수 있는 사이트의 총칭
> 냅스터(Napster) : 개인이 가지고 있는 음악파일들을 인터넷을 통해 안정적으로 공유할 수 있게 해주는 프로그램

**쿠키(Cookie)** 〈2003 인천시, 2004 수도권 매관공, 2005 근로복지공단·삼성그룹, 2006 남양주시, 2009 수도권매관공, 2010 인천도시개발, 2013 국립공원관리공단〉
웹 서버가 웹 브라우저에 보내어 저장했다가 서버의 부가적인 요청이 있을 때 다시 서버로 보내주는 「문자열 정보」.
예컨대, 어떤 사용자가 특정 웹 사이트에 접속한 후 그 사이트 내에서 어떤 정보를 보았는지 등에 관한 기록을 남겨 놓았다가 다음에 접속했을 때 그것을 읽어 이전의 상태를 유지하면서 검색할 수 있게 하는 역할을 한다.

**람사협약** - 「국제습지조약」 〈2005 진주시·마사회, 2006 한국농촌공사, 2008 한국감정원·YTN·서울·경기·대전·충남농협, 2009 경기교육, 2010 대한지적공사, 2011

한국환경공단, 2012 서울시농수산물공사, 2013 국립공원관리공단〉
람사르총회, 람사협약, 「습지의 보호, 철새보호」, 1971년2월 이란 람사르에서 체결
등록지 : 강원도 인제 대암산 용늪, 경남 창녕 우포늪(우리나라 최대 늪지)〈2013 국립공원관리공단〉, 전남 신안 장도습지, 보성 벌교갯벌(해안습지), 제주도 물영아리오름 등

☞ 몬트리올의정서 : 「지구오존층 보호」를 위해 염화불화탄소·할론 등 오존층 파괴물질의 사용을 규제하는 국제환경협약

### 런던협약(런던덤핑협약) - 「해양오염을 방지하기 위한 협약」

〈2007 한국자원공사, 2008 서울·경기·대전·충남농협, 2009 수도권매관공·경기교육, 2010 대한지적공사, 2011 한국환경공단, 2012 서울시농수산물공사, 2013 국립공원관리공단〉
1975년 런던에서 비행기나 선박에서 나오는 쓰레기 투기를 규제하기 위해 제정된 협약.

**Tip**

바젤협약〈2008 한국 감정원, 2011 공무원연금공단, 2013 국립공원관리공단〉
 : 지구의 환경을 보호하기 위해 「유해폐기물의 국가간 교역을 규제」하는 국제협약
기후변화협약 : 지구온난화의 규제 및 방지를 위한 협약
몬트리올의정서 : 오존층 파괴물질의 규제에 관한 국제협약
생물다양성협약 : 지구상의 생물종을 보호하기 위한 협약

### 로하스(LOHAS) 〈2005 마사회·SH공사, 2012 한국농수산식품유통공사·한국농어촌공사〉

공동체 전체의 더 나은 삶을 위해 소비생활을 건강하고 지속가능한 친환경 중심으로 전개하자는 생활양식·행동양식·사고방식.

**Tip**

시빅트러스트 : 1957년 영국에서 시작된 「민간환경운동」 또는 「환경운동단체」

> 녹색전사단 : 환경파괴에 항거하고 시위하는 「환경시위자」
> 비오토프 : 야생동물의 서식과 이동에 도움이 되는 도심에 존재하는 「야생동물을 위한 인공물이나 자연물」

## 09 노동 · 복지

**플렉스 타임제** 〈2011 한국환경공단, 2013 국립공원관리공단 · 한국마사회〉
근로자가 정해진 업무 시간 안에서 업무의 시작과 끝을 자유로이 정함으로써 유연하게 자기시간을 관리할 수 있도록 한 근무시간제
☞ 서머타임제 : 낮 시간이 긴 여름 표준시간을 1시간 앞당기는 것
블록타임제 : 기존의 수업시간 단위를 교과내용과 수업방식에 따라 늘려서 탄력적으로 운영하는 방식
대한민국 표준시 : 영국 런던보다 9시간 빠르다.

## 10 사회지리 · 문화(신조어)

**독도** 〈2005 수원시 · 국체공단 · 의정부, 2009 경기농협, 2013 한국마사회〉
명칭 : 우산도, 자산도, 삼봉도, 가지도, 요도, 석도, 독도
소속 : 강원도 울진현(현 경북 울릉군 울릉읍 독도리)
인물 : 이사부, 안용복, 홍순칠
☞ 센카쿠 제도 : 일본이 타이완 · 중국과 영토분쟁지역〈2006 한국농촌공사, 2012 한국농어촌공사〉
시사군도 : 중국 · 타이완 · 베트남의 분쟁하는 산호섬
남사군도 : 남중국해의 중국 · 베트남 · 필리핀의 분쟁산호섬
☞ 이어도 관련 : 소코트라호, 파랑도, 해양과학기지, 쑤엔자오(중국명), 해양과학기지 〈2012 한국농어촌공사 · 한국보훈복지의료공단〉

# 11 예술 · 스포츠

**골프그랜드 슬램** 〈2005 마사회 · 삼성그룹, 2006 중부발전 · 충남농협, 2009 경기농협〉
4개의 메이저 대회를 재패한 것

> **Tip**
>
> 남 자 : 마스터즈골프대회, US오픈골프선수권대회, 전영오픈 골프선수권대회, 미국PGA선수권대회 〈2011 농수산물유통공사, 2012 한국보훈복지의료공단〉
> 여 자 : 나비스코선수권대회, LPGA선수권대회, US여자오픈 골프선수권대회, 전영여자오픈 골프선수권대회 〈2013 한국마사회〉

**칸영화제** - 「국제적으로 손꼽히는 영화제 중의 하나」
〈2009 수도권매립공, 2010 한수원, 2011 한국전기안전공사, 2012 한국노인인력개발원, 2013 한국마사회〉
1946년 9월 20일~10월5일 처음으로 개최된 이래, 매년 프랑스 남부 칸에서 보통 매년 5월에 열린다.

> **Tip**
>
> 세계 3대 영화제 : 베니스, 칸, 베를린
> 세계 4대 영화제 : 3대 + 모스크바

# 12 포인트 리멤버

**나이**〈2004 창원시, 2005 파주시 · 진주시 · 국체공단 · 수원시 · 한수원 · 삼성그룹, 2006 용인시 · 남양주시, 2007 국회 · 경기교육, 2008 삼성그룹 · 서울 · 경기 · 대전 · 충남농협 · SH공사, 2009 수도권매관공 · SH공사, 2011 수도권매립지관리공사, 2012 한국농어촌공사 · 한국보훈복지의료공단〉

10세 안팎 충년(沖年)
15세 지학(志學) : 배움·학문에 뜻을 둠
16세 : 과년
20세 약관(弱冠) : 남자, 20세 안팎의 여자는 방년(芳年), 묘년(妙年)
30세 이립(而立) : 드디어 서다. 즉, 어느 정도 일가를 이루거나 학문적 성과를 거둠.
40세 불혹(不惑) : 의심이 없어지다. 곧 세상사물의 이치를 터득함.
50세 지천명(知天命) : 천명을 암, 지명(知命)이라고도 함.
60세 이순(耳順) : 귀가 순해진다. 즉, 어떤 말에도 성내지 않는다.
70세 종심(從心) : 마음에 따른다. 즉, 뜻대로 행하여도 도리에 어긋남이 없음. 〈2000 법원〉
망백(望百) : 백을 바라본다는 뜻으로, 나이 아흔(90) 살을 이르는 말.
희수(喜壽) : 77세, 산수(傘壽) 〈2000 법원〉
미수(米壽) : 88세　　　　　　망백(望百) : 91세
백수(白壽) : 99세　　　　　　상수(上壽) : 100세

### Tip
망칠(望七) : 60살(일흔을 바라본다는 뜻)　　　　〈2000법원〉
진갑(進甲) : 62세　　　　고희(古稀) : 70세

**단위 용어**〈2004 창원시, 2005 철도공사, 2006 대구소방, 2007 삼성그룹·한국자원공사, 2009 법원·서울시·경기농협, 2013 한국마사회〉
한 가리 : 곡식, 장작의 한 더미
한 가웃 : 되, 말, 자의 수를 셀 때, 그 단위의 반에 해당하는 분량이 더 있음을 나타내는 단위
한 갈이 : 소한 마리가 하루에 갈만한 논밭의 면적
한 갓 : 굴비 10마리, 말린 식료품의 열 모숨
한 거리 : 오이, 가지 50개
한 님 : 바느질에 쓰는 토막친 실을 세는 단위
**한 두름 : 20마리**

> **두름** : 조기·청어 등 물고기 스무 마리를 열 마리를 두 줄로 묶은 것
> 고사리 등 산나물을 열 모숨 가량 엮은 것

한 땀 : 바늘 한 번 뜬 눈
한 마장 : **10리가 못되는 거리**
한 매 : 젓가락 한 쌍　　　　　　　　　　　　　　〈 2013 한국마사회〉
한 모 : 두부 하나
한 섬 : 벼·곡식의 단위

> **섬은 석(石)에서 유래된 말**
> 쌀 1가마 = 쌀 10말 = 쌀 100되　　벼 한 가마니 = 100kg
> 쌀 한 가마니 = 80kg　　쌀 한 섬 = 벼 2가마니(쌀 144kg)

한 손 : 고등어 2마리
한 쌈 : 바늘 24개, 금 100냥쭝 〈2007 삼성그룹, 2009 법원, 2013 한국마사회〉
한 우리 : 기와 2000장　　　　　　　　　　　　　〈2006 대구소방〉
한 접 : 과일·채소 100개　　　　　　　　　　　　〈2009 법원〉
한 죽 : 옷, 그릇 10벌
한 첩 : 한방약 1봉지, (김) 10장　　　　　　　　〈2007 삼성그룹〉
한 축 : 말린 오징어 20마리　　　〈2009 경기농협, 2013 한국마사회〉
한 쾌 : 북어 스무 마리　　　　　　〈2009 법원, 2013 한국마사회〉
한 태 : 명태 20마리
한 톳 : 김 100장을 한 묶음으로 묶은 덩이　　〈2013 한국마사회〉
한 통 : 광목 60자
한 필 : 명주 40자 〈2007 삼성그룹〉

# 13 한자

**囊中之錐(낭중지추)** 〈2003 국가, 2005 삼성그룹, 2006 경기도, 2007 삼성그룹, 2008 농협중앙, 2009 삼성그룹·교육, 2012 서울시농수산물유통공사, 2013 한국마사회〉
주머니 속에 든 송곳과 같이 재주가 뛰어난 사람은 숨어 있어도 저절로 사람들이 알게 됨을 말한다.

**三顧草廬(삼고초려)** 〈2005 삼성그룹, 2006 한전, 2009 삼성그룹, 2013 국립공원관리공단〉
인재를 맞아들이기 위하여 참을성 있게 노력함.

**水魚之交(수어지교)** 〈2004 울산시, 2009 SH공사, 2013 국립공원관리공단〉
교분이 매우 깊거나 아주친밀 한 사이, 예컨대 임금과 신하, 부부 등

**泣斬馬謖(읍참마속)** 〈2003 인천시·국가, 2006 고양시, 2009 삼성그룹, 2012 한국농어촌공사, 2013 국립공원관리공단〉
속눈물을 흘리며 마속을 벤다는 뜻으로, 아무리 아끼는 사람일지라도 어쩔 수 없이 버려야 하는 경우이다.


## 가족의 호칭
**先大人(선대인)**: 다른 사람의 돌아가신 아버지〈2012 농수산공사, 2013 한국마사회〉
**慈堂(자당)**: 다른 사람의 살아있는 어머니〈2002 국가, 2007 경기교육, 2012 농수산공사 2013 한국마사회〉

# Chapter 2

**정치 · 법률 · 경영 · 경제**

게리맨더링 : 특정정당이나 정치인에게 유리하도록 선거구를 고치는 것, 선거구법정 주의필요

# 01 정 치

**가자 - 예리코 자치협정** - 「이스라엘과 팔레스타인 해방기구 사이 협정」
〈2008 서울·경기·대전·충남농협〉
이스라엘과 PLO(팔레스타인 해방기구) 사이에 1993년 10월에 체결된 가자 지구와 요르단강 서안에 있는 예리시코시에 대한 PLO 자치에 관한 협정

**감사원** - 「헌법상의 기관」  〈2009 경기농협, 2013 국립공원관리공단〉
- 감사원장을 포함 7인의 감사위원으로 구성
- 임기 4년
- 감사원장은 국회의 동의를 얻어 대통령이 임명
- 대통령에 소속되지만 직무에 관하여는 독립적인 지위

**개방형 직위제** - 「공직 내외에서 임용하는 제도」  〈2010 한국농어촌공사〉
☞ 공모직위제도 : 공무원을 대상으로 공개모집하는 제도

**게리맨더링** 〈2004 삼성그룹, 2005 인천농협·근로복지공단·한수원, 2008 서울·경기·대전·충남농협, 2012 한국산업인력공단〉
특정정당이나 정치인에게 유리하도록 선거구를 고치는 것, 선거구법정주의 필요

**공직자윤리법**  〈2006 서울시 농수산물공사〉
재산공개 공직자에 해당하지 않는 자로 경찰서장이 있다.

**국가의 3요소** - 「국민, 주권, 영토」
〈2004 서울시농수산물, 2008 삼성그룹, 2009 수도권매관공〉

### 국가인권위원회 〈2008 한국감정원, 2009 수도권매관공〉
입법부·행정부·사법부에서 독립된 인권기구(국가의 독립기관)

### 국무회의 〈2006 한국농촌공사〉
- 국무회의는 독립된 합의제기관이지 대통령에 소속하는 하급소속기관이 아니다.
- 국무회의는 헌법상 필수기관이며, 심의기관이다.
☞ 국무회의는 의결기관이나 자문기관이 아니다.
- 국무위원은 국회의원과 겸직이 가능하다.
- 국무회의의 심의결과에 대하여 대통령은 구속되지 않는다.
- 국회는 국무위원을 탄핵소추 할 수 있다.

### 국민소환제(國民召還制) 〈2012 한국보훈복지의료공단〉
선거로 뽑은 국가기구의 공직자를 일정 수 국민들의 동의를 얻어 임기만료 전에 해임을 청구할 수 있게 하는 제도. 자치단체장이나 지방의회 의원, 지방 기관장 등을 대상으로 하는 「주민소환제」와는 소환 대상이 다르다는 점에서 구분된다.
☞ 주민소환제 : 자치단체장이나 지방의회 의원, 지방 기관장 등을 대상으로 함.
「주민소환제」와 「국민소환제」는 소환 대상이 다르다는 점에서 구분됨.

### 국민의 5대의무 〈2003 안양시, 2007 군산시, 2009 수도권매관공, 2010 농어촌공사, 2011 국민연금공단, 2012 한국노인인력개발원〉
3대의무 : 납세·국방·교육의무
4대의무 : 납세의무, 국방의무, 교육의무, 근로의무
5대의무 : 환경보전의무 + 4대의무
☞ 권리이면서 의무인 것 : 교육, 근로, 재산권행사, 환경보전의 의무

### 국민 정책투표 〈2011 국민연금공단〉
대통령은 필요하다고 인정할 때에는 「외교·국방·통일 기타 국가안위」에 관한 중요정책을 국민투표에 붙일 수 있다(헌법 제72조).

### 국적취득 〈2005 철도공사〉
취득 : 혈통주의, 출생지주의, 혼인, 인지, 귀화 기타 망명은 취득요건 아님.
상실 : 외국인과 결혼하여 그 배우자의 국적취득시, 외국인 양자로 그 국적을 얻을 때

### 국정조사 〈2008 서울·경기·대전·충남농협〉
- 조사시행 : 재적의원 4분의 1 이상의 요구가 있을 때
- 대상 : 특정한 국정사안
- 시기 : 부정기적(수시조사)
- 원칙 : 공개원칙, 단, 위원회의 의결을 얻어 비공개

### 국제수로기구(IHO)
국제수로 업무의 협력 증진 및 해역 명칭 표준화를 관장하는 정부간 기구

### 국회동의(행정기관) 〈2005 철도공사〉
대법원장, 국무총리, 감사원장
중앙선거관리위원회 위원장은 국회동의가 필요 없음

> **Tip**
> 국회동의(사항) : 조약체결, 비준, 선전포고, 국군의 해외파견, 외국군대의 대한민국 안의 주둔
> 국회승인 : 예비비의 지출

### 국회법 〈2006 서울시 농수산물공사〉
- 정기회는 매년 9월 1일에 집회한다. 그러나 그 날이 공휴일인 때에는 그 다음날에 집회한다.
- 체포 또는 구금된 의원의 석방요구를 발의할 때에는 재적의원 4분의 1 이상의 연서로 그 이유를 첨부한 요구서를 의장에게 제출하여야 한다.

### 국회의결정족수와 의결방법 〈2004 울산시, 2009 경기농협〉

국회는 헌법 또는 법률에 특별한 규정이 없는 한 재적의원 과반수의 출석과 출석의원 과반수의 찬성으로 의결. - 「가부동수인 때 부결」
국회의 다수결원칙상 표결결과 가부동수 : 「부결로 간주」 〈2009 인천관광공사〉
☞ 국회 재적의원 과반수 찬성 : 대통령 탄핵소추 발의 〈2009 경기농협〉
　재적의원 3분의 2이상 찬성 : 대통령 탄핵소추의결, 헌법개정안 의결, 국회의원 제명

### 국회의 권한　〈2004 삼성그룹, 2006 안성시, 2007 경기교육, 2009 인천관광공사〉
입법에 관한 권한 : 「법률안 심의·의결」, 「헌법 개정안의 심의·의결」, 국제조약 동의
재정에 관한 권한 : 「예산안 심의·의결」, 「정부 결산심사권」
☞ 예산안편성권 ⇒ 정부
일반 국무에 관한 권한 : 국무총리·대법원장·감사원장 임명동의권, 국정감사 및 조사권, 「탄핵소추 의결권」, 해임건의권 등
☞ 대통령 권한 : 국무총리·감사원장·헌법재판소장·대법원장·대법관 임명권

### 국회의장　〈2009 SH공사〉
- 법률이 정한 경우를 제외하고는 겸임불가
- 당선된 다음 날부터 당적불가
- 상임위원회에 소속불가
- 위원회에 출석하여 발언할 수 있으나 표결참여 불가
- 의장·부의장 임기 2년

### 국회 회의　〈2005 근로복지공단, 2009 경기교육〉
- 국회의원의 임기가 만료될 때, 의안은 회기중에 의결되지 못하면 폐기됨
- 정기회의 회기는 100일을, 임시회의 회기는 30일 초과불가
- 국회에 제출된 법률안 기타의 의안은 회기 중 의결되지 못한 이유로 폐기되지 않음.
- 회의는 공개가 원칙
- 출석의원 과반수의 찬성이 있거나 의장이 국가의 안전보장을 위하여 필요하다고 인정할 때 비공개 가능

• 국회에서 의결된 법률안은 정부에 이송되어 15일 이내에 대통령이 공포

### 네오뎀(neodems)  〈2012 한국보훈복지의료공단〉
- 미국 민주당 내 보수적 성향의 의원 지칭
- 낙태에 반대하고 총기사용에 찬성
- 보호무역주의 주장
- 세금인상 반대
- 이라크 전쟁 반대, 줄기세포 연구에 부정적

### 네포티즘(Nepotism) - 「친족 중용주의 또는 족벌정치」〈2012 한국농어촌공사〉

### 뇌물공여지수(BPI, Bribe Payers Index) - 「국가별 부패지수」
국제투명성기구(TI)가 2년마다 한 번씩 발표하는 국가별 부패지수
공사나 계약을 따기 위해 외국 기업에 뇌물을 얼마나 자주 제공하는지를 측정하는 지수
국가별 부패지수(CPI ; Corruption Perceptions Index)가 뇌물을 받는 쪽에 초점이 맞춰져 있는 반면, BPI는 뇌물이나 정치자금을 주는 기업 등을 대상으로 한다는 점이 특징.

### 닉슨독트린(Nixon Doctrine)  〈2005 인천공항공사〉
1969년 7월 25일 괌에서 미국 대통령 리처드닉슨이 밝힌 미국의 동맹국, 아시아 국가들에 대한 외교정책. - 「베트남전 이후 아시아 고립을 위한 미국선언.」

### 다보스포럼(Davos Forum)
매년 스위스의 다보스에서 개최되는 세계경제포럼 연차총회

### 다원적 무지
일반적인 여론형성 과정에서 사회적인 쟁점에 대해 소수의 의견을 다수의

의견으로 또는 다수의 의견을 소수의 의견으로 잘못 인지하는 현상

**당3역** - 「사무총장, 원내대표, 정책위의장」　　　〈2004 수도권매관공〉

**대통령 선거**　　　　　　〈2007 한국자원공사, 2012 한국농수산식품유통공사〉
「임기만료 전 70일 이후 첫 번째 수요일」
☞ : 최고득표자가 2인 이상인 경우는 국회의 재적의원 과반수 출석한 공개회의에서 다수표를 얻은 자가 당선된다.

**덤버튼오크스회담** - 「국제연합헌장의 기초작업」　　　〈2005 국체공단〉
국제연합의 기초가 된 헌장으로, 조직과 목적을 규정한 문서이다. 제1차세계대전 후 국제연맹이 붕괴된 모순점을 해결하고 다시 세계평화를 재건하려는 노력의 일환으로서 1941년 대서양헌장, 1942년 연합국공동선언을 거쳐 1943년 모스크바선언, 1944년 덤버튼오크스회담을 열어 미·영·소·중 등이 일반국제기구의 창설에 합의하여 국제연합헌장의 기초 작업에 들어갔다.

**동북공정**　　　〈2005 국체공단·마사회, 2008 한국감정원·YTN〉
중국사회과학원 산하 동북변강역사여현상계열연구공정(東北邊疆歷史與現狀系列研究工程)를 줄인 말.
동북변경지역의 역사와 현상에 관한 체계적인 연구 과제를 뜻한다. 이 연구를 통해 중국은 『고구려의 역사를 중국역사로 편입』하려고 시도하고 있다. 고구려와 발해의 역사 역시 중국의 역사라고 주장한다.

**디아스포라(Diaspora)** - 「팔레스타인 경계에 사는 유대인」
팔레스타인 경계에 살면서 유대적 종교규범과 생활관습을 유지하던 유대인이나 그들의 거주지

**디커플링(Decoupling)**
국가와 국가, 또는 한 국가와 세계의 경기 등이 같은 흐름을 보이지 않고

탈동조화 되는 현상.

### 란츠게마인데(landsgemeinde)  〈2006 충남농협〉
스위스의 작은 주에서 실시되는 **직접민주제** 정치로, 1년에 한 번씩 국민이 광장에 직접 모여 주의 중요한 일 결정

### 레임덕(lame duck) - 「권력누수현상」
〈2004조무사, 2005인천공항, 의정부, 2006토공·충남농협, 2009 삼성그룹〉
임기 종료를 앞둔 대통령 등 지도자, 특히 미국에서 2기째의 현직대통령이 선거에서 패배하는 경우 새 대통령이 취임할 때까지 3개월간 국정 정체상태가 빚어지기 쉽기 때문에 기우뚱 걷는 오리에 비유해 일컬어진 말이다.

### 레퍼렌덤(Referendum)  〈2005 근로복지공단〉
선거 이외의 국정 상 중요한 결정사항을 국민투표로 행하는 것

### 리크게이트(Leak gate)  〈2007 경기·대전농협〉
2003년 미국의 중앙정보국(CIA) 비밀요원의 신분이 언론에 보도되면서 정치스캔들로 비화된 사건
☞ 워터게이트(Water gate) 1972년 닉슨 대통령의 측근이 선거도청 사건으로 사임한 사건
　 브리핑게이트(Briefing gate) 1980년 레이건 대통령 후보의 공개토론안 입수사건
　 화이트워터게이트(White watergate) 1980년 대말 클린턴 대통령이 주지사 시절 부동산 투자와 관련된 비리의혹 사건

### 막사이사이상  〈2006 한국농촌공사〉
1957년 비행기 사고로 사망한 필리핀의 전 대통령 레이먼 막사이사이의 업적을 추모·기념하기 위해 제정한 국제적인 상.

**Tip**

> 우리나라 수상자 : 1962년 장준하, 1963년 김활란, 1966년 김용기, 1975년 이태영, 1979년 장기려, 1980년 엄대섭, 1986년 제정구·정일우,

1989년 김임순, 1996년 오웅진 신부, 2002년 법륜스님, 2005년 윤혜란, 2006년 박원순, 2007 김선태 목사 등

**매니페스토(Manifesto)** - 「실행가능성을 전제로 한 선거공약」 〈2008 서울·경기·대전·충남농협·2009 SH공사〉

**메가 테러리즘(Mega-terrorism)**
어떤 정치적 목적을 달성하기 위해 직접적인 공포 수단을 사용하는 주의

**모두스 비벤디(Modus Vivendi)** -「잠정협약」
후일 좀 더 적극적인 회담을 통해 다시 대체할 목적으로 행해지는 일시적 합의

**모사드** - 「이스라엘 정보기관」　　　　　　　〈2011 국민건강보험〉

**미국 비자면제 프로그램**　　　　　　　〈2009 인천관광공사〉
「90일 이내 관광 비즈니스 목적 비자면제」

**미란다(Miranda)** -「정치권력의 비합리적 측면」
피통치자가 정치권력에 대해 무조건적으로 신성함과 아름다움을 느끼고 예찬하는 비합리적 상황

**반기문** -「제8대 UN 사무총장」　　　　　　〈2007한국자원공사〉

**반둥회의(Bandung Conference)**　　　　〈2005 한수원·철도공사〉
「아시아-아프리카 회의」.
1955년 4월 18일부터 4월 24일까지 아시아와 아프리카의 29개 독립국 대표들이 인도네시아의 반둥에 모여 양 대륙과 세계의 현안을 논의한 국제

회의다. 이는 유색 인종만의 회의이기도 하다.

### 밴드왜건효과(Band Wagon effect) - 「편승효과」
〈2005 인천공항공사, 2007 한국수원, 2008 YTN〉

선거과정에서 특정인이 유력후보로 부상하면서 그쪽으로 표가 몰리는 편승현상.

**Tip**
> 언더독효과(Under Dog effect) : 경쟁에서 현저하게 뒤처지는 사람에게 동정표가 몰리는 현상

### 베른조약(Berne Convention)
〈2005 인천항공, 2006 서울시 농수산물공사〉

1886년 스위스 베른에서 저작권의 국제적 보호를 목적으로 체결된 조약. 국제문학 예술작품저작권협약

### 북방한계선(NLL) - 「항공·해상 경계선」
〈2006 한국농촌공사, 2011 한국산업안전보건공단〉

「바다위에 그어진 남북 경계선」. 해상의 군사분계선(MDL)이라고 할 수 있다. 1953년 정전협정 직후 당시 마크클라크 주한 유엔사령관이 설정해 북측에 통보하고 북한이 묵시적으로 승인했다.

**Tip**
> SLL : 남방한계선  DMZ : 비무장지대
> MDL : 군사분계선  FIR : 비행정보구역
> JSA : 공동경비구역  EEZ : 배타적 경제수역

### 블라인드 트러스트(blind trust)
〈2006 한국농촌공사, 2011 근로복지공단〉

고위공직자가 된 경우 국정을 공정하게 수행하도록 재임 중 본인의 재산을 공직과 전혀 무관한 대리인에게 맡기고 일체 간섭을 않는 제도

### 블루리본(Blue Ribbon) 〈2005 인천공항공사〉
「인터넷에서 의사표현과 정보교환의 자유를 주장하는 운동」

### 비례대표 비율 〈2012 한국보훈복지의료공단〉
한국 : 18%,   독일 : 50%,   네덜란드 : 100%,
미국 : 없음,   이스라엘 : 100%

### 비자금 - 「세금추적이 불가능한 특별관리 자금」 〈2013 한국마사회〉
기업이 리베이트나 회계조작 등으로 생긴 부정한 돈을 세금추적이 불가능하도록 특별히 관리하는 자금

### 비정부기구(NGO) 〈2008 서울·경기·대전·충남농협, 2009 경기교육〉
· 우리나라의 환경연합, 총선연대, 참여연대와 관련
· 의사결정의 자율성 보장
· 정보 및 정치적 영향에서 독립
· 공공재 공급을 통하여 정부실패와 시장실패에 대한 보완기능

### 비준 〈2007 한국수원〉
조약을 헌법상의 조약 체결권자가 마지막으로 확인·동의하는 행위

> **Tip**
> 양해각서 : 양국의 외교교섭 결과 서로 양해된 내용을 확인·기록하기 위해 정식계약 체결에 앞서 행하는 문서로 된 합의
> 반크(VANK) : 인터넷으로 한국을 알리는 사이버 외교사절단
> 모두스비벤디 : 국제법상 분쟁을 해결하기 위해 당사자간 잠정적으로 체결하는 협정

### 비지(Exclave, Enclave) -「한 나라의 지배하에 속하는 영토」
지역적으로 연속돼 있지 않고 다른 나라의 영토에 둘러싸여 존재하는 영토.

### 선거공영제 〈2003 주공, 2006 시흥교육〉
선거운동의 무분별함으로 인한 폐단을 방지하고 선거의 공정성을 견지하기 위한 제도.

### 선거구제 〈2006 용인시, 2009 경기교육, 2011 국민연금공단〉
선거구는 전체의 선거인을 일정단위의 선거인단으로 구분하는 **표준이 되는 단위지역**.
선거구제는 1개의 선거구에서 선출하는 대표자의 수에 따라 소선거구제, 중선거구제, 대선거구제로 구분된다.

> **Tip**
> 소선거구제 : 한 선거구에서 한 사람의 당선자만을 선출하는 선거제도.
> ☞ 소선거구 장점 : 군소정당의 난립 방지로 정국의 안정 도모
> 중선거구제 : 한 선거구에서 2~5명의 대표를 선출하는 제도.
> 대선거구제 : 한 선거구에서 2인 이상의 대표를 선출하는 제도

### 선거권 · 피선거권 〈2009 SH공사〉
- 선거권 : 대한민국의 국민 중 만19세 이상인 자
- 피선거권
- 대통령 : 40세 이상
- 국회의원 : 25세 이상
- 지방자치단체장 : 25세 이상으로 선거일 현재 60일 이상 당해 지역 주민등록자
- 지방의원 : 25세 이상

### 선거의 4원칙 〈2005 안양시, 2007 경기교육, 2011 수도권매립지관리공사, 2012 한국노인인력개발원〉
현대의 모든 민주국가가 선거제로서 채택하고 있는 **보통선거 · 평등선거 · 직접선거 · 비밀선거**의 4대원칙.
☞ 보통선거 : 조건에 따른 제한 없이 일정한 연령 이상이 되면 누구나 선거권이 주어지는 선거

### 슈퍼 테러리즘(super terrorism) 〈2005 근로복지공단〉
「불특정 다수를 향한 테러」
☞ 테크노 테러리즘 : 고도의 첨단기술이나 무기를 사용하여 자행하는 테러

### 스핀닥터 〈2007 한국수원〉
여론을 정책에 반영하거나 정책을 국민들에게 납득시키는 정치 전문가

### 악의 축(axis of evil) - 「이라크, 이란, 북한」 〈2005 마사회〉
미국의 대통령 조지 W. 부시가 2002년 1월 29일 연설에서 '테러를 지원하는 정권(regimes that sponsor terror)'를 가리키며 쓴 말. 부시는 이 연설에서 이라크, 이란, 북한을 언급했다.

### 애드호크라시(Adhocracy) 〈2005 국체공단, 2006 경기7급, 2012 한국보훈복지의료공단〉
종래의 「관료조직을 대체할 미래조직」을 가리키는 말.
앨빈 토플러가 그의 저서 '미래의 충격'에서 사용한 말로서 계층제 형태를 띠지 않는 동태적 조직을 가리키는 용어이다. - 위원회 중심의 국정운영 방식
☞ 앨빈 토플러 : 저서 《제3의 물결》, 《권력 이동》, 《미래의 충격》 등이 있다.
☞ 메리토크라시(meritocracy) : 출신이나 가문 등이 아닌 능력이나 실적에 의한 평가를 기준으로 승진이나 보수가 결정되는 능력주의 〈2012 한국보훈복지의료공단〉
디그리오크라시(degreeocracy) : 교육의 결과로 주어지는 학위가 사회적 지위결정에서 중시되는 경향 〈2012 한국보훈복지의료공단〉
미디어크라시(mediacracy) : 현대 정치는 매스미디어에 의한 민주주의라는 의미에서 온 말 〈2012 한국보훈복지의료공단〉
웨보크라시(webocracy) : 여론의 형성이나 정부정책 결정이 인터넷을 통해 이뤄지는 것을 빗댄 말 〈2012 한국보훈복지의료공단〉

### 여성 선거권 - 1893년 뉴질랜드 세계최초 여성선거권 인정 〈2005 한수원〉

### 오스트라시즘 - 「도편추방제」 〈2009 수도권매관공〉
고대 그리스 아테네의 10년간 국외 추방제도, 6000표 이상자 해당

### 오픈 프라이머리 〈2009 SH공사, 2013 한국마사회〉
미국의 대통령 선거에서 정당별 후보를 선출하는 「예비경선방식」
☞ 캄파니아 : 선거운동 · 평화운동 · 재정모금 등에서 정치단체가 대중을 운동에 참여하게 하는 특수한 조직활동
  래퍼랜덤 : 헌법개정안이나 국가의 중요한 일 등을 국민의 표결에 붙여 최종적으로 결정하는 제도

### 옴부즈만(Ombudsman) 제도 〈2004 울산시, 2005 철도공사, 2007·2008 서울·경기·대전·충남농협〉
옴부즈만은 독립적 위치와 높은 위신을 갖는 「일종의 행정감찰관」으로서 시민이 제소하는 사안에 대해 조사, 처리.

> **Tip**
> 옴부즈만제도 : 행정감찰제도
> 엽관제(spoils system) : 「정실제도」. 공무원의 임명과 해임을 정치적 충성으로 결정하는 것.
> 키친 캐비닛(kitchen cabinet) : 대통령의 식사에 초대될 정도로 가까운 지인이나 친구 – 여론전달 기능
> 섀도 캐비닛(Shadow cabinet) : 야당이 정권획득에 대비하여 수상 이하 각료의 예정멤버를 정해두는 것 〈2005 인천농협〉
> 스핀 닥터(spin doctor) : 국민의 여론을 수렴해 정부 측근에서 정책으로 구체화시키는 정치전문가 등을 가리키는 말 〈2009 SH공사〉

### 외국인에게 제한되는 기본권 〈2006 서울시 농수산물공사〉
참정권(청원권·신체의 자유·종교의 자유 인정)

### 워치콘(Watchcon) 〈2010 한국농어촌공사〉
평시부터 전쟁 발발 직전까지 5단계로 구분한 한·미 양국군의 **대북정보감시태세**
· 오프콘 : 전시작전통제권    · 네오콘 : 미 공화당의 신보수주의자들
· 데프콘 : 방어·전투 준비태세

### 유엔평화유지활동(PKO) 〈2005 근로복지공단〉

유엔이 관계 당사국의 동의를 얻어 평화유지군이나 감시단 등을 현지에 파견하여 휴전, 정전의 감시 또는 재발방지 등의 역할을 한다. 현재 PKO활동이 이루어지고 있는 곳은 캄보디아, 유고, 소말리아, 모잠비크, 앙골라 등 13곳이다. 우리나라도 PKO가 1994년 인도·파키스탄·그루지야, 2007년 레바논, 소말리아 등에 파견되었다.

### 윤리 라운드(ER, Ethic Round)

경제활동의 윤리적 환경과 조건을 각 나라마다 표준화하려는 국제적인 움직임.

### 의원제 내각제 - 「의회중심주의」 〈2006 토공, 2013 한국마사회〉

내각의 존립이 의회에 의존, 내각이 행정권 장악, 의회의 내각불신임권, 내각의 의회해산권, 의회와 내각의 밀접성, 로크의 2권 분립의 영향

> **Tip**
>
> **대통령제** : 행정부의 국민에 대한 책임, 대통령은 국민이 선출, 엄격한 권력분립(법률안 거부), 견제와 균형의 원리에 충실, 대통령에 실권 있음.

### 이너캐비넷(Inner Cabinet) - 「소수내각」 〈2006 중부 발전〉

### 이니셔티브(Initiative) - 「국민 또는 주민 발안제」 〈2005 근로복지공단〉

### 인사청문회 〈2010 한국농어촌공사〉

대통령이 각각 임명하는 헌법재판소 재판관, 중앙선거관리위원회 위원, 국무위원, 방송통신위원회 위원장, 국가정보원장, 국세청장, 검찰총장, 경찰청장, 합동참모의장의 후보자, 대통령 당선인이 지명하는 국무위원 후보자, 대법원장이 각각 지명하는 헌법재판소 재판관, 중앙선거관리위원회 위원의 후보자

### 자이툰 부대  〈2005 교통안전공단, 2008 한국감정원 · YTN, 2009 수도권매관공〉
이라크의 평화정착 및 재건을 목적으로 파병된 한국의 부대
주둔지는 아르빌이다. 2008.12.20. 철수했다.

> **Tip**
>
> 청해부대 : 소말리아 해적퇴치 우리나라 해군부대
> 서희부대 : 이라크에 파병된 건설공병단
> 상록수부대 : 동티모르의 유엔평화유지활동(PKO)부대
> 제마부대 : 이라크에 파병된 의료지원단
> 동의부대 : 2002년 아프가니스탄 파병부대
> 다산부대 : 2003년 아프가니스탄 파병부대
> 동명부대 : 유엔평화유지군으로 2007년 레바논 파병부대
> 오쉬노부대 : 아프가니스탄 파병(2010)
> 한빛부대 : 남수단 파병(2011)
> 단비부대 : 아이티

### 정당의 역할  〈2003 주공〉
대표자 배출, 여론의 형성 · 조직화, 정부와 국회의 매개역할

> **Tip**
>
> 정당의 성격 : 정권획득, 목표의 공개, 국민이익의 도모, 민주적 조직, 정부 구성 능력구비

### 정보민주주의  〈2005 근로복지공단, 2006 한국농촌공사〉
알권리, 정보이용권, 정보참여권, 사생활보호의 권리

### 제1공화국 – 「최초 지방자치 실시공화국」  〈2009 수도권 매관공〉

### 주민 소환제 – 「직접민주주의 한 형태」  〈2006 한국농촌공사〉
주민들이 법령에 따라 지방의원이나 지방자치단체장을 소환할 수 있도록 하는 제도.

우리나라는 2007년 7월부터 시행. 소환대상자는 유권자의 3분의 1 이상 투표, 과반수의 찬성으로 해임된다.

**차티스트운동(chartism)** 〈2005 인천공항공사, 2005 경기교육〉
영국 노동자 계급의 「선거법 개정 운동」

**참정권** 〈2005 진주시, 2006 용인시, 2009 수도권 매관공·SH공사, 2011 한국산업단지공단·한국환경공단〉
국민이 국가기관의 구성원으로서 공무에 참여하는 권리
외국인에게 제한된 권리이고, 만 19세이다.

✋ **Tip**

> 국민참여재판의 배심원 : 만 19세 이상
> 군 입대 : 만 17세 이상
> 근로기준법상 근로가능한 최저 나이 : 만 15세 이상
> 민법상 혼인가능한 나이 : 만 18세
> 만 19세 : 실제연령(주민등록 나이 아님), 선거연령
> 유해업소 출입 : 만 19세 이상
> 형사미성년자 : 만 14세

**철의 장막** 〈2010 대한지적공사〉
영국총리 W. 처칠이 미국 방문시 미주리주 풀턴에서 연설 중 "오늘날 발트해의 수데텐란트에서부터 아드리아해 트리에스테"에 이르기까지 대륙을 횡단하여 '철의 장막'이 내려져 있다"라는 말에서 유래.

**캐스팅보트(Casting-vate)** 〈2004 삼성그룹, 2005 한수원·인천농협, 2006 시흥시, 2008 서울·경기·대전·충남농협〉
가부가 동수일 때 행하는 「의장의 결정투표권」

**컷오프**

등록 후보가 너무 많아서 후보 가운데 일정수 이내로 커트라인을 정해 제외하자는 것.

### 케도(KEDO) 〈2009 경기농협〉
북한의 핵확산금지조약(NPT) 탈퇴 후 핵압력으로 얻어낸 한국형 경수로 지원을 위한 「한반도 에너지 개발기구(KEDO)」.
정부간 국제기구의 지위를 갖는 「케도」는 「한국, 미국, 일본」 3개국으로 구성되는 최고의사 결정기관인 전원합의제 집행이사회와 모든 회원국이 참여하는 총회, 그리고 경수로 사업, 대체에너지 공급 등을 담당하는 소관 자문위원회로 구성된다.

### 크로스 보팅(cross voting) - 「교차투표·자유투표」 〈2006 한국농촌공사〉
의원이 소속정당과 상관없이 주관적인 판단에 의해 투표

### 탄핵소추 〈2005 토공, 2006 관광공사, 2009 경기교육〉
탄핵소추권은 대통령을 비롯한 고위직 공직자를 대상으로 불법행위 등에 대한 법적인 책임을 추궁하는 제도로 국회의 고유권한. 국회 재적의원 3분의 1 이상의 발의가 있어야 하고, 그 의결은 재적의원 과반수의 찬성이 있어야 하며, 대통령에 대한 탄핵소추는 국회 재적 의원 과반수의 발의와 3분의 2 이상의 찬성이 있어야 한다. 현행 헌법은 「대통령, 국무총리, 국무위원, 행정 각부의 장, 헌법재판소 재판관, 법관, 중앙선거 관리위원, 감사원장 및 감사위원」 등을 탄핵대상으로 규정하고 있다.
☞ 탄핵제외대상 : 국회의장, 국회의원

### 포스트-붐(PoST-VM)
폴란드(Po)·슬로바키아(S)·터키(T)·베트남(V)·말레이시아(M) 등 5개국의 영자 앞머리를 따서 만든 말.

### 폴리페서(Polifessor) - 「정치지향 교수」 〈2013 한국마사회〉
정치를 뜻하는 Politics와 교수를 뜻하는 Professor의 합성어

### 프로토콜(Protocol) 〈2005 국체공단〉
외교용어로는 조약의 원안(原案), 회담의 결과를 정리한 잠정협정, 조약이나 협정의 부속문서 또는 외교 의례(儀禮).
☞ 프로토콜(protocol) : 서로 다른 기종의 컴퓨터 간에 데이터를 교환하기 위한 약속된 규약

### 플레비사이트(plebiscite) 〈2005 근로복지공단〉
대통령이 국민투표로 신임을 다시 받는 것

### 필리버스터(filibuster) 〈2004 수도권매관공, 2005 인천농협·근로복지공단, 2008 서울·경기·대전·충남농협, 2011 한국전기안전공사, 2012 한국보훈복지의료공단〉
「계획적인 의사진행 방해 행위」(합법적인 의사방해행위).
이는 의회에서 소수당이 흔히 사용하는데, 장시간의 연설, 다수의 수정안 제출, 투표에서의 우보전술 등이다.

### 하마스 〈2004 조무사, 2005 근로복지공단〉
팔레스타인 점령지를 중심으로 반이스라엘 투쟁을 전개하는 이슬람 원리주의 조직. 이슬람 저항운동의 약칭. 야흐메드 야신이 1987년 창설.

### 핫라인(Hot line) 〈2010 대한지적공사〉
미국과 소련이 쿠바 미사일 위기를 계기로 긴급사태가 발생할 경우 「정상 간의 직접대화」를 통해 전쟁의 위험을 피하기 위해 설치한 것.

### 헌법상 대통령의 필수적 자문기관 〈2006 한국농촌공사〉
국가안전보장회의

### 헌법재판소
〈2004 창원시·울산시, 2005 경기교육·안양시, 2006 안성시, 2009 삼성그룹, 2011 SH공사〉
「헌법재판소」는 『탄핵결정기관』이고, 「탄핵소추기관」은 『국회』

- 총 9명으로 구성, 임기 6년 연임가능, 정년 65세이나 헌법재판소장은 70세

✋ **Tip**

《헌법재판소의 심판사항》
- 법원의 제청에 의한 법률의 위헌여부 심판
- 탄핵의 심판
- 정당의 해산심판
- 국가기관 상호간, 국가기관과 지방자치 단체간 및 지방자치단체 상호간의 권한쟁의에 관한 심판
- 법률이 정하는 헌법소원에 관한 심판

### ABC병기 - 「화생방병기」 〈2010 대한지적공사〉
☞ 원자병기(Atomic Weapon), 생물병기(Biological Weapon), 화학병기(Chemical Weapon)

### ASEM(아시아 유럽 정상회의) 〈2008 한국산단〉
회원국은 대한민국, 일본, 중화인민공화국, 아세안 7개국, 유럽연합 15개국임
☞ 뉴질랜드는 회원국이 아니다.

### G8  〈2005 마사회·근로복지공단, 2007 대구시, 2008 YTN, 2009수도권 매관공〉
독일, 러시아(1997년 마지막 가입), 미국, 영국, 이탈리아, 일본, 캐나다, 프랑스 등 선진 8개국의 모임이다. 여기에서 러시아가 빠지면 G7이다. 정치·경제문제 회의.

### G20 〈2006 삼성그룹, 2010 한국철도공사, 2011 공무원연금공단·한국전기안전공사, 2012 한국보훈복지의료공단〉
G7(미국, 일본, 영국, 프랑스, 독일, 캐나다, 이탈리아), BRICs(브라질, 러시아, 인도, 중국), 한국, 호주, 멕시코, 인도네시아, 아르헨티나, 터키, 사우디아라비아, 남아공, EU의장국
☞ 각국 수도 : 캐나다 : 오타와, 룩셈부르크 : 룩셈부르크, 벨기에 : 브뤼셀, 덴마크 : 코펜하겐 등

### NIS : 대한민국 국가정보원  〈2009 경기농협〉

**Tip**

> MIS : 영국정보국 보안부,
> PENTAGON : 미국 국방부
> FSB : 러시아 정보기관

### UN 분담금  〈2011 한국공항공사〉
UN 경비충당금, 인구나 GNP, 외채비율 등이 기준이 됨.

## 02 법률

### 강간죄  〈2005 인천공항공사, 2013 국립공원관리공단〉
폭행 · 협박으로 사람을 강간한 자 - 『친고죄 폐지』

### 공소시효(公訴時效)  〈2013 국립공원관리공단〉
확정판결 전에 시간의 경과로 인해 형벌권이 소멸하는 제도
사형 : 25년, 무기 : 「15년」 등

### 공판중심주의  〈2007 한국자원공사〉
재판에서 사건의 실체에 대한 모든 심증을 공판 절차 과정을 통해 형성해야 한다는 것

### 과태료 - 「행정상의 질서유지를 위하여 과하는 일종의 벌과금」
〈2003 서울시 · 2010 인천도시개발〉

**Tip**

> 행정질서벌 : 행정법상의 의무위반에 대한 제재로써 형법에 죄명이 없는 벌이다. 즉, 과태료는 행정벌로 형벌이 아니다.

### 대통령  〈2004 경남, 2006 서울시 농수산물공사〉
- 국가의 원수로서 국가를 대표한다.
- 국회에 출석하여 발언하거나 서한으로 의견을 표시할 수 있다.
- 임기는 5년으로 하며, 중임할 수 없다.

### 대통령제의 장·단점  〈2009 수도권 매관공〉
**장점** : 정국안정, 강력한 행정, 다수당의 횡포견제, 소수자 권익보호
**단점** : 독재화 우려, 대립해소곤란, 신속입법곤란

### 대통령 탄핵  〈2004 농어촌공사〉
- 탄핵기관은 국회다. 탄핵소추는 국회재적의원 과반수의 발의와 국회재적의원 3분의 2이상의 찬성이 있어야 한다.
- 탄핵 소추의 의결을 받은 자는 탄핵심판이 있을 때까지 그 권한행사가 정지된다.
- 탄핵결정은 공직으로부터 파면함에 그친다. 다만, 민사상이나 형사상의 책임은 면제되지 않는다.
- 탄핵심판기관은 헌법재판소이다.

### 등기 - 「부동산 공시방법」  〈2003 주공, 2005 경기 교육·근로복지공단〉
부동산 물권변동의 공시방법

> **Tip**
> 동산 : 점유인도
> 등기대상 권리 : 소유권, 지상권, 지역권, 전세권, 저당권, 권리질권, 임차권, 환매권, 부동산점유권·질권·유치권은 등기대상권리가 아니다.

### 등기필증 - 「등기완료증명서」  〈2008 한국감정원〉
등기를 완료한 때 관할 법원등기소에서 등기권리자에게 교부하는 등기완료의 증명서.
- 등기필증이 없을 때 법무사의 확인서면으로 대체 가능

- 한번 교부된 등기필증은 다시 재교부하지 않음
- 등기필증을 멸실했을 경우, 등기소에 출석하여 본인임을 증명하는 증명서를 제시하고 조서작성

### 면소(免訴) 〈2003 주공〉

소송조건 중 실체적 소송조건(형사소송법 제326조)이 결여되어 공소가 부적당하다고 판단해 소송을 종결시키는 재판을 면소하고 한다. 소송을 진행시키는 실체판결을 하기 위한 조건을 소송조건이라 한다. 이 면소판결은 기판력(일사부재리의 효력)이 있다. 면소의 사유에는 무죄, 유죄, 면소의 확정판결이 있을 경우, 공소시효가 완성된 경우, 범죄후의 법령개폐로 형이 폐지된 경우, 사면이 있는 경우 등이다.

### 명예훼손죄 〈2011 한국공항공사〉

주체: 자연인과 법인, 단체
사자명예훼손죄 가능
피해자의 고소 없이 기소 가능
진실한 사실로 공공의 이익에 관한 것은 불처벌

### 문리해석 - 「법률해석 방법의 하나」 〈2004 농어촌공사〉

법문의 문구에 나타난 의미에 중점을 두고 해석하는 방법이다. 법해석의 가장 기초적인 제일단계 해석법이다.

### 반의사불벌죄 - 「피해자의 의사에 따라 처벌」 〈2009 인천관광공사〉

피해자의 처벌의사가 없으면 처벌하지 못함. 단순·존속폭행죄, 과실상해죄

🖑 **Tip**

> 친족상도례 : 직계혈족, 동거하는 가족, 배우자 등의 사이에서 일어날 절도죄·사기죄 등은 그 형을 면제하고, 친고죄로 규정한 것

### 법무부장관 - 「소송상 국가대표」 〈2005 근로복지공단, 2008 YTN〉

국가를 상대로 민사소송을 제기했을 때 당사자 또는 피고

## 법의 우선순위(성문법)  〈2003 안양시, 2005파주시, 2006 관광공사, 시흥교육〉
「헌법 → 법률 → 명령 → 조례 → 규칙」

### Tip

불문법 : 관습법·판례법·조리·행정선례법
〈2007 경기·대전농협, 2009 SH공사〉
성문법 : 문자로 표현되고 문서의 형식을 갖춘 법. 헌법·법률·명령(대통령령, 총리령, 부령 등)·조례·규칙·조약 등

**법의 적용순서**
형사 : 법률 - 판례 - 조리
민사 : 법률 - 관습법 - 조리

## 법의 특성  〈2005 국체공단〉
정의구현·타율성(강제가능성)·강제성(강제규범)·외면성(행위와 결과)·양면성(권리와 의무)

### Tip

도덕의 특성 : 선의 실현·자율성(강제불능성)·자유성(자유규범)·내면성(양심과 동기)·편면성(의무)

## 법 적용의 원칙  〈2009 수도권 매관공〉
법 상호간의 효력의 충돌이 발생할 경우, 어떤 법을 적용할 것인지에 대한 일반원칙.
「상위법 우선의 원칙」, 「신법우선의 원칙」, 「특별법 우선의 원칙」, 「법률불소급 원칙」

## 법정관리와 화의제도  〈2005 근로복지공단〉
• 법정관리는 법원이 관리인까지 선임, 경영을 책임지지만 화의제도는 법

원이 전혀 기업경영에 개입하지 않는다.
- 법정관리의 신청자는 회사·주주·채권자이고 화의의 신청자는 지급불능이나 채무초과 상태에 있는 채무자이다.
- 법정관리 대상기업은 공익적 성격이 강하고 파산시 파급효과가 우려되며, 국가경제에 크게 기여하는 주식회사이나 화의 대상기업은 업종, 기업규모의 제한이 없다.
- 법정관리는 부도 등 파산 위기를 맞은 기업의 회생 가능성이 있을 경우에, 화의는 파산위기를 예방하기 위해 취해지는 채무동결조치이다.

## 법해석  〈2006 경기도, 2009 수도권 매관공〉

일반적·추상적으로 규정되어 있는 법규범을 구체적인 사건에 적용하여 집행하기 위해 그 의미와 내용을 명확히 밝히는 것.

### Tip

유권해석 : 국가기관이 주어진 권한에 기하여 하는 해석
학리해석 : 법학자가 학문적인 입장에서 행하는 법해석
문리해석 : 법령을 구성하고 있는 자구나 문장의 뜻을 문법규칙 및 사회통념에 따라 밝혀 확정하는 해석방법
논리해석 : 법령의 의미 내용을 논리학의 법칙에 따라서 해석하는 방법
반대해석 : 법문에서의 내용으로 보아 일정한 사항은 인정되지 아니한다고 해석하는 방법
물론해석 : 법문이 일정한 내용을 금하고 있을 때, 명확히 기재되지 않은 사항일지라도 그 성질로 보아 내용 중에 포함하고 있는 것은 물론이라고 이해될 때 포함하는 것으로 해석하는 방법
확대해석 : 조문의 의미를 문리적 의미 이상으로 해석하는 방법 ⇒ 축소해석과 반대되는 해석
유추해석 : 당해 사항에 관하여 명문의 규정이 없는 경우에 입법이유가 동일한 유사사실을 정하고 있는 다른 규정을 당해 사항에 적절하게 적용시키는 해석방법
보정해석 : 법조문이 입법자의 의사에 반하여 잘못 표현되고 있는 것이 명백한 경우에 그를 바로잡아 옳게 해석하는 방법

### 사법(私法) 〈2003 안양시, 2012 한국농어촌공사〉
민법·상법·어음법·수표법 등 개인간 거래를 규정한 법률로 공법에 대비되는 개념.

> **Tip**
> 공법 : 헌법·형법·행정법·소송법 등

### 사법경찰리 - 「경사·경장·순경」 〈2006 중부발전〉

### 산업재산권 - 특허권·실용신안권·상표권·의장권 등 〈2009 수도권 매관공, 2013 한국마사회〉

> **Tip**
> 지적재산권(무체재산권) : 저작권, 산업재산권, 특허권, 실용신안권
> 유체재산권 : 부동산, 동산 같은 일반재산권 〈2008 SH공사〉

### 안락사 〈2009 인천관광공사〉
의사의 도움을 받아 말기암환자 등과 같이 생명유지가 무의한 경우에 환자의 생명을 인위적으로 단축시키는 것
☞ 소극적 안락사 = 「존엄사」

### 액세스권(Right of Access)
일반시민이 매스미디어에 접근하여 비판이나 반론을 제기할 수 있는 권리.

### 약식명령 〈2010 한국농어촌공사〉
재산형 형벌을 내릴 수 있는 가벼운 사건으로, 벌금·몰수·과료·추징

### 예고등기 - 「소송경고등기」 〈2003 주공〉
법원에 등기원인의 무효 또는 취소를 이유로 한 등기의 말소나 회복을 요구하는 소송이 제기된 경우, 이를 제3자에게 경고해 선의의 피해자가 없도

록 법원이 직권으로 행하는 등기.

### 용적률 〈2008 한국감정원〉
전체 대지 면적에 대한 지상건물 각층의 면적을 합한 연면적의 비율, 지하층 면적은 용적률 산정에서 제외됨.
☞ 연면적 : 지하면적을 제외한 지상면적의 합계
　건폐율 : 건축면적의 대지면적에 대한 비율

### 음주운전 〈2005 교통안전공단〉
음주 후 0.05 이상의 혈중알콜농도가 나오는 경우 면허 등의 처분을 받게 되는데, 이처럼 『도로교통법상』 처분이 가능한 의미있는 음주운전.

### 의장권(Design Right)
물건의 성질이나 기능 등이 아니라 모양, 색깔, 형태 등을 새롭게 고안하거나 다른 물건과 결합시켜서 활용할 수 있도록 고안한 사람이 이를 등록함으로써 얻을 수 있는 권리.

### 의제부동산(준부동산) 〈2008 한국감정원〉
등기·등록의 공시방법을 갖춰 부동산에 준하여 취급되는 자산·공장재단·광업재단·선박(20톤 이상), 입목·항공기·차량·어업권 등

### 자력구제(자구행위) - 「민법은 일정한 경우 점유자에게 인정」 〈2005 마사회〉
사인이 자기의 권리를 보호 또는 실현하기 위하여 국가의 힘을 빌리지 않고 스스로 사력을 행사하는 것.

### 자연채무(自然債務) 〈2009 농어촌 공사〉
채무자가 자발적으로 급부하지 않더라도 채권자가 그 **이행을 소로써 청구하지 못하는 채무.**
소구가능성이 없다는 점에서 자연채무는 소구할 수 있으나 강제집행이 불가능한 책임 없는 채무와는 구별된다.

**재결신청** 〈2010 한국농어촌공사〉
행정상 법률에 관련하여 분쟁이 있는 경우 제3의 행정청에 그 판정을 청구하는 행위

**정상(情狀)** - 「있는 그대로의 사정과 형편」 〈2005 한수원〉
딱하거나 가엾은 상태로, 구체적 범죄에서 구체적 책임의 경중에 영향을 미치는 일체의 사정

**조례** 〈2003 안양시, 2005 경기교육·철도공사〉
지방자치 단체가 법령의 범위안에서 지방의회의 의결을 거쳐 그 지방의 사무에 관하여 제정하는 법

**준수(遵守)** -「전례나 규칙, 명령 등을 그대로 따라서 지킴」 〈2005 한수원〉

**준항고** 〈2003 주공〉
**민사소송법** : 수명법관이나 수탁판사의 재판에 불복하는 당사자가 소송법원에 신청하는 이의
**형사소송법** : 법관이 행한 일정한 재판이나 검사 및 사법경찰관이 행한 일정한 처분에 대하여 불복하는 경우에 그 법관이 소속한 법원 또는 그 직무집행지의 법원이나 검사의 소속 검찰청에 대응한 법원에 대하여 그 재판이나 처분의 취소 또는 변경을 요구하는 청구
**특별항고** : 일반적인 절차로는 불복신청을 할 수 없는 결정이나 명령에 대하여 특별한 경우에 대법원에 하는 항고이다. 헌법이나 법률의 적용에 위반이 있는 경우에 해당된다.

**지역권** 〈2006 토공, 2012 한국농수산식품유통공사〉
일정한 목적을 위하여 타인의 토지(승역지)를 자기토지(요역지)의 편익에 이용하는 권리.

**지적재산권** 〈2004 농어촌 공사〉

지적활동으로 인하여 발생하는 모든 재산권, 특허권, 실용신안권, 의장권, 상표권, 상호권 등

### 질권 〈2009 SH공사〉
채무자가 돈을 갚을 때까지 채권자가 담보물을 보관할 수 있고, 채무자가 돈을 갚지 아니할 때는 그것으로 우선변제를 받을 수 있는 권리.

**Tip**
> 유치권 : 채권변제시까지 물건이나 유가증권을 유치할 수 있는 권리
> 저당권 : 목적물을 채무자 또는 제3자에게 그대로 둔채 일반 채권자에 우선하여 변제받을 수 있는 담보물권
> 용익물권 : 타인의 토지나 건물을 사용·수익할 수 있는 물권
> 점유권 : 물건을 사실상 지배할 권리가 있는 물권

### 집행유예(reprieve) 〈2005 철도공사, 2008 YTN〉
일단 유죄를 선고하는 정상을 참작하여 일정한 요건 하에 **일정기간 동안 그 형의 집행을 유예**한 후 특별한 사고 없이 그 기간을 경과하면 형의선고의 효력을 상실하게 하는 제도

### 초상권 - 「자기의 그림이나 사진권」 〈2008 YTN, 2012 한국농어촌공사〉
자기의 그림이나 사진이 신문, 잡지, 서적, 인터넷 사이트 등에 자신의 승낙 없이 게재당하지 아니할 권리

### 친고죄 - 「고소가 있어야 공소를 제기할 수 있는 범죄」 〈2013 국립공원관리공단〉
[강간죄, 강제추행죄, 준강간·준강제추행죄, 미성년자등 간음죄, 업무상 위력 등에 의한 간음죄, 혼인빙자간음죄(위헌으로 폐지), 미성년자에 대한 간음·추행죄]의 친고죄는 **폐지되었음**.

### 카피레프트(Copyleft) 〈2006 토공〉
공중사용허가서, 독점적인 의미의 저작권에 반대되는 개념이며, 저작권에

기반을 둔 사용제한이 아니라 저작권을 기반으로 한 정보의 공유를 위한 조치.

### 탄핵소추대상 〈2003 안양시, 2004 조무사, 2005 인천공항, 2006 토공〉
대통령·국무총리·국무위원·행정각부의 장, 헌법재판소 재판관·법관·중앙선거관리위원회위원·감사원장·감사위원 기타 법률이 정한 공무원

**Tip**
> 국회의원(국회의장 포함) : 탄핵소추 대상 아님
> 탄핵소추권 : 국회의 권리이고, 헌법 재판소의 권리가 아니다.

### 플리바겐(Plea Bargain) - 「사전형량조정제도」 〈2005 철도공사, 2010 SH공사, 2011 대한장애인체육회·한국전기안전공사〉
검찰이 수사편의상 주요 관련자 또는 피의자에 대해 유죄를 인정하거나 증언을 하는 대가로 협상을 통해 형량을 경감하거나 조정하는 것으로 주로 미국에서 시행되고 있는 제도이다.

### 행정상 손해배상 〈2005 마사회〉
공무원의 직무상의 불법행위나 영조물설치·관리 하자로 인하여 개인에게 손해가 발생한 경우에 국가 또는 지방자치단체가 배상하는 것.

### 행정심판 〈2005 근로복지공단〉
국가의 행정처분에 대해 취소 등을 요구하는 것으로 상급기관에 신청하는 제도.

### 헌법 - 「국가의 기본이 되는 법」 〈2003 서울시, 2013 한국마사회〉
국가의 기본이 되는 통치조직, 국민의 지위·권리·의무, 국가의 기본정책 등에 관하여 정하며, 다른 법령의 바탕이 되는 최고의 법이다.

### 🖐 Tip

**헌법** 〈2004 경남, 2013 한국마사회〉
- 제1조 제1항 - 대한민국은 민주공화국이다.
- 제3조 - 대한민국의 영토는 한반도와 그 부속도서로 한다.
- 제4조 - 대한민국은 통일을 지향한다.
- 제5조 - 대한민국은 국제평화의 유지에 노력하고 침략적 전쟁을 부인한다.
- 제8조 - 정당의 설립은 자유이며, 복수정당제는 보장된다.

## 헌법 개정절차 〈2005 국체공단, 2007 경기교육, 2011 국민연금공단·한국산업단지공단, 2012 교통안전공단〉

1. 발의제안 : 국회재적의원 과반수 또는 대통령
2. 공    고 : 대통령이 20일 이상 공고
3. 의    결 : 공고된 날로부터 60일 이내 국회의결
   의결정족수 : 재적의원 3분의 2이상 찬성
4. 국민투표 : 국회가 의결한 후 30일 이내
   통과요건 : 국회의원선거권자 과반수의 투표와 투표자 과반수의 찬성
5. 공    포 : 국민투표로 찬성을 얻으면 확정되고, 대통령은 즉시 공포

## 형벌의 종류    〈2006 경기도, 2007 경기교육, 2010 인천도시개발, 2011 SH공사〉
사형·징역·금고·자격상실·자격정지·벌금·구류·과료·몰수(형법 제41조) : 9종

### 🖐 Tip

| 재산형 : 벌금·과료·몰수 | 생명형 : 사형 |
| 명예형 : 자격정지·상실 | 자유형 : 징역·금고·구류 |

☞ 과태료는 행정벌(질서벌)의 일종으로 형벌이 아님.

## 확신범 - 「사상범, 정치범, 국사범 등」    〈2006 토공〉
도덕적, 종교적, 정치적 의무 등의 확신이 결정적인 동기가 되어 행해지는

범죄 또는 그 범인.

# 03 경제(무역 · 조세) · 금융

### 간접세 · 직접세 〈2003 인천시, 2004 농어촌공사, 2005 인천공항 · 경기교육〉
간접세 : 납세자와 담세자가 일치하지 않는 조세, 물품세 · 부가가치세 · 특별소비세 · 교통세 · 전화세 · 증권거래세 · 인지세 · 관세 · 주세 · 유류세 · 전기세 등
간접세의 확대 : 부가가치세 등이 확대되는 것
직접세 : 납세의무자가 곧 조세부담자가 되는 것, 소득세, 법인세, 상속세, 증여세, 재평가세, 부당이득세, 취득세, 등록세, 주민세, 재산세 등

### 개인워크아웃제(Individual Workout System)
〈2004 창원시, 2005 근로복지공단, 2009 인천관광공사〉
「신용회복복지제도」. 개인채무자의 채무일부를 탕감해주거나 만기를 연장해줌으로써 신용을 회복할 기회를 주는 제도.

> **Tip**
> 개인파산 : 능력에 비해 지나친 빚을 진 개인 채무자로 하여금 빚을 청산 · 탕감해 빠른 재기를 도와주는 회생 제도.
> 워크아웃(Work Out) : 「기업재무구조 개선작업」

### 개인회생제도 〈2005 근로복지공단〉
경제적 어려움으로 인하여 파탄에 직면하고 있는 개인채무자로서 장래 계속적으로 또는 반복하여 수입을 얻을 가능성이 있는 자에 대하여 채권자 등 이해관계인의 법률관계를 조정함으로써 채무자의 효율적 회생과 채권자의 이익을 도모하기 위하여 마련된 절차.

## 거시경제학지표  〈2006 한국농촌공사, 2008 삼성그룹〉
국민소득 · 물가 · 실업 · 환율 · 이자율 · 통화증가율 · 국제수지 등
☞ 미시경제학지표 : 가계 · 기업 등 개별 경제주체들 간의 생산 · 판매 · 수요 · 공급 등

## 경제성장율 – 「국민총생산증가율」  〈2005 철도공사〉
한나라의 경제가 일정기간(보통 1년)에 얼마나 성장했는가를 나타내는 지표. 실질국민총생산. 실질국민소득이 연간 또는 연도 간 증가율로 나타낸다. 경제성장율은 실질액의 증가율이므로 실질성장율이라고도 한다.

## 경제활동인구 – 「실업자는 포함됨」 〈2005 인천공항공사, 2013 국립공원관리공단〉
노동시장에 노동을 공급함으로써 경제생활에 기여할 수 있는 인구
한나라의 생산연령인구 중 학생 · 주부 · 환자 · 종교인 · 취업준비자 · 불로소득자 등 생산 활동을 할 능력이나 의사가 없는 사람들을 제외한 인구

## 고센의 제2법칙 – 재화의 한계효용균등의 법칙  〈2006 서울시 농수산물 공사〉

## 골디락스(goldilocks) – 「경제성장에도 불구하고 물가가 크게 오르지 않는 경제 상황」  〈2013 국립공원관리공단〉

## 과점시장 – 「카르텔이 가능한 시장」  〈2009 수도권매관공〉

## 관세부과 이유  〈2005 인천농협〉
「국내 산업보호, 정부 세입증대, 수입사치재 소비억제」

## 국민총생산(GNP, Gross National Product)
〈2003 주공, 2006 서울시 농수산물 공사〉
한 나라의 국민이 일정한 기간(보통 1년)에 걸쳐 새로이 생산한 재화와 용역의 가치를 화폐단위로 평가해서 합산한 것.

> **Tip**
> 국민총생산 = 국내총생산 + 해외수취소득 - 해외지불소득
> 국민순생산(NNP, Net National Product) : 국민순생산 = GNP - 감가상각비 = 순부가가치의 합계
> 국민소득(NI, National Income) :
> 국민소득 = NNP - 간접세 + 보조금 = 요소소득의 합계액
> 국민소득은 결국 부가가치가 생산될 때마다 동시에 분배되었던 요소소득의 합계액으로 이를 좁은 의미의 국민소득이라 한다.

**GPI** : 기존의 국민총생산(GNP)이나 국내총생산(GDP) 개념에다 시장가치로 나타낼 수 없는 경제활동을 덧붙여 만든 경제지표

**그린라운드란** -「환경문제부각」 〈2004 농어촌공사〉
우루과이라운드 협정 이후에 생길 새로운 불씨이다. 지구를 보호하기 위해 갈수록 심해지는 환경문제를 교역과 결부시켜, 이를 「다자간 무역협상」으로까지 발전시키는 것이다.

**금융노마드(financial nomad)** 〈2012 한국농수산식품유통공사〉
금융상품들을 비교하여 자신에게 이익이 많은 상품으로 자산을 옮겨 다니는 사람

**기업경기실사지수(BSI, Business Survey Index)** 〈2003 주공〉
기업활동의 실적과 계획·경기동향 등에 대한 기업가 자신들의 의견을 직접조사, 지수화해서 전반적인 경기 동향을 파악하고자 하는 지표.
다른 경기관련 지표와는 달리 기업가의 주관적이고 심리적인 요소까지 조사가능하며, 정부정책의 파급효과를 분석하는데 활용되기도 한다.

**기준금리** 〈2011 국민연금공단〉
중앙은행의 금융통화위원회에서 매달 회의를 통해 결정
기준금리가 높아지면 시중통화량은 감소

### 기축통화 〈2006 근로복지공단〉
금과 더불어 국제간 결제나 금융거래에 있어서 국제간에 통용되는 통화. 이를 '키 커렌시(key currency)'라고도 한다. 미국의 달러와 영국의 파운드가 키 커렌시이다.

### 네거티브 시스템(Negative System)
수출입 자유화가 원칙적으로 인정된 무역제도하에서 예외적으로 특수한 품목의 수출입을 제한 또는 금지하는 방식을 취하는 제도

### 농산물 특별 세이프가드(ASG)
적용대상 품목의 수입량이 사전에 정한 수준 이상으로 늘어날 경우 관세를 올릴 수 있는 제도.

### 디노미네이션(Denomination) - 「화폐 호칭 단위의 절하」 〈2004 농어촌공사〉
본래는 화폐단위의 호칭을 뜻하는 말이지만, 경제학적으로는 화폐단위의 하향 조정이라는 의미이다. 예컨대 50환을 5원으로 변경하는 것이다.

### 디폴트(default) - 「채무불이행」 〈2006 중부발전, 2009 삼성그룹〉
일반적으로 공·사채에 대한 이자지불이나 원금 상환이 불가능한 상태.
☞ 모라토리엄(moratorium) : 국가의 지급유예(일시적 연기)〈2013 국립공원관리공단〉

### 레몬 효과 - 「불량 차입자들만 증가하는 현상」
고객의 차등화가 일반화되면서 소위 우량한 자금 수요자들이 같은 대출금리를 적용하면 참가하지 않아 불량한 차입들만 증가하는 현상.

### 로렌츠 곡선 〈2005 인천농협〉
「소득분포의 불평등한 정도를 나타내는 곡선」

### 리디노미네이션(redenomination) 〈2005 국체공단, 2008 삼성그룹〉

「화폐의 단위를 바꾸는 것」

### 리츠펀드(REITs)　　　　　　　　　　〈2012 한국농수산식품유통공사〉
소액투자자들로부터 모은 자금으로 부동산 투자를 전문적으로 하는 일종의 뮤추얼펀드

☞ 퀀트펀드(quantitative fund) : 펀드매니저의 주관적 판단이 배제되고 컴퓨터 프로그램에 의해 매매 매도하는 펀드
　스풋펀드(spot fund) : 단기투자로 목표수익률을 이루기 위한 펀드
　브릭스 펀드(BRICs fund) : 브라질, 러시아, 인도, 중국 같은 신흥경제대국의 주식 채권에 투자하는 펀드

### 마빈스(MAVINS)　　　　　　　〈2010 대한지적공사, 2011 국민연금공단〉
멕시코, 호주, 베트남, 인도네시아, 나이지리아, 남아프리카공화국의 신흥시장

### 맥럭셔리(McLuxury)
사치품도 맥도날드 햄버거처럼 누구나 살 수 있게 됨.

### 메르트재(Merit Goods)　　　　　〈2006 서울시 농수산물, 2009 수도권 매관공〉
소득수준에 관계없이 모든 사람이 소비를 필요로 하는 것으로 간주하는 재화나 서비스다. 예컨대 교육·주택·건강·식품 등

### 모기지(mortgage) - 「주택담보대출」　　　　〈2003 주공, 2007 경기교육〉

### 모라토리엄(moratorium) - 일시 금지조치(지불유예 ; 지급연기)
　　　　　　　　　　　　　　　　　〈2005 인천공항, 2009 삼성그룹〉
원래는 긴급한 경우 일정한 법령에 의해 일체의 지불을 중지한다는 경제용어이다. 최근에는 원자력 분야에서 자주 쓰이고 있다.

### 물타기(Scale Trading) -「평균매입단가를 낮추는 것」
향후 가격 상승을 전망하고 일정한 가격으로 증권을 매입했을 경우 예상과

는 반대로 가격이 하락했을 때 그 하락한 가격으로 매입량을 늘림으로써 평균매입단가를 낮추는 것.

## 미스테리 쇼퍼(Mistery Shopper) -「서비스업계의 암행어사」
전문 평가자가 일반 고객으로 가장해 물건을 사거나, 매장을 몰래 돌면서 서비스를 평가하는 방식

## 방카슈랑스(Bancassurance)
〈2005 철도공사・근로복지공단, 2007 국회, 2008 YTN, 2009 삼성그룹〉
방카슈랑스(Bancassurance)는 은행(Banque)과 보험(Assurance)을 합성한 프랑스어

> **Tip**
> 어슈어뱅크(assure-bank) : 보험과 은행의 합성어로, 보험회사가 은행상품을 판매하며 은행을 자회사로 두어 은행업을 겸하는 것
> 포타슈랑스(potasurance) : 인터넷 포털 사이트에서 보험상품을 판매하는 서비스

## 백지신탁제도(blind trust) 〈2006 용인시, 2009 수도권 매관공〉
「폐쇄펀드」 공직자의 재산을 공직과 관계없는 제3의 대리인에게 명의신탁하게 하는 것.
자신의 소유주식이라도 간섭할 수 없는 것.

## 뱅크런 -「은행예치금 인출이 대규모로 발생하는 현상」〈2011 수도권매립지관리공사〉

## 벌처펀드(Vulture Fund)〈2008 서울・경기・대전・충남농협・한국감정원, 2009 농어촌공사〉
벌처펀드는 부실기업을 저가에 인수하여 구조조정을 통한 인력정리, 부동산 매각 등의 방법을 통해 자산구조를 개선하여 「기업을 정상화시키고 되

파는 기업 혹은 자금」

### 베이시스(basis)　　　　　　　　　　　　　　　〈2005 인천농협〉
정상시장에서 형성된 현물가격과 선물가격의 차이
☞ 마진콜(margin call) : 선물계약기간 중 선물가격의 변화에 따르는 추가증거금의 납부를 통보하는 것

### 변동환율제　　　　　　　　　　　〈2008 삼성그룹, 2013 한국마사회〉
- 환율이 고정되지 않고 외환시장의 수요와 공급의 추세에 따라 결정되는 제도.
- 1978년 발효된 킹스턴 체제에서 변동환율제 시행 등을 주요 내용으로 함.
- 환율이 수시로 변동함에 따라 환위험이 발생하고 자본거래 위축을 야기할 우려가 있음.
- 원칙상 정부의 개입이 불가하지만 현실적으로는 통화당국의 시장개입이 이뤄지고 있음.

### 부가가치세　　　　〈2004 조무사, 2004 충주시, 2012 한국농수산식품유통공사〉
기업이 재화의 생산·유통과정에서 상품에 부가하는 가치에 대해 정부가 부과하는 조세·간접세(소비와 관련 납세자와 담세자 불일치하는 경우)

> 부가가치세법 시행규칙 제24조에 따르면 쌀에 인산추출물, 아미노산 등 식품첨가물을 첨가, 코팅하거나 버섯균 등을 배양시킨 것으로서 쌀의 원형을 유지하고 쌀의 함량이 90% 이상인 것은 가공되지 아니한 미가공 식료품은 부가가치세가 면제된다.

### 부동산 거래　　　　　　　　　　　　　　　　　〈2003주공〉
「부동산에 관한 권리의 발생·변경·소멸되는 행위」
즉, 소유권이전을 목적으로 하는 행위, 임대차를 목적으로 하는 행위, 채권담보를 목적으로 하는 행위 등이다. 예컨대, 부동산환매, 부동산교환, 부동산상속, 부동산증여 등이다. 감정평가나 개발은 거래가 아니다.

부동산 취득관련세 - 「취득세·등록세」　　　　　〈2006 한국농촌공사〉

부메랑(boomerang)효과 - 「역수출현상」
　　　　　　　　　〈2006 충남농협·시흥교육, 2008 서울·경기·대전·충남농협〉
선진국이 개발도상국에 제공한 경제원조나 자본투자의 결과 현지 생산이 이루어지고 이어 그 생산제품이 현지 시장수요를 초과케 되어 「선진국에 역수출」됨으로써 선진국의 당해 산업과 경합하는 것.

브레인 트러스트(Brain Trust) -「두뇌위원회」
미국 32대 대통령 루스벨트(F. D. Roosevelt)가 뉴딜 정책을 시행했을 때 정치·경제 관계에 관한 고문으로 위촉한 학자단체.

브릭스(BRICs)　〈2004 삼성그룹, 2005 한전, 2007 삼성그룹, 2009 수도권 매관공〉
급속한 경제성장을 거듭하고 있는 「브라질·러시아·인도·중국」등의 신흥경제 4국을 일컫는 말.

블라인드 테스트(Blind Test)
제품에 대한 정보를 숨기고 제품의 성능이나 맛 등을 평가하는 시험. 상표를 숨기고 맥주를 마시게 한 다음 그 상표를 식별시키는 것.

블랙스완(Black swan)　　　　　　　　〈2012 한국농수산식품유통공사〉
통념에 빠져 전혀 예측할 수 없었던 일이 발생하는 것

블루슈머 - 「경쟁자 없는 새로운 소비자」　　　〈2011 농수산물유통공사〉
경쟁 없는 시장인 블루오션과 소비자 컨슈머의 합성어

블루칩(Blue chip)　　　　　〈2004 삼성그룹, 2006 고양시, 2009 경기농협〉
수익성·성장성·안정성이 높은 대형우량주

> **Tip**
> 레드칩 : 우량 중국 기업들의 주식
> 옐로칩 : 중저가 우량주
> 밀레니엄주 : 21세기 인터넷 사회의 산업을 대표하는 기업의 주식

### 비경제활동인구
「만 15세 이상 남녀」로 생산에 참가할 능력이 있는데도 가사(주부), 학업(학생), 구직단념 등의 이유로 경제활동에 참가하지 않는 사람을 지칭. 반면 취업자나 직업을 구하고 있는 사람(실업자)은 경제활동인구로 분류된다.

### 비교우위  〈2005 충남연기, 2007·2008·2009 삼성그룹〉
국제무역에서 한 나라의 어떤 재화가 비록 상대국의 것에 비해 절대 우위에서 뒤처지더라도 생산의 기회비용을 고려하였을 때 상대적인 우위를 지닐 수 있는 것.

☞ 비교생산비론 - 「리카르도」    〈2007 삼성그룹, 2008 한국산단〉
- 생산비의 비교는 자국 내에서의 비교이고 타국과의 절대비교에서 싸다는 것이 아니다.
- 교역이 각국에 이익이 된다.
- 국가 간에 비교생산비의 차이가 발생하는 구체적인 요인에 대해서는 설명하지 못했다.

### 비교역적 품목(NTC)    〈2005 근로복지공단〉
그 나라의 문화·역사 등을 고려하여 반드시 개방하지 않아도 되는 품목

### 빅맥지수(Big Mac Index)
맥도널드 「햄버거의 주력제품인 빅맥 가격지수」

### 사소함의 법칙(Law of triviality) - 「파킨슨 법칙 중 하나」
〈2006 한국농촌공사〉

사소한 일에는 주력하고 정작 중대한 일에는 소홀히 하는 법칙

### 사이드카(Side Car) 〈2005 인천농협, 2006 근로복지공단〉
뉴욕증권시장에서 주가의 급락사태가 일어날 경우에 컴퓨터를 이용한 자동 「매매 주문이 5분간 보류」되는데 이러한 특별프로그램 장치.
☞ 서킷브레이커(circuit breakers) : 주식시장에서 주가가 급등락하는 경우 주식매매를 일시 정지하는 「주식거래중단제도」

### 선화증권(B/L) 〈2008 한국산단〉
· 해상운송에서 운송기관이 운송화물을 받았다는 것을 인증하고 그 화물을 지정된 목적지까지 수송하겠음을 약정하는 유가증권.
· 선하증권은 배서로서 다른 사람에게 양도할 수 있다.
· 선적시기에 따라 선적선화증권, 수취 선화증권
· 화주의 청구에 따라 선장이 발행한다.

### 세계무역기구(WTO, World Trade Organization) 〈2009 SH공사〉
1993년 12월 타결된 우루과이라운드 이후의 세계무역질서를 이끌어 가는 「다자간 무역기구」이다. 1995년 1월 가트(GATT) 체제를 대체한 이 기구는 가트에 없었던 세계 무역분쟁 조정기능과 관세인하 요구, 반덤핑규제 등의 법적 권한과 구속력을 행사할 수 있는 거대한 기구이다.

### 세계 3대 신용평가 기관 〈2005 삼성그룹, 2010 인천도시개발 · 대한지적공사〉
Standard & Poor's, Moody's Investors Service, Fitch IBCA
☞ 무디스 2010년 4월 한국의 신용등급 A2에서 A1으로 상향조정.

### 세이(Say)의 법칙 - 「공급이 수요를 창출한다는 법칙」
〈2006 용인시 · 한국농촌공사, 2009 삼성그룹, 2011 방송통신심의위원회〉

☝ **Tip**

지브라의 법칙 : 소득분포에 관한 법칙으로, 소득분포는 대수정규분포에 의함.

### 소비자 기대지수(Consumer expectation index) 〈2006 중부발전〉
앞으로 6개월 뒤의 소비자 동향을 설문조사를 통해 작성한 지수.
지수의 기준은 100이다.

> **Tip**
> 소비자 신뢰지수(Consumer Confidence index) : 미국의 민간 조사그룹인 컨퍼런스보드가 매월 마지막 화요일 오전 10시에 발표하는 지수이다.

### 소셜덤핑(social dumping) 〈2011 한국산업안전보건공단〉
국제수준보다 현저히 낮은 임금수준을 유지함으로써 절감된 원가의 제품을 해외시장에서 염매하는 행위

> **Tip**
> - 공해덤핑(pollution dumping) : 제품생산 시 공해방지 시설을 갖추지 않음으로써 비용을 줄여, 싼 값으로 해외시장에 수출하는 행위
> - 임금덤핑(wage dumping) : 인력의 공급과잉으로 인한 임금 하락현상
> - 반덤핑(anti dumping) : 국내 산업을 보호하기 위해 덤핑국가의 수출품에 높은 관세를 부과하여 수입을 규제하는 조치

### 수요의 변화 〈2005 한수원〉
변화요인으로는 가격의 변화, 수요자의 소득수준이나 기호의 변화, 대체재·보완재의 가격변화, 인구의 증감

### 수요탄력성 〈2004 삼성그룹, 2006 중부발전, 2009 경기교육〉
수요량의 변화율을 수요변화를 일으키는 요인의 변화율로 나눈 값이다. 수요의 탄력성은 0에서 무한대까지 존재한다. 필수품은 가격탄력도가 낮고, 사치품은 가격탄력도가 높다.

수요의 가격탄력성(E) = 수요량의 변동률 / 가격변동률
                     = (수요량 변화분 / 원래의 수요량) / (가격변화분 / 원래의 가격)

| 구 분 | 가격변화에 대한 수요량의 반응형태 | 탄력성의 수치 |
|---|---|---|
| 완전비탄력적 | 가격이 변화할 때 수요량이 전혀 변하지 않는다. | $Ep=0$ |
| 비탄력적 | 수요량의 변화율이 가격변화율보다 작다. | $0<Ep<1$ |
| 단위탄력적 | 수요량의 변화율이 가격변화율과 동일하다. | $Ep=1$ |
| 탄력적 | 수요량의 변화율이 가격변화율보다 크다. | $1<Ep<\infty$ |
| 완전탄력적 | 가격이 어떤 일정 수준에 있으면 소비자들은 얼마든지 구매할 의사가 있다. | $Ep=\infty$ |

☞ 수요의 가격탄력성이 탄력적인 경우 가격이 상승하면 총판매수입이 감소하고 소비자 총지출액도 감소한다.

### Tip

**탄력성 크기의 결정요인**
- 기간이 장기일수록 탄력성이 크다.
- 대체재가 많을수록 탄력성이 크다.
- 가격이 높을수록 탄력성이 크다.
- 부동산은 대체재가 거의 없으므로 비탄력적이다.
- 주거용 부동산이 다른 부동산보다 탄력적이다.
- 오래된 제품보다 신제품이 더 탄력적이다.
- 수요의 탄력성이 탄력적일수록 저가정책을 쓰고 비탄력적일수록 고가정책을 써야 한다.

## 수쿠크  〈2011 한국산업단지공단〉

이슬람 율법인 샤리아에 따라 이자를 금지하는 대신 임대료나 배당, 양도소득 등을 지급하는 이슬람국가만의 독특한 채권

## 슘페터  〈2003 안양시, 2005 마사회, 2007・2008 삼성그룹〉

경제학자・사회학자, 20세기의 가장 세련된 보수주의자, 창조적인 파괴, 혁신적 기업가・혁신적인 기술, 신제품 강조.

> **Tip**
> 창조적 파괴 : 낡은 것을 파괴하는 기술혁신과 새로운 것을 창조하여 변혁하는 기업가의 행위. 창조적 파괴에 의한 기업가의 혁신이 이윤을 창출하고 기업경제를 발전시키는 원동력임.
> 기업가정신　　　　　　　　　　　　　　　　　　　〈2007 삼성그룹〉
> 기업의 이윤과 이에 따르는 사회적 책임을 위해 기업가로서 갖춰야 할 혁신정신

### 스놉(snob)효과　　　　　　　〈2005 인천농협, 2013 한국마사회〉
다른 사람들이 물건을 많이 구매한 것은 자신은 사지 않는 현상

### 스털링(sterling) - 「영국의 화폐」　　　　　〈2006 근로복지공단〉

> **Tip**
> 스털링지역 : 영국의 파운드 화폐로 무역 결제가 이루어지는 나라
> 파운드스털링 : 영국의 법정통화인 파운드

### 스톡홀름증후군　　　　　　　　　　　　　　　　〈2005 인천농협〉
「신용파산 위기에 처한 개인이 책임을 회피하는 증후군」

### 스파게티 볼 효과(Spaghetti Bowl Effect) 〈2012 한국보훈복지의료공단〉
다수국가와 동시에 FTA를 맺게 되면 시간과 인력이 더 들어가게 되는 현상. 여러 나라와 동시에 FTA를 맺게 되면 각 나라마다 다른 원산지 규정, 통관절차, 표준 등을 확인하는 데 시간과 인력이 더 들어가게 돼 거래비용 절감이라는 애초 기대효과가 반감되는 현상.

### 시장의 실패　　　　　　　　　　　　　　　　　〈2005 마사회〉
경제학에서 시장기구가 그 기능을 제대로 발휘하지 못하여 자원이 효율적으로 배분되지 못하는 상태를 지칭.
자원의 최적분배가 실패하는 경우이다. 예컨대 독과점의 발생, 환경오염,

공공시설의 부족, 불량상품이나 과대광고로 인한 소비자 피해 등
☞ 시장의 기능 : 효율적인 자원의 배분

### 신고포상금 종류 〈2004 근로복지공단〉
가짜휘발유 등 유류, 부정식품, 쓰레기불법투기, 가짜양주, 일회용품 사용, 교통사고 뺑소니, 불법 S/W 복제, 청소년 성매매, 환경오염, 약품불법 처방, 부정선거, 미성년 주류, 임대주택 불법전대, 불법자판기, 고액과외 불법학원 강습, 부정축산물 신고, 청소년불법고용 등

### 신디케이트론(Syndicate Loan) 〈2006 서울시 농수산물공사〉
두 개 이상의 은행이 차관단 또는 은행단을 구성하여 공통의 조건으로 일정금액을 융자해 주는 중장기 대출

### 신종기업어음(CP) 〈2007 경기·대전농협〉
「기업의 단기자금조달을 쉽게 하기 위해 도입한 어음형식」

### 신흥공업국 - 「NICs」 〈2005 한수원〉

### 아시아 태평양 경제협력체(APEC) 〈2012 경기신용보증재단, 2005 진주시〉
Asia Pacific Economic Cooperation의 약어.
한국, 미국, 일본, 호주, 뉴질랜드, 캐나다와 동남아국가연합(ASEAN) 6개국 및 중국, 대만 등으로 구성된 「아시아 태평양 지역 최초의 범정부간 협력기구」- 현재 21개국 참여 - 홍콩제외(1977)
☞ ASEAN : 동남아시아 국가연합, 한국비가입
　ASEM : 아시아유럽정상회의, 한국가입
　APPU : 아세아태평양우편연합, 한국가입

### 안드로이드법칙 〈2011 국민연금공단〉
제품의 라이프 사이클이 점점 빨라지는 현상

### 애그플레이션(Agflation) 〈2012 한국보훈복지의료공단〉
- 「농산물 가격 상승이 물가상승을 야기하는 현상」, 농업(Agriculture)과 인플레이션(Inflation)을 합성한 말.

### 양적완화 - 「시중에 유동성(자금)을 공급하는 통화정책」〈2012 한국농어촌공사〉
기준금리가 제로(0)에 가깝게 유지되는 상황에서 더 이상 금리를 인하해 시중에 돈을 풀 여지가 없을 때 중앙은행이 발권력을 동원해 화폐를 찍어 국채 등의 자산을 매입하는 방식.
☞ 양적완화 시행 : 주식·채권·부동산·원자재 등 실물자산의 가격 상승

### 어닝시즌(Earning Season)
미국 기업들의 실적(Earning)이 집중적으로 발표되는 시기(Season).

### 어 슈어 뱅크 〈2005 근로복지공단〉
보험회사가 은행을 자회사로 두거나 은행 상품을 판매하는 것.

### 역모기지론(reverse mortgage loan) 〈2007 경기교육, 2009 수도권매관공〉
주택은 있고 특별한 소득원이 없을 때 고령자가 주택을 담보로 사망할 때까지 자택에 거주하면서 노후 생활자금을 연금형태로 지급받고, 사망하면 금융기관이 주택을 처분하여 그 동안의 대출금과 이자를 상환하는 방식.

### 연착륙(소프트랜딩, soft landing) 〈2009 수도권 매관공〉
부드럽게 지면에 닿아서 승객들이 착륙을 했는지 안했는지 조차 알 수 없을 정도로 안정감 있게 내려오는 것을 비유하여 사용되는 경제용어.

**Tip**
경착륙(하드랜딩, hard landing) : 비행기가 급격하게 하강을 하게 되면 승객들은 엄청난 충격을 받아서 다치거나 사고가 생길 우려가 있는 것을 비유한 말로, 경기가 급속하게 냉각되고 소비가 위축되는 것을 말한다.

### 윔블던 효과(Wimbledon Effect)
금융기관 소유주가 내국인 보다 외국인이 더 많아지는 주객전도 현상

### 유니버셜보험 〈2006 서울시 농수산물공사〉
「은행예금처럼 입출금이 자유로운 보험상품」

### 유동부채(current liabilities) 〈2003 주공〉
1년이나 정상영업주기 중 보다 긴 기간을 기준으로 하여 그 기간 내에 자원의 이전 또는 다른 부채의 발생으로 상환될 예정인 채무다. 외상매입금, 지급어음, 선수금, 예수금, 소득세예수금, 미지급금, 미지급비용 등

### 유동성함정 〈2012 한국산업인력공단, 2011 한국전기안전공사, 2010 국민건강보험〉
금리를 낮추어도 실물경제에 아무런 영향을 미지지 못하는 상태

### 유럽연합(EU) 〈2004 근로복지공단〉
대다수 서유럽 국가들이 공동경제·사회·안보정책의 실행을 위해 창설한 국제기구.

**Tip**
> 회원국 : 그리스·네덜란드·덴마크·독일·룩셈부르크·벨기에·스웨덴·스페인·아일랜드·영국·오스트리아·이탈리아·포르투갈·프랑스·핀란드 등 27개국이다. 스위스는 EU국이 아니다.

☞ 스웨덴 : 3차원 가상현실 사이트 '세컨드 라이프'에 사이버 대사관을 가장 먼저 개설한 나라

〈2007 한국자원공사〉
### 유로화 - 「유럽연합(EU)의 공식통화」 〈2005 마사회〉
유로는 16개국의 유럽연합 가입국과 유럽 연합에 가입하지 않은 9개국에서 사용되며, 이들 국가를 통틀어 유로존이라고 한다.
☞ 미사용국 : 영국·덴마크

### 유통의 경제적 역할 〈2006 서울시 농수산물공사〉

「산업발전의 촉매역할, 고용창출, 물가조정」

### 의존효과(Dependent Effect) 〈2009 수도권 매관공〉
생산자의 선전광고에 의해 소비자의 욕망이 환기되는 것.

### 이머징 마켓(Emerging Market)
금융시장과 자본시장에서 빠르게 성장하고 있는 국가들의 신흥시장
우리나라를 포함한 동남아시아, 라틴아메리카, 동 유럽 등으로 크게 구분.

### 인플레이션(Inflation) 〈2003 인천시, 2004 대구시, 2005 진주시·서울시, 2009 SH공사·삼성그룹, 2012 한국보훈복지의료공단〉
통화량이 팽창하여 화폐가치가 떨어지고 물가가 계속적으로 올라 일반 대중의 실질적 소득이 감소하는 현상. - 유리한 사람 채무자·현물 자산가
인플레이션은 가난한 사람을 더욱 가난하게 부유한 사람을 더욱 부유하게 하여 소득의 격차를 심화시킨다. 소비가 감소한다.

> **Tip**
>
> **해결책**
> 초과수요 인플레이션 : 총수요 억제정책(금융긴축, 재정긴축)
> 구조적 인플레이션 : 구조정책(산업합리화)
> 관리가격 인플레이션 : 경쟁촉진정책(독점규제, 공정거래)
> 비용인상 인플레이션 : 소득정책(임금·물가동결)
> 수입 인플레이션 : 무역 및 외환정책
> 디플레이션 : 통화량의 수축(감소)에 의해 명목물가가 하락하는 현상
> 〈2009 인천관광공사〉

### 임대료 규제 〈2008 한국감정원〉
- 임대료 규제정책은 임대료에 대한 이중가격을 형성할 수 있다.
- 임대료를 규제하면 임대 부동산의 질적 저하가 초래될 수 있다.
- 임대료 규제는 임차인들의 이동을 저하시킨다.
- 임대료의 지나친 규제는 장기적으로 임대주택의 공급량 감소원인이 된다.

### 자유무역 〈2003 안양시, 2011 농수산물유통공사〉
정부가 수입에 제한을 두지 않거나 수출에 개입하지 않는 정책이다. 리카르도의 비교 생산비설에서 옹호, 애덤스미스의 국부론(시장의 기능에 대한 보이지 않는 손 주장)

### 자유무역협정(FTA) 〈2005 파주시, 2006 서울농수산물공사〉
특정국가간에 배타적인 무역특혜를 서로 부여하는 협정으로서 가장 느슨한 형태

> **Tip**
> 한국 FTA협정국 : 한·칠레, 한·싱가포르, 한·EFTA 등
> • 국가와 국가 사이의 무역장벽을 완화하거나 철폐하여 무역자유화를 실현하기 위한 것이다.
> • 시장이 크게 확대되어 비교우위에 있는 상품의 수출과 투자가 촉진되고, 동시에 무역창출 효과를 거둘 수 있다는 장점이 있다.
> • 2004년 체결된 한·칠레 자유무역협정(FTA)은 한국 최초이자 태평양을 사이에 둔 국가간에 체결된 최초의 FTA이다.

### 정맥산업 - 「산업 쓰레기 재생산업」 〈2006 서울시농수산물공사〉
정맥산업은 더러워진 피를 새로운 피로 만드는 심장의 정맥처럼 산업쓰레기를 재생, 재가공하는 산업을 말한다.

### 정크본드(Junk bond) - 「쓰레기 채권」 〈2005 마사회〉
신용등급이 아주 낮은 회사가 발행하는 「고위험·고수익 채권」

### 조세피난처 〈2013 국립공원관리공단〉
법인세·개인소득세의 전부나 상당부분에 대하여 면제, 조세피난처는 완전조세회피 무세지역인 택스 파라다이스, 국외소득 면세국인 택스 셀터, 특정 법인이나 사업소득 면세국인 택스 리조트가 있다.

### 종합부동산세 〈2008 한국감정원〉
고액의 부동산 보유자에 대해 부동산보유세 과세, 과세기준일 매년 6월 1일.

### 지니계수 〈2009 경기교육, 2013 국립공원관리공단〉
- 빈부격차와 계층간 소득분포의 불균형정도를 나타내는 수치
- 0에서 1까지의 값
- 지니계수의 값이 1에 가까울수록 불평등 정도가 커짐
- 지니계수는 로렌츠 곡선과 관련된 면적의 비율을 통해 구할 수 있음.

### 지대추구행위(Rent-Seeking Behavior)
〈2006 서울시 농수산물공사 · 한국농촌공사〉
- 기업이 자신의 이익을 위해 로비 · 약탈 · 방어 등 비생산적 활동에 경쟁적으로 자원을 낭비하는 현상
- 지대추구행위로 인하여 자원배분이 비효율적으로 된다.
- 경제주체들이 자기의 이익을 위해 비생산적인 활동을 하여 경쟁적으로 자원을 낭비하는 행위이다.
- 공급을 제한하거나 비탄력적으로 만들어 이윤을 추구하는 행위이다.

### 체크카드 - 「현금서비스 및 할부 기능」〈2012 경기신용보증재단〉
☞ 신용카드 : 상품 및 서비스 대금 지불 일정기간 유예, 과소비 초래 가능성 있음

### 카멜레온 펀드 〈2006 한국농촌공사〉
주가변화에 따라 가장 유리한 형태로 공사채형과 주식형을 드나들며 안전성과 수익성을 동시에 누리는 펀드

### 콜라보노믹스(collabonomics) 〈2012 한국농어촌공사〉
협력의 경제학, 혁신적인 아이디어를 찾기 위한 기법, 기업간 노사간 협력을 요하는 것, 콜라보레이션에서 나온 신조어
☞ 콜라보레이션(collaboration) : 모두 일하거나 협력하는 것, 공동출연, 경연, 합작,

공동작업 등

### 콤팩트(Compact)운동 - 「새 물건 안사기 운동」

### 클라크(C.G. Clark)의 산업분류 〈2008 SH공사〉
1차산업 : 농업 · 임업 · 수산업 · 목축업 · 수렵업 등
2차산업 : 제조업 · 광업 · 건설업 · 전기수도 가스업 등
3차산업 : 상업 · 운수통신업 · 금융업 · 공무 · 가사 · 자유업 등

### 킬러 콘텐츠(Killer Contents)
이전과 다른 획기적인 내용을 담아 소비자들의 폭발적인 수요를 이끌어내는 작품.

### 토빈세 - 「단기성 외환거래에 부과되는 세금」 〈2013 한국마사회〉
노벨경제학상 수상자인 제임스 토빈이 외환 거래 등에 세금을 매기면 투기가 줄어들 것이란 아이디어에서 제안한 세금.

### 통화(Currency) 〈2006 중부발전〉
현금과 은행의 요구불예금을 합한 통화.
현금 : 지폐 + 주화의 합계
요구불예금 : 당좌예금, 보통예금, 별단예금

### 통화스왑(Swaps) - 「상호교환 하는 외환거래」 〈2009 인천관광공사〉
서로 다른 통화를 약정된 환율에 따라 일정한 시점에서 상호 교환하는 외환거래

### 트레저 헌터(Treasure Hunter) - 「상품정보 탐색 소비자」
가격 대비 최고의 가치를 주는 상품을 구입하기 위해 끊임없이 정보를 탐색하는 소비자

**트리플웨칭데이** - 선물·옵션 동시만기일 〈2006 근로복지공단, 2010 한수원〉

**파레토 최적** -「자원의 가장 적합한 배분상태」 〈2006 토공〉
파레토 최적이란 하나의 자원배분상태에서 다른 사람들에게 손해가 가도록 하지 않고서는 어떤 한 사람에게 이득이 되는 변화를 만들어 내는 것이 불가능할 때 이 배분상태를 파레토 효율적이라고 한다. 반면 파레토 비효율은 파레토 개선이 가능한 상태를 말한다. 이탈리아 경제학자 파레토 이름에서 유래하였다.

**팩터링(Factoring)금융** 〈2007 경기·대전농협, 2009 인천관광공사〉
기업의 외상매출채권을 사서 자기의 위험부담으로 그 채권의 관리와 대금회수를 집행하는 기업금융의 일종

**페어트레이드(Fair Trade)**
정당하고 공정한 거래를 통하여 스스로 일어설 수 있도록 유도하는 대안적인 무역방식
공급자와 소비자가 최소의 단계만 거쳐서 제대로 된 공정한 무역을 하자는 것.

**풍선효과**
정부가 강남 집값 상승을 막기 위해 재건축아파트규제를 강화하자 주택수요가 일반 아파트로 몰려 집값이 상승하는 것을 빗대어 사용한 말로, 한 가지 문제가 해결되면 다른 문제가 발생하는 현상

**프리이빗 뱅킹(private banking)** 〈2009 수도권매관공〉
은행이 거액 자산가들을 대상으로 일대일로 자산을 종합관리해 주는 서비스.

**하인리히 법칙** 〈2008 한국감정원〉
작은 실수가 큰 실패로 이어지는 비즈니스 메커니즘을 통계적으로 말해주는 법칙

## 핫머니(hot money) 〈2004 삼성그룹, 2005 철도공사〉

투하자본의 회수불능이나 가치상실 등을 염려하여 다른 나라에 자본의 도피처를 구함으로써 유출국·유입국 쌍방에 경제적 혼돈을 야기시키는 「국제부동자금」

> **Tip**
>
> 하드머니 : 미국의 정치자금으로, 특정선거의 특정후보에만 사용할 수 있도록 한 자금
> 소프트머니 : 포괄적 당운영비 형태의 자금
> 블랙머니 : 사회의 공식적인 통로를 통하지 않고 음성적으로 유용되는 돈

## 협상가격차 -「공산품 가격과 농산물 가격차」 〈2010 대한지적공사〉

공산품 가격지수와 농산물 가격지수 간의 격차가 점차커지는 현상

## 화폐단위 〈2006 화성시, 2008 한국산단〉

일본 : 엔, 구소련 : 루블, 캐나다 : 캐나다 달러, 미국 : 달러, 영국 : 파운드, 프랑스 : 프랑, 이탈리아 : 이탈리아 리라, 독일 : 마르크, 스페인 : 페세타, 중국 : 위안, 태국 : 바트, 인도 : 인도루피, 브라질 : 레알, 아르헨티나 : 페소

## 환매채 〈2007 경기·대전농협〉

금융기관이 고객으로부터 돈을 받아 채권에 투자하고 계약기간이 만료되면 확정된 이자를 얹어 채권을 되사주는 금융상품

## 환율하락〈2005 인천농협·진주시·충남·국체공단, 2006 충남농협·경기·남양주시·안성시, 2007·2008 삼성그룹, 2008 한국감정원·한국산단·서울·경기·대전·충남농협, 2009 경기농협·인천관광공사, 2010 인천도시개발〉

원화절상(상승)으로 인하여 유리한 경우 : 수입업자, 외국여행자
1달러 1000원이 1달러 800원이 되는 경우인데, 수출하는 경우, 가격을 올려야 같은 수익이 보장되어 가격상으로 판매가 감소하고, 수입의 경우 가격인하의 효과발생하고 수출이 감소한다.

환율상승 : 평가절하 현상(예 : 1달러 1000원 → 1달러 1200원), 수출증가, 수입감소, 국제수지의 개선, 외채상환 부담증가, 원자재 값의 상승, 국내물가상승, 경상수지개선 등

**Tip**

중국위안화 절상 영향 〈2009 삼성그룹〉
- 우리 국민들의 중국여행이 어려워진다.
- 우리나라의 철강, 필수소비, IT업종이 수혜를 입는다.
- 중국제품에 대한 가격경쟁력이 유리해지고 대중국 수출이 증가할 것이다.
- 우리국민의 체감물가 상승은 더 클 수 있다.
- 국제사회에서 원화 가치 상승 압력도 커지게 될 수 있다.

## A/D Charge - 「환어음 인수/할인 이자」 〈2009 경기농협〉

☞ FOB : 무역거래조건의 하나로 계약상품의 인도가 수출항의 본선 선상에서 이루어지는 계약
CAD : 서류를 상환하며 대금을 결제하는 무역거래조건
CIF : 무역거래에서 수출업자가 화물이 목적지에 인도될 때까지 운임과 보험료를 부담하는 가격조건

## BOT(Build Operate Transfer) 〈2003 주공〉

민간기업이 사회간접자본(SOC) 시설을 하고 일정 기간 무상으로 운영을 한 다음 국가에 그 소유권을 귀속케 하는 제도.

## CB 〈2006 서울시 농수산물공사〉

일정한 조건에 따라 채권을 발행한 회사의 주식으로 전환할 수 있는 권리가 부여된 채권

## Green book 〈2012 대한주택보증〉

「매월 1회씩 출간하는 경제동향보고서」, 기획재정부 발간

## J커브효과(J-curve effect) 〈2004 삼성그룹, 2010 한수원〉

「환율변화」. 평가절하(환율상승) 이후 무역수지가 당초 예상과는 반대

방향으로 움직이다가 시간이 경과함에 따라 점차 기대했던 방향으로 움직이는 것.

## SPC(Special Purpose Company) 〈2003 주공〉
특수목적회사, 특수목적법인으로서 차주의 신용절연, 사업구조상 인위적인 별도회사를 설립 시 많이 사용되는 구조.
이 특수목적회사를 통해 모회사의 신용위험을 절연시키고 모기업의 자산을 양도받아 이 양도받은 자산을 기초로 하여 유동화증권을 발행하기도 하는데 이런 구조를 ABS, ABCP 등이 그대로 사용된다.

## UL마크 〈2006 서울시 농수산물공사〉
미국이 소비자보호와 소비용품의 안전을 위해 만든 인증제도
미국을 제외한 나라의 기업체는 이 마크를 얻지 않고는 미국 시장에 진출할 수 없는 마크이다.

# 04 경영일반

## 가족상표 〈2009 SH공사〉
하나의 상표를 몇 개 또는 여러 개의 제품에 공통적으로 사용하는 경우

## 간접비 〈2008 SH공사〉
각종 제품제조 시 공통적으로 소비되어 특정 제품에 직접 집계할 수가 없는 원가요소. 간접재료비·간접노무비·간접경비 등
☞ 직접비 : 특정 제품제조를 위해 소비되는 제품의 원가.
  직접재료비·직접노무비·직접경비·외주가공비·특허권사용료 등

## 갈등고객(Conflicted Consumers)

겉보기에 충성적이어도 경쟁력 있는 타사 제품으로 옮겨갈 가능성이 높은 고객

### 게임이론(Theory of Games)
게임 상황에서 합리적인 경제주체가 어떤 의사결정을 하는가를 연구하는 것.
- 죄수의 딜레마는 게임이론의 유명한 사례로 상호협력을 통해 공동이익이 되는 선택을 하는 것이 아니라 더욱 불리한 상황을 선택하는 것.
- 경기자들은 모두 이성적이고 합리적이라고 가정
- 노이만은 최소 최대정리를 수학적으로 증명
- 불확실한 상황에서 자신의 이익을 극대화하려는 전략연구

### 공기업의 민영화 〈2003 주공〉
주식을 포함한 자산이나 서비스기능을 공공부문에서 민간부문으로 이전시키는 것.

### 기업인수합병(M&A) 〈2005 한국감정원, 2005 · 2008 삼성그룹〉
기업의 외적 성장을 위한 발전전략으로, 특정 기업이 다른 기업의 경영권을 인수할 목적으로 소유지분을 확보하는 제반과정.

**🖐 Tip**
- 적대적 M&A의 방법 : 그린메일(경영권이 취약한 대주주에게 경영권을 담보로 보유 주식을 높은 가격에 되팔아 프리미엄을 챙기는 수법)
- 적대적 M&A의 방어전략
  황금낙하산 : 회사정관을 이용한 방어전략
  백기사전략 : 우호적인 제3세력을 통해 자사주 등을 매각하게 함으로써 인수자의 매수자금이 많이 들어가게 하는 전략
  초토화법 : 재무적인 전략, 투자자가 주식을 팔지 않도록 고배율로 대규모의 배당을 실시하는 것 등

### 네트워크조직(Network Organization) 〈2006 서울시 농수산물 공사〉
- 업무를 아웃소싱이나 전략적 제휴를 통해 외부전문가에게 주로 맡긴다.

- 조직구성원의 자율성이 높다.
- 조직의 경계는 유동적이며 모호하다.

### 넷센티브 마케팅  〈2011 SH공사〉
기업자체의 홈페이지를 통해 각종 경품이나 할인혜택을 제공하는 것

### 니치마케팅(niche marketing)  〈2013 한국마사회〉
시장세분화를 통해 소비자의 수요를 소규모로 파악하여 특정성격을 지닌 소비자집단을 정하여 그 집단을 대상으로 판매목표를 설정하는 전략

> **Tip**
> 풀마케팅(pull marketing) : 광고에 고객들을 직접 주인공으로 참여시켜 벌이는 기법
> 임페리얼 마케팅(imperial marketing) : 소수의 고급 수요층을 위하여 우수한 품질의 제품을 높은 가격에 판매하는 기법
> 플래그십 마케팅(flagship marketing) : 시장에서 가장 인기가 좋은 특정 상품에 초점을 두고 판촉활동을 벌이는 기법
> 그린마케팅(green marketing) : 자연환경을 보전하고 생태계의 균형을 중시하는 시장접근전략

### 데카르트 마케팅 - 「소비자의 감성을 자극하는 마케팅」
예술(Art)과 기술(Tech)을 합친 신조어. 예술과 기술의 접목으로 소비자의 감성을 자극하는 마케팅.

### 디마케팅(Demarketing)
기업들이 자사 상품에 대한 고객의 구매를 의도적으로 줄임으로써 적절한 수요를 창출하는 마케팅 기법

### 리엔지니어링(reengineering)  〈2004·2005 근로복지공단〉
기업들 간의 생존경쟁이 치열해지면서 미국, 유럽 등지의 기업들 사이에서

나타난 새로운 경영전략의 하나. 마이클 해머가 주장.
그 핵심은 생산성 향상을 위해 기업을 개선시키는 것이 아니라 원점에서 출발, 완전히 재창조하자는 것. 즉, 조직업무의 전반적인 과정과 절차를 축소하고 재설계하려는 전략. 기술변화에 더욱 민감. 작업공정을 검토 후 필요 없는 부분 제거.

### 리오리엔테이션(reorientation) 〈2003 주공, 2009 수도권 매관공〉
「새로운 관리목표 재설정」

> **Tip**
> 리스트럭춰링(restructuring) : 기업의 비전을 구체화하기 위한 급진적 사업구조조정전략

### 마인드컴퍼니(Mind Company) - 「정신적인 합자회사」 〈2003 주공〉
자본을 서로 투자해서 설립한 회사가 아니라 두 기업의 기업이념·사업방향 등의 합의정신, 무형의 자산을 투자해 설립한 회사다. LG그룹과 미국의 제너럴일렉트릭(GE)사가 마인드컴퍼니를 설립했다.

> **Tip**
> JV(Joint Venture) : 합작법인으로 복수의 투자자나 회사가 동일한 목적을 위해 설립하는 법인을 말한다. 주로 경험이 없는 신규사업이나 시장에 진출할 때 사업리스크를 줄이기 위한 방법으로 그 분야에 경험이 있는 회사와 합작하거나 투자재원이 부족할 때 주로 사용되는 사업전략의 하나로 사업 구조나 투자방식이다.

### 마케팅 4P 〈2011 한국잡월드〉
유통(place), 제품(product), 촉진(promotion), 가격(price)

### 마켓 디자인(Market Design)
시장이 없는 분야에 시장을 설계해서 시장원리가 작동하도록 만드는 작업

### 메기효과
메기 한 마리를 미꾸라지 어항에 집어넣으면 미꾸라지들이 메기를 피해 다니느라 움직임이 빨라지면서 생기를 잃지 않는데 이를 기업경영에 적용한 말.

### 모듈(module)기업　　　　　　　　　　　　〈2006 한국농촌공사〉
회사 내에 생산시설을 갖고 있지 않거나, 생산시설을 갖고 있다하여도 최소한의 시설만 보유하고 거기서 오는 여력을 디자인과 마케팅 등의 **핵심 부분에 집중 투자하는 기업**

### 미스터리쇼퍼　　　　　　　　　　　　　〈2011 한국전기안전공사〉
고객인 것처럼 매장을 방문하여 직원의 친절도와 매장의 분위기를 평가하는 사람

### 브랜드 파워(Brand Power)
일부 브랜드가 갖고 있는 영향력과 인지도를 파악해 이를 지수화한 지표. 소비자의 제한적인 기억능력 속에 브랜드를 각인시킴으로써 어떤 상품하면 조건반사적으로 자사의 브랜드를 떠올리도록 하는 것이 브랜드 파워를 확보하는 방법임.

### 블루오션(blue Ocean)
〈2006 경기도 · 시흥교육, 2007 경교육, 2008 서울 · 경기 · 대전 충남농협〉
기업이 성공하기 위해서는 경쟁이 없는 새로운 시장을 창출해야 한다는 이론.
☞ 레드오션(Red Ocean) : 치열한 경쟁으로 불꽃 튀는 시장　　　〈2007 삼성그룹〉

### 생산의 3요소 - 「노동」, 「토지」, 「자본」 〈2005 안양시, 2008 한국산단〉

### 스프링 랠리(Spring Rally) -「봄이 오면서 주가가 계속 상승하는 상황」

### 스핀오프(spin-off)　　　　　　　　　　　〈2006 한국농촌공사〉
특정 부문의 주식을 일부 주주들에게 나누어 주고 따로 회사를 차리게 하

는 기업 분리의 방법

🖐 **Tip**

> 스톡 그랜트(Stock grant) : 회사 발전에 크게 기여한 간부나 유능한 인재를 스카우트하기 위해 회사가 보유주식을 무상으로 지급하는 인센티브방식.
> 조건부 지불(contingency payments) : 협상을 통한 기업 매수합병(M&A)의 경우, 양 당사 기업이 거래성사라는 대원칙에 동의하면서 합병 대상기업의 장래성에 각기 다른 전망을 가질 때 「대금지불에 조건을 붙여 계약을 체결하는 경우」
> 글로벌 소싱(global sourcing) : 기업의 구매활동 영역을 전 지구촌 범위로 확대, 외부조달 「비용의 절감을 시도하는 구매전략」

## 시나리오 경영(scenario management) 〈2009 삼성그룹〉

기업이 미래의 불확실한 경영환경 변화에 대처하고자 위험요인을 최소화하고 미리 계획을 세워서 경영하는 것.

## 시산표 〈2005 마사회〉

「복식부기에서 원장에 올린 것의 정확성을 검산하는 표」

🖐 **Tip**

> 재무제표 : 기업의 외부 이해관계자에게 기업의 경영성적과 회계정보를 제공하기 위해 작성되는 여러 가지 서류이다. 대차대조표·손익계산서·이익잉여금처분계산서·결손금처리계산서 등, 시산표는 재무제표가 아니다.

## 아이 알(IR ; Investor Relation)

기업이 자본시장에서 정당한 평가를 얻기 위하여 주식 및 사채투자자들을 대상으로 실시하는 홍보활동.

## 애드-아트(Advertising-Art 예술광고)

「그림이나 사진 작품이 상품광고로 활용되는 마케팅」

### 워크아웃(Workout) - 「기업재무구조 개선작업」 〈2010 한수원〉

### 6시그마(6 sigma) 〈2013 한국마사회〉
- 모토로라에서 개발하여 GE에 와서 극대화
- 전 방위 경영혁신 운동
- 6시그마 품질수준이란 3.4PPM
- 세계적으로 인정되는 기업의 경영혁신을 이루는 핵심방법론
- 모토로라의 마이클 해리가 창안

### 이익잉여금 〈2005 마사회〉
「영업활동에서 얻어진 이익을 바탕으로 한 잉여금」이다. 이익준비금, 임의 적립금, 이월이익금, 당기순이익금 등.

### 재무상태표 〈2012 한국농수산식품유통공사〉
어느 기업의 일정시점에서 재무상태를 표시한 회계보고서로, 회사의 현재 총재산과 부채 자기자본이 얼마인지를 설명하는 목록

### 전통적 마케팅 〈2012 경기신용보증〉
판매자 중심의 시장 형태를 기반으로 강압적·고압적·푸시(push)·후행적 마케팅의 성격을 가짐.

### 치킨게임(Chicken game) 〈2009 인천관광공사·국민건강보험공단, 2012 한국산업인력공단〉
어느 한 쪽이 양보하지 않을 경우 양쪽이 모두 파국으로 치닫게 되는 극단적인 게임. 미국 젊은이들의 자동차게임 이름, 냉전시절 미·소간의 군비경쟁.

> **Tip**
> 비협력 게임(Non-Cooperative game) : 참가자들이 상호 간에 구속력 있는 약속을 할 수 없는 게임
> 폰지게임(Ponzi Game) : 채무자가 끊임없이 빚을 굴려 원금과 이자를 갚아 나가는 상황
> 제로섬게임(Zero - Sumgame) : 참가자가 각각 선택하는 행동이 무엇이든지 참가자의 이득과 손실의 총합이 제로가 되는 게임

### 컴플라이언스(Compliance) - 「규제준수」
기업회계와 경영의 투명성을 높이기 위한 IT 관련법이나 제도

### 크라우드소싱(Crowdsourcing)
상품 생산과 서비스의 과정에 대중을 참여시켜 효율을 높이는 방식

### 트러스트(Trust) - 「기업결합의 형태가 가장 강력」  〈2009 경기농협〉
동일산업 부문에서의 **자본의 결합을 축으로 한 독점적 기업결합**. 각 기업체의 독립성 상실

> **Tip**
> 콘체른(Konzern) : 법률적으로 독립된 몇 개의 기업이 출자 등의 자본적 목적을 기초로 하여 지배·종속관계에 의해 형성된 기업결합체
> 카르텔(Cartel) : 동종산업에 속하는 독립적인 기업이 그 활동을 제한하기로 한 협정에 의해 형성되는 수평적 결합. 각 기업은 독립성 유지
> 신디케이트(Syndicate) : 동일시장 내의 여러 기업이 출자하여 공동판매 회사를 설립하여 일원적으로 판매하는 조직. 카르텔과 트러스트의 중간형태

### 포이즌 필(Poison Pill)  〈2010 한국농어촌공사, 2011 한국전기안전공사, 2013 한국마사회〉
적대적 인수세력이 타깃 회사의 발행주식을 일정비율 이상 매집, **적대적 M&A를 시도하려 할 때 방어하는 수단의 하나**

### 포트폴리오(portfolio)  〈2013 한국마사회〉
투자자가 보유하는 주식이나 채권 등을 투자할 때 위험을 최소화 하기 위해 이를 분산 투자하는 것
**프로젝트 파이낸싱(PF)** : 은행 등 금융기관이 사회간접자본 등 특정사업의 사업성과 장래의 현금흐름을 보고 별도 법인에 자금을 지원하는 금융기법
**가치투자** : 주식투자 시 기업의 가치에 기반을 두고 투자하는 기법

### 프랙탈(Fractal)  〈2007 삼성그룹, 2013 한국마사회〉
작은 세부구조의 일부분이 전체구조와 비슷한 형태로, 끊임없이 반복되는 구조로 자기 유사성과 순환성의 특징을 가진 것.
**퍼지이론** : 모호한 것을 명확히 표현하는 이론

### 프로젝트조직  〈2006 토공〉
정해진 목표를 완성하기 위해 한명의 관리자 아래 일시적인 전문가의 그룹이 일을 하는 것.

### 해리포터 마케팅
「고객층의 나이가 들어감에 따라 함께 브랜드를 키우는 마케팅」

### 헤일로효과  〈2011 한국전기안전공사〉
어떤 대상을 평가할 때, 그 대상의 한 가지 특징으로부터 생기는 고정관념이 전체적인 판단에 영향을 미치는 것

### 황금비  〈2013 한국마사회〉
1:1.618의 비율, 교과서나 엽서 등, 아름다운 감각을 주는 비율, 건축 회화 조각 등에서 활용, 피타고라스가 주장

### CI - Corporate Identity의 약자. 「회사의 로고와 심벌」 〈2005 인천공항공사〉

> **Tip**
> BI : brand identity, 브랜드 로고와 심벌

### ISO 9000시리즈  〈2008 SH공사, 2011 한국산업단지공단〉
1987년 국제표준화기구(ISO)가 제정한 품질관리와 품질보증을 위한 국제규격. 1992년에 KS규격으로 채택하고 있음.

### Offshoring  〈2005 마사회, 2009 경기교육〉
경영 효과 및 효율의 극대화를 위하여 기업 업무의 일부 프로세스를 제3자에게 위탁해 처리하는 것.

### Q마크(quality mark) - 「품질인증표시」  〈2008 SH공사〉

> **Tip**
> 전마크 : 전기용품 안전시험 통과 마크
> 환경마크 : 재활용품을 원료로 사용·폐기하는 경우 환경 무해 상품. 「녹색상품제도」
> KS마크 : 「광공업품의 품질개선」과 「생산능률의 향상」을 위해 단순화와 공정화 도모. 자원절약과 경제적 효율극대화.
> 검마크 : 제품에 하자가 발생하였을 때 인명이나 재산상의 피해가 우려되는 공산품의 안전도를 해당 검사기관이 평가하여 인정해 주는 「검사필증」

### PB(Private Brand) - 「자체브랜드 상품」  〈2008 한국감정원·삼성그룹〉
백화점·수퍼마켓 등 대형 소매상이 독자적으로 개발한 브랜드
☞ NB(National Brand) : 「제조업체 브랜드 상품」

### Seed money  〈2007 경기·대전농협〉
부실기업을 정리할 때 덧붙여 해주는 신규대출

### VMware  〈2007 한국자원공사〉
1998년 스탠퍼드대 멘델 로젠블럼 교수팀이 창립한 데스크탑 및 서버용 「가상화 소프트웨어 분야」의 선두업체로 마이크로소프트와 대결을 펼치고 있는 기업

# Chapter 3

**언론 · 사상 · 한국사 · 세계사**

**교육** : 사회생활에 필요한 지식과 기술을 가르치고 인간의 내면에 잠재하고 있는 능력을 최대한으로 발휘할 수 있도록 도와주는 제도.

# 01 언론(방송)

### 간접광고(PPL, Product Placement)
〈2005 한전·근로복지공단, 2006 관광공사, 2008·2009 삼성그룹, 2011 방송통신심의위원회·한국전기안전공사〉

특정 상품을 방송 프로그램에서 소품 등으로 사용해 제품이나 브랜드를 노출시켜 「광고효과를 극대화하는 광고기법」

**Tip**
> 가상광고 : 주로 스포츠 경기에서 컴퓨터 그래픽으로 화면 빈 공간에 광고를 넣는 것.

### 경마 저널리즘    〈2008 한국감정원, 2010 한국농어촌공사, 2011 근로복지공단〉
선거보도형태의 하나. 「후보자의 득표상황만을 집중보도」하는 것.

**Tip**
> 가차 저널리즘 : 언론사가 자신이 의도하는 방향으로 교묘히 편집하여 보도하는 경우
> 옐로저널리즘 : 인간의 불건전한 감정을 자극하는 성·스캔들·범죄 등을 과대 보도하는 신문
> 블랙저널리즘 : 공개되기를 원치 않는 개인이나 단체의 이면적 사실을 벗겨 보도하는 언론
> 팩저널리즘 : 독창성이 없고 획일적인 저널리즘
> 옐로저널리즘 : 감정을 자극하는 범죄나 성 추문 등을 과대하게 보도하는 것

### 광고 3B 요소    〈2012 한국마사회〉
Beauty(미인), Baby(아기), Beast(동물)

### 네임애드    〈2011 근로복지공단〉

광고를 통해 제품보다는 기업의 이미지로 소비자에게 다가 가는 것

### 디스코뉴스 〈2011 한국전기안전공사〉
뉴스의 내용보다는 형식에 비중을 둔 TV 저널리즘을 비판하는 용어

### 레인코트 프로그램(Raincoat program) 〈2005 인천공항공사〉
스포츠 실황중계 등이 날씨 등의 이유로 중계방송이 불가능 할 때, 이에 대비하여 「미리 방송 준비를 해두는 프로그램」
우리나라에서는 스탠바이(stand-by) 프로그램이라고도 한다.

### 르포르타주(reportage) 〈2004 근로복지공단, 2009 삼성그룹, 2010 인천도시개발〉
프랑스어로 탐방·보도·보고를 뜻하는 말. 「르포」
사회현상을 충실히 기록하거나 서술하는 보고기사 또는 기록문학.

### 리치미디어 〈2005 근로복지공단〉
단순히 텍스트나 그래픽을 넘어선 다양한 색상, 소리, 화려한 애니메이션, 동영상 등 다양한 도구를 활용한 매체

### 멀티스폿 광고(Multi-spot Advertisement)
동일한 상품에 대해 다양한 소재의 광고를 한꺼번에 내보내는 광고방식

### 모노드라마 - 「독백」 〈2005 삼성그룹, 2006 중부발전〉
연기자가 자신의 내면의 감정이나 의사를 「혼자서 말하는 것」

### 미니멀리즘(Minimalism)
'최소한도의, 최소의, 극미의'라는 Minimal에 'ism'을 덧붙인 미니멀리즘은 최소한주의라는 의미

### 미디어렙 〈2005 근로복지공단〉

방송사를 대신해 광고를 유치하고 수수료를 받는 「방송광고 판매대행사」 우리나라는 한국방송광고공사(KOBACO)만 지상파 방송 광고를 판매할 수 있었지만, 헌법재판소가 헌법불합치 결정을 내리면서 민간 사업자(민영 미디어렙)도 지상파 방송 광고를 판매하고 있다.

### 미디어 모포시스(Media Morphosis)  〈2010 인천도시개발〉
매체를 통해 전달되는 사실이나 사상이 매체의 특성에 따라 왜곡되는 것

> **Tip**
> NOD(News on Demand) : 주문형 뉴스

### 미디어크라시(Mediacracy)
미디어는 매체, 크라시는 체제·정체를 뜻하는 말로, 최근 매스 커뮤니케이션의 매체인 신문, 방송 등이 더욱 **거대권력화** 되고, 사회를 지배하는 체제에 가까워진 경향

### 바이러스 마케팅(Virus Marketing)
「인터넷 이용자들의 입소문을 이용하는 광고방식」

### 비넷광고(Vignet Advertisement)
한 가지 주제에 맞추어 여러 가지 다양한 것을 계속해서 연속적으로 보여줌으로써 단순하지만 강렬한 이미지를 심어줄 수 있는 광고

### 소셜노믹스(Socialnomics)  〈2011 한국산업안전보건공단〉
블로그, 트위터, 페이스북 등 소셜미디어가 어떻게 우리 삶과 비즈니스를 바꿀지에 대해 기술한 에릭 퀄먼의 책 제목.

> · 소셜네트워크서비스(Social Network Service) : 웹상에서 이용자들이 인적 네트워크를 형성할 수 있게 해주는 서비스로, 트위터·싸이월드·페이

> 스북 등이 대표적임.
> ・소셜커머스(Social Commerce) : 소셜미디어와 온라인 미디어를 활용하는 전자상거래의 일종
> ・소셜앱스(Social Apps) : 포털사이트 네이버의 소셜게임 공급사이트

### 스캔들광고　　　　　　　　　　　　　　　　　　〈2011 한국마사회〉
여성화장품 광고에 남성모델을 등장시키는 일반 형식에서 벗어난 광고

### 스트레이트 뉴스(Straight News) -「사실 보도 기사」
신문 기사의 한 형태로 논평이나 작성기자의 의견을 넣지 않고 어떤 사실을 있는 그대로 보도하는 기사. 대부분의 보도기사

### 애드버토리얼(Advertorial) -「사설형식 광고」
〈2005 근로복지공단, 2008 한국산단〉
신문이나 잡지광고에서 언뜻 보기에 편집 기사처럼 만들어진 논설·사설형식의 광고

### 앰버경고(Amber Alert)
고속도로 전자표지판과 방송 등을 통해 납치범을 공개수배 하는 것.

### 오피니언 저널리즘 -「주관저널리즘」　　　　　　　〈2006 중부발전〉

### 와이드 프로그램(wide program)　　　　　　　　〈2006 중부발전〉
텔레비전에 대항하기 위해서 라디오가 개발한「장시간의 프로그램」. 24시간 방송하는 경우도 있음. KBS-TV 특집 '이산가족 찾기' 프로그램 등

### 제4의 권력 -「언론」　　　　　　　　　　　　　　〈2010 한수원〉

### 종합편성채널 〈2012 한국마사회〉
JTBC : 중앙일보, 채널A : 동아일보, TV조선 : 조선일보, MBN : 매일경제

### 크리에이티브 컨셉트 〈2005 근로복지공단〉
광고의 아이디어나 제품 컨셉트를 소비자의 눈에 띄게, 이해하기 쉽게 말하는 것.

### 키치광고 - 「유머스럽게 표현하는 기법」 〈2006 한국농촌공사〉
광고에 대한 이해를 중요시하기 보다는 잘 알 수 없는 부호나 구호 등을 중시하는 광고

> **Tip**
> 스테이션 광고 : 방송국이 자기 방송국의 프로그램 광고
> 타이업 광고 : 몇 명의 광고주가 하나의 스페이스나 시간을 공유하여 광고주 상호간에 상승효과를 가지려는 광고
> 트레일러 광고 : 본 광고의 끝부분에 별도로 다른 상품의 광고를 곁들이는 광고 - 「광고비 절감 광고」

### 타블로이드 페이퍼 - 「일반신문의 2분의 1 크기 신문」
〈2005 철도공사, 2008 한국산단, 2010 대한지적공사〉

### 통신사 - 「신문, 잡지, 방송 등에 뉴스를 공급하는 언론사」
〈2006 중부발전, 2008 한국산단, 2011 방송통신심의위원회〉
전세계적으로 잘 알려진 통신사로는 로이터, AP, AFP, DPA, UPI 등이 있으며, 대한민국의 연합뉴스, 중국의 신화통신(중국의 대표적인 통신사), 러시아의 이타르타스, 일본의 교토통신, 북한의 조선중앙통신 등이 있다.
☞ 세계 4대 통신사 : AP, UPI, 로이터, 타스

### 헤드라인 뉴스 〈2006 고양시, 2010 인천도시개발〉
독자의 눈길을 끌기 위해서 기사의 내용을 「압축해서 표현한 뉴스」

> **Tip**
> 핫뉴스(hot news) : 현장에서 막 보내온 생생한 뉴스
> 스폿뉴스(spot-news) : 라디오나 텔레비전 방송에서 프로그램의 진행을 잠시 멈추고 방영하는 아주 짧고 간단한 뉴스

## DMB - 「내 손안의 TV」
〈2004 산업인력, 2006 시흥교육·경기교육, 2008 한국산단·YTN〉
음성·영상 등을 디지털 방식으로 변조하여 고정 또는 휴대용 수신기에 제공하는 「이동방송서비스」, 지상파 DMB와 위성DMB로 구성 - 디지털 멀티미디어방송

## Promotainment 〈2012 한국보훈복지의료공단〉
연예, 오락방송 형식의 광고

## Station break - 「주로 방송국의 프로그램 홍보」 〈2007 한국수원〉
방송에서 한 프로그램이 끝나고 다음 프로그램으로 넘어가는 짧은 시간대

> **Tip**
> 프레스센터 : 언론인들의 상호협력과 친목도모·국제회의 등을 위해 설립
> 마샬 맥루한 : 정보의 양과 선명도를 기준으로 핫 미디어와 쿨 미디어로 구분
> 3B - 「광고의 효과를 높이기 위한 것」 : 아기·동물·미녀를 삽화에 등장시키는 것.

# 02 사상(종교 · 윤리 · 교육)

### 감성지수(EQ) 〈2009 수도권매관공 · 경기교육, 2011 한국환경공단〉
IQ : 지능지수  CQ : 카리스마 지수
SQ : 사회성지수  MQ : 도덕지수
PQ : 인간의 강력한 의지의 근간이 되는 지수

### 계몽주의(enlightenment) - 「이성중심주의」 〈2006 중부발전〉
17 · 18세기 유럽의 지적운동.
신 · 이성 · 자연 · 인간 등의 개념을 하나의 세계관으로 통합한 사상운동으로서 사람들 사이에서 넓은 공감대를 형성하고 예술 · 철학 · 정치에 혁명적인 발전을 가져왔다.

### 고슴도치 딜레마 〈2011 한국환경공단〉
다른 사람과 어울리지 않고 일정한 거리를 두면서 자기를 방어하려는 사람들의 심리

### 귀납법(歸納法) 〈2008 한국산단〉
하나하나의 구체적 사실로부터 시작, 그것들에게 공통되는 보편적 원리에 도달하려는 사고방식.
아리스토텔레스는 이를 완전귀납법과 불완전귀납법으로 구분했으며, 베이컨에 의해 그 의의가 밝혀졌고, 밀에 의해 이론이 완성되었다.

> **Tip**
> 연역법 : 일반 · 보편적인 원리에서 새로운 명제를 결론으로 이끌어내는 방법
> 변증법 : 모순 또는 대립을 근본원리로 하여 사물의 운동을 설명하려고 하는 논리방법

## 노자 〈2008 한국산단〉

- 인위적인 규범이 사회 혼란의 원인이라고 하여 「무위자연」 강조
- 덕이란 도에서 부여받은 자연스런 능력과 힘으로 보편적인 도가 개별적인 사람이나 사물에게 깃들인 것
- 인간의 본성은 가치 판단으로부터 독립된 것
- 일체의 사회규범을 거부하는 것이 아니라 성문법 같은 인위적 규범은 거부하고, 인간사회에서 자연발생적으로 생겨난 도덕·관습·정의를 강조

## 님트신드롬(NIMT' syndrome) 〈2005 진주시, 2006 충남농협〉

'내 임기 중에는 민감한 결정을 하지 않겠다(Not in my Term)'는 뜻으로 공무원의 극심한 몸 사리기를 대변하는 신조어.

☞ 핌투현상(please in my terms of office) : 장기적인 안목없이 무조건 자신의 임기중에 무엇인가를 끝내겠다는 태도

## 다원주의 〈2009 수도권매립공〉

개인이나 여러 집단이 기본으로 삼는 원칙이나 목적이 서로 다를 수 있음을 인정하는 태도.

## 도산 안창호 선생이 주장한 4대 정신 〈2005 철도공사〉

무실(진실, 성실주의), 역행(실천주의), 충의(애국사상, 신의주의), 용감(진취주의, 적극주의)

👆 **Tip**

> 무실역행(務實力行) : 참되고 실속 있도록 힘써 실행함

## 디지털디바이드 - 「인터넷 지식의 부익부 빈익빈 현상」 〈2005 인천공항공사, 2011 한국환경공단〉

디지털 경제에서 나타나는 계층간의 불균형.
빈부간에 디지털화가 차이가 나고 사회에서 필요로 하는 인터넷 지식을 갖추지 못할 경우 그 격차가 점점 깊어지는 것이다.

### 도슨트(Docent)
자사기업의 수익에 도움이 되지 않는 고객을 배제하는 마케팅

### 랄프다렌돌프(R. Dahrendorf) 〈2004 근로복지공단〉
절대적 희소가치의 박탈상태보다 오히려 전반적 생활수준이 호전되는 상황에서 생기는 기대수준의 상승에 견주어 상대적 박탈감이 크게 느껴질수록 과격한 사회적 갈등과 근본적인 구조 변동이 발생할 개연성이 크다는 사실에 주목하여 'J 곡선이론'을 전개한 사회이론가

### 루키즘(lookism) 〈2003 주공〉
외모가 개인간 우열과 인생의 성패를 가르는 기준이라고 믿으며 집착하는 외모지상주의 또는 외모차별주의

### 매슬로우 〈2004 조무사, 2005 인천공항·삼성그룹〉
매슬로우의 욕구단계 설은 인간의 욕구가 그 중요도에 따라 일련의 단계를 형성한다는 일종의 동기이론이다.
「생리적 욕구 - 안전욕구 - 사회적욕구 - 존경욕구(자기존중욕구) - 자아실현욕구」

### 맹자   〈2005 대구시, 2008 서울·경기농협, 2009 경기교육, 2012 한국농어촌공사〉
중국의 철학자. 공자의 '인'사상을 발전시켜 성선설주장, 인의의 정치 강조. 유학의 정통으로 숭앙되며, 아성이라 불리며, 교육이라는 말을 사용하였다. 맹자의 호연지기(지극이 크고 굳센 기운), 왕도정치론, 오륜의 세계 등
**성선설** : 인간의 타고난 본성은 착하다고 보고 그 착한 본성에 기반 해서만 사회의 혼란이 극복될 수 있다고 보았다.
① **자연상태** : 인간과 사회의 본래 모습은 서로 사랑하고 아껴주고 옳은 일을 좋아하고 옳고 그름의 구분이 명확하게 인식되는 이상적인 상태라고 생각하였다.
② **인간의 착한 본성** : 仁義禮智의 네 가지 덕(4덕)을 인간의 본성이라고 보고 특히 인과 의를 강조하였다.

③ 불인지심(不忍之心) : 인간에게는 누구나 남의 고통과 불행을 보았을 때는 차마 견딜 수 없는 차마 그대로 지나쳐버리지 못하는 마음이 태어날 때부터 본성으로 지니고 있다고 보았다.

| 사단(四端)〈2012 한국농어촌공사〉 | 사덕(四德) |
|---|---|
| 측은지심(惻隱之心) | 인(仁) |
| 수오지심(羞惡之心) | 의(義) |
| 사양지심(辭讓之心) | 예(禮) |
| 시비지심(是非之心) | 지(智) |

물아일체 : 외물과 자아, 객관과 주관 또는 물질계와 정신계가 어울려 하나가 됨. 맹자와 관련 없음.

## 목표설정이론              〈2013 한국마사회〉

증거를 찾을 필요 없이 결과가 중요하며, 목표의 설정이 동기부여요인이 된다는 이론 - 에드윈 로크

✋ **Tip**

XY이론 : 인간본성에 대한 가정을 X, Y 두 가지로 대별해 각기 특성에 따른 관리전략을 처방한 맥그리거의 동기부여 이론
동기이론 : 매슬로우의 욕구단계설     〈2009 경기교육, 2013 한국마사회〉
공정성이론 : 노력과 직무만족은 업무상황의 지각된 공정성에 의해서 결정된다는 이론 - 스테이시 애덤스
ERG이론 : 인간의 동인(motive)에 관한 체계적인 연구를 통하여 높은 수준의 욕구나 낮은 수준의 욕구 모두가 어느 시점에서는 동기부여의 역할을 한다는 이론 - 클레이턴 알더퍼

## 몽테스키외 - 「프랑스의 정치철학자」 〈2006 중부발전, 2012 한국농어촌공사〉

《법의정신》, 3권 분립 주장(입법권・행정권・사법권), 프랑스 인권선언과 미국헌법에 영향

## 문명충돌이론

공산권이 몰락한 이후의 세계를 예측한 하버드대 국제전략연구소장 **새무얼**

## 헌팅턴 교수의 이론

### 밀(James Mill) - 「스코틀랜드 철학자·역사학자·경제학자」
〈2009 수도권 매관공〉

인간본위로 정치·경제를 다룰 것과 철학에 과학적 기초가 있어야 한다고 강조한 철학적 급진주의 또는 공리주의로 알려진 학파의 대표자이다.

### 밀레다임(Milledigm)
천년(Millenium)과 패러다임(Paradigm)의 합성어. 21세기를 시작으로 앞으로 다가올 천 년 동안 인류를 지배할 새로운 패러다임

### 백지설
〈2006 서울시 농수산물공사〉
- 인간은 출생 시 본능이라는 것을 가지고 있지 않고, 환경의 자극을 수동적으로 받아들일 수 있는 태세만 갖추고 있다.
- 주장자는 「고자, 로크, 듀이」 등이다.
- 인간의 정신 상태는 주변 환경에 따라서 인격이 결정된다.
- 백지설과 유사한 동양의 학설로는 성무선악설이 있다.

### 백화운동
〈2005 근로복지공단〉
지식인이 독점해 온 문어문을 지양하고 구어문인 백화문으로 새로운 문학을 창조하려는 사조로서 루쉰의 「아Q정전」이 대표작품임.

### 베버(M. Weber)
〈2008 한국산단〉
사회계층화의 결정인자 : 사회계급·권력·지위, 권력 : 정치체제 유지, 사회계급 : 경제질서, 지위 : 사회질서

### 베세토(BESETO)
〈2011 한국환경공단〉
동북아시아의 경제 문화권 지역을 말함. 한· 중 ·일 삼국

## 베이컨(F · Bacon) 〈2005국체공단, 2008 한국산단, 2009 수도권매관공·경기교육〉

경험론자, "아는 것이 힘이다", 〈신기관〉, 귀납적사고, 과학적 지식배양의 중시, - 4대 우상 참된 인식을 방해하는 선입견과 편견을 우상(idola)라 부르고 그의 저서 《노붐 - 오르가눔》에서 우상을 4가지로 나누었다.

**Tip**

> 종교의 우상 : 인류공통의 편견, 맹목적 습관
> 동굴의 우상 : 개인특유의 편견, 성격·환경에서 오는 편견
> 시장의 우상 : 사교적인 교제·언어 등의 무비판적인 사용에서 오는 편견
> 극장의 우상 : 여러 가지 권위나 전통·명성을 비판 없이 믿는데서 오는 편견

## 북한의 교육 〈2005 인천공항공사〉

1975년 이후 현재까지는 11년제 의무교육(무상교육)

**Tip**

> 북한교육제도의 특징 : 취학전 교육, 11년제 의무교육제도, 완전 무상교육, 학교교육과 사회교육의 결합, 근로자를 위한 성인교육 등

## 브레인 스토밍(Brain Storming) 〈2011 SH공사〉

한 가지 문제를 집단적으로 토의, 제각기 의견을 말하는 가운데 정상사고로는 도저히 낼 수 없는 독창적인 아이디어가 튀어나오도록 하는 것.

**Tip**

> 브레인스토밍 〈2006 서울시 농수산물 공사〉
> · 다른 사람의 아이디어를 비판하지 않는다.
> · 회의에는 리더를 두고, 구성 원수는 10명 내외를 한도로 한다.
> · 광고의 카피 부문이나 크리에이티브 부문의 아이디어 개발에 많이 적용된다.

## 블러드 엘리트(blood elite) 〈2006 한국농촌공사〉

「혈연(血緣)으로 엘리트가 된 사람」. 이에 반해 자신의 실력으로 엘리트가 된 사람을 「파워 엘리트(power elite)」라 한다.

**사이코패스(psychopath)** - 「반사회적 인격장애」 〈2009 인천관광공사〉

> **Tip**
>
> 롤리타콤플렉스 〈2012 한국보훈복지의료공단〉
> : 어린 소녀에게 성적 충동을 느끼고 병적으로 집착하는 심리
> 쇼타로콤플렉스 : 초등학교 저학년의 미소년에게 성적인 매력을 느껴 집착하는 병적인 증상
> 뮌히하우젠신드롬 : 병적으로 거짓말을 하고, 「거짓말에 도취해버리는 증후군」
> 크렘볼트신드롬 : 「연애망상증」. 자신이 애착을 가진 상대의 사소한 행동이 자신을 사랑하는 것 때문이라고 착각하는 병적증후군

**사회계약설** 〈2009 수도권 매관공, 2010 인천도시개발〉
사회나 국가가 자유롭고 평등한 개인들의 합의나 계약에 의해 발생하였다는 학설, 홉스(리바이어던), 로크(통치이론), 루소(사회계약론), 국민주권론, 자연법과 자연권
☞ 로크(Locke) : 계몽철학 및 경험론철학의 원조, 인간백지설 주장, 17세기 영국의 철학자이자 정치사상가

**3불정책** 〈2009 경기농협〉
「기여입학제, 본고사, 고교 등급제」의 3가지를 금지하는 것

**3S정책** - 「우민정책」 〈2008 SH공사〉
스포츠(sports), 스크린(screen), 섹스(sex)의 3S정책, 3S와 관련된 산업을 의도적으로 확산시켜 대중의 관심을 정치에서 3S로 돌리는 정책

**샐리의 법칙** - 「우연히 좋은 일이 반복되는 현상」 〈2006 한국농촌공사, 2012 한국보훈복지의료공단〉
화창한 날에 우산을 갖고 나왔는데 갑자기 비가 오는 등 좋은 일이 반복되는 현상

> **Tip**
>
> 줄리의 법칙 : 모든 행운은 초자연적인 현상이나 잠재의식을 통해 필연적으로 이뤄진다고 보는 것 ⇔ 샐리의 법칙
> 머피의 법칙                       〈2012 한국보훈복지의료공단〉
> 「잘못될 가능성 있는 것은 잘못되는 것」일이 좀처럼 풀리지 않은 경우
> 검퍼슨의 법칙 : 일어나지 말았으면 하는 일일수록 잘 일어나는 것
> 질레트의 이사법칙 : 전번 이사 때 없어진 것이 다음 이사 때 나타나는 것
> 린치의 법칙 : 상황이 어려워지면 모두가 떠나버리는 것

### 석유정점이론                 〈2007 환경자원공사〉
전세계 석유의 절반이 연소된 시점부터 석유 생산량이 지속적으로 감소하기 시작해 세계 경제가 붕괴하기 시작한다는 이론

### 쇼비니즘 – 「「배타주의」」 〈2005 수원시, 2006 고양시, 2012 한국보훈복지의료공단〉
극단적 애국주의. 극단적이고 비이성적으로 외부인을 배제하는 집단의식.
⇔ (반대용어) : 사대주의

### 아카페(agape) – 「거룩하고 무조건적인 사랑」 〈2009 수도권 매관공〉

> **Tip**
>
> 아가페의 생활 : 자기를 희생하고 타인이나 영원한 존재를 위해 사는 「타자본위의 생활」이다. 현세에서는 타인을 위해 헌신하나 현실을 초월한 데서 영원한 가치를 기대한다.

### 아노미(anomy) – 「무규범·무질서」 〈2005 국체공단, 2006 경기교육〉
가치관이 붕괴되어 목적의식이나 이상이 상실됨에 따라 사회나 개인에게 나타나는 「불안정한 상태」

**아놀드 토인비** - 「영국의 역사가」　　　　　　　　　　〈2005 마사회〉
역사의 연구(A Study of History), 도전과 응전의 역사.

**아리스토텔레스의 명언**　　　　　　　　　　　　　〈2009 SH공사〉
- 덕은 중용을 지키는 데 있다.
- 인간은 사회적 동물이다.
- 예술은 자연을 모방한다.
- 현인처럼 생각하고 범인처럼 말하라

☞ 플라톤 명언 : 거짓말은 그 자체가 죄일 뿐 아니라 정신을 더럽힌다.

**아타락시아(ataraxia)**　　　　　　　　　　　　　〈2006 토공〉
잡념에 사로잡히지 않고 「동요가 없이 고요한 마음의 상태」이다. 에피쿠로스의 철학에서 이것은 행복의 필수조건이며 철학의 궁극적인 목표.

**아포리아(Aporia)** -「해결책이 없는 것」
그리스어로 어떤 장소의 경우 통로가 없는 것. 사물의 경우 해결의 방도를 찾을 수 없는 데서 오는 어려움을 의미.

**아포리즘(aphorism)**　　　〈2005 근로복지공단, 2006 대한지적공사〉
간결하면서 압축된 형식으로 표현된 격언·금언·잠언·경구 등

**앨빈토플러(A. Toffler)** 〈2005 근로복지공단, 2010 인천도시개발, 2011 농수산물유통공사, 2012 한국농어촌공사〉
「미래의 충격 (1970)」·「제3의 물결 (1980)」·「권력 이동 (1991) : 권력의 3가지(부, 폭력, 지식)」·「부의 미래(2006)」 등

### 🖐 Tip

| 레스터 더로(미국) : 「제로섬 사회」 | 자크 아탈리 : 「유목인간」 |
| 피터 드러커 : 「이노베이터의 조건」 | 미셸푸코 : 「감시와 처벌」 |

### 앵그리영맨(성난 젊은이들)운동  〈2005 근로복지공단〉
제2차 대전 후인 1950년대에 일어난 문학운동

### 에스페란토(Esperanto) - 「국제보조어로 쓰기위한 인공언어」
유대계 폴란드인 안과의사 L. L. 자멘호프에 의하여 1887년부터 공표·사용된 언어

### 에스프리(Esprit)
기지나 재치라는 뜻의 프랑스어. 육체에 대한 정신을 의미. 근대적인 새로운 정신활동 가리키는 용어

### 에코사이드  〈2005 근로복지공단〉
인간의 무리한 개발과 욕심으로 「생태계가 완전히 파괴되는 현상」

### Y이론  〈2006 토공, 2009 삼성그룹〉
X-Y 이론은 맥그리거가 인간관을 동기부여의 관점에서 분류한 이론. 맥그리거는 전통적 인간관을 X이론으로, 새로운 인간관을 Y이론으로 지칭하였다.

> **Tip**
> X이론 : 인간은 본래 일하기를 싫어하고 지시받은 일밖에 실행하지 않는다. 경영자는 금전적 보상을 유인으로 사용하고 엄격한 감독, 상세한 명령으로 통제를 강화해야 한다.
> Y이론 : 인간에게 노동은 놀이와 마찬가지로 자연스러운 것이며, 인간은 노동을 통해 자기의 능력을 발휘하고 자아를 실현하고자 한다. 경영자는 자율적이고 창의적으로 일할 수 있는 여건을 제공해야 한다.
> W이론 : 한국 실정에 적합한 경영철학을 확립하기 위해 서울대 이면우 교수가 주장한 이론이다.
> 현재 상황을 획기적으로 돌파해 나가기 위해 우리 본래의 기질인 신바람·흥을 산업현장과 우리 생활에서 불러일으키고 경영자 등 사회 지도층이 그 역할을 맡아야 한다는 것이다.

### 이슬람교(Islam) 〈2005 충남연기, 2010 한수원〉

610년에 아라비아의 예언자 마호메트가 창시한 세계3대 종교의 하나. 경전 코란, 성지순례, 유일신 알라, 신앙·기도중시, 라마단 기간 음식·흡연·향료·성교를 금하고 코란 독송, 중세 그리스 문화 계승, 아랍 및 유럽 등에 영향을 미침.

☞ 수니파 : 이슬람교 다수파·정통파

### 이슬람 4대 단체 〈2005 교통안전공단, 2006 한국농촌공사, 2008 서울·경기·대전·충남농협, 2009 경기농협, 2012 한국마사회·한국농어촌공사〉

**알카에다** : 빈라덴이 결성. 2001년 미국 뉴욕의 세계무역센터 공격 등. 미국·아프가니스탄·파키스탄 등 34개국에서 활동

**하마스** : 아마드야신 창설, 팔레스타인 내부의 최대이슬람 저항단체

**헤즈볼라(신의당)** : 레바논에 시아파 이슬람 국가 건설이 목표. 베이루트 해병대 사령부 공격.

**타밀엘람 해방 호랑이(LTTE)** : 타밀족의 분리 독립 주장, 스리랑카의 반군단체(2009년 사멸되었음)

**무자헤딘** : 「전사」를 의미. 20세기 후반에 이슬람 이념에 따라 투쟁단체에서 싸우는 의용군을 가리키는 말이 됨. 타밀엘람 해방호랑이 사멸로 사실상 4대 단체임.

#### 🖐 Tip
**인티파다** : 봉기·반란·각성을 뜻하는 아랍어로 팔레스타인 사람들의 반 이스라엘 저항운동

**탈레반** : 1994년 아프가니스탄 남부 칸다하르주에서 결성된 무장 이슬람 정치단체(1996~2001년까지 아프가니스탄 지배), 이슬람공화국 건설목표

**지하드** : 「성전」의 의미. 일부단체는 자신을 이슬람 지하드라고 부름.

### 재스민혁명 - 「이슬람 민주화 혁명, 이집트, 리비아」〈2012 한국마사회〉

### 준거집단 - 「개인이 자기의 행위나 규범의 표준으로 삼는 집단」

〈2005 근로복지공단, 2009 수도권매관공〉
개인이 소속되어 있는 집단과 반드시 일치하는 것은 아니며, 한 개인이 동시에 여러 개의 준거집단에 속하는 경우도 있다.

**찰스밀스(C.W.Mills)** - 「파워엘리트(1956년)」　　〈2008 한국산단〉
정부는 대기업 등 소수엘리트에 의해 지배된다. 하이만의 「지위의 심리학」에서 시작.

**체게바라** - 「게릴라전의 이론가·전술가. 쿠바혁명성공」　〈2006 중부발전〉

**컬처코드(Culture Code)**
특정 문화에 속한 사람들이 일정한 대상에 부여하는 무의식적인 의미. 문화인류학자·정신분석학자이면서 마케팅을 연구한 클로테르 라파이유 박사는 '세상을 해석하는 틀'로 제시. 사람들은 의식적으로 말하는 모범 답안 너머에 있는 자기 자신도 미처 깨닫지 못하는 본능에 따라 행동한다는 것.

**콘클라베(Conclave)** - 「교황을 뽑는 전 세계 추기경들의 모임」

**콜로키엄(Colloquium)** - 「자유롭게 발표하고 토론하는 자리」
일반적으로 대학의 세미나나 토론회 등 연구모임.

**콩트** - 「사회학·실증주의의 창시자」
〈2003 안양시, 2004 근로복지공단, 2005 파주시〉

> **Tip**
> 콩　　트 : 백문이 불여일견
> 사르트르 : 실존은 본질에 앞선다.
> 보조국사 : 깨달은 뒤에도 수행 계속(돈오점수)
> 성철스님 : 깨달은 뒤에는 수행불필요(돈오돈수)

### 파르메니데스(Parmenides) 〈2005 철도공사〉
이탈리아 태생 그리스의 철학자.
파르메니데스는 존재하는 다수의 사물과 그들의 형태 변화 및 운동이란 단 하나의 영원한 실재(존재)의 현상일 뿐이라고 주장하고 '모든 것은 하나'라는 이른바 파르메니데스 원리를 세웠다. '존재만이 실상이다'

### 포퓰리즘 -「대중 인기병합주의」 〈2009 SH공사, 2012 한국보훈복지의료공단〉
소수권력유지를 위해 다수이용, 정치편의주의나 기회주의, 경제논리에 어긋난 정책남발, 선심성 정책

### 프로파일러(Profiler) -「범죄심리분석관」〈2009 인천관광공사, 2010 한국농어촌공사, 2012 서울시농수산물유통공사〉
범죄현장의 정황을 근거로 한 과학적 데이터를 분석해 범죄동기와 범죄인의 심리, 범죄행위 전개를 추론함으로써 「범인검거에 이바지하는 전문직종」

☞ **Tip**
> 프로보노(Pro Bono) : 법조계에서 경제적 여유가 없는 사회적 약자들에 대해 「무보수로 변론이나 자문을 해 주는 봉사활동」〈2012 한국농어촌공사〉
> 클린플로트(Clean Float) : 통화 당국이 환시세변동을 방임하는 것
> 더티플로트(Dirty Float) : 통화당국이 환시장에 직접 개입해서 환평형조작을 하는 것
> 스플로그(Splog) :「광고성 블로그」
> 필랜스로피(Philanthropy) : 박애행위 또는 자선사업

### 플라톤 〈2004 경남, 2008 한국산단〉
고대 그리스 철학자, 이성주의적 윤리학, 소크라테스의 제자, 「이데아」, 「국가론」, 「정의의 실현」, 「4주덕 : 지혜・용기・절제 ⇒ 정의」

☞ **Tip**
> 플라톤의 4주덕 〈2005 인천공항공사〉
> 지혜(통치계급)・용기(방위계급, 군인)・절제(생산계급) ⇒ 정의

**필랜스러피(Philanthropy)** - 「박애행위나 자선사업을 의미」 〈2006 중부발전〉
일반적으로 기업시민주의의 뜻으로 사용된다. 즉, 기업이 이윤을 사회에 환원한다는 정신으로 각종 기부활동을 통해 사회에 적극적인 공헌을 다해야만 한다는 사고방식을 가리킨다.

**핌피현상(PIMFY syndrome)** 〈2004 경남·삼성그룹, 2005 안양시, 2006 충남농협, 2010 부산교통공사, 2011 한국전기안전공사〉
"Please in my front yard" 약칭.
「지역이기주의」를 나타내는 신조어. 연고가 있는 자기 지역에 수익성 있는 사업을 유치하고자 하는 현상이다.

**하드보일드** - 헤밍웨이 「살인자」 〈2005 근로복지공단〉
제1차 대전 후 미국의 젊은 작가들에 의해 냉정하고 객관적인 태도와 문체로서 쓰여 진 문학의 한 형식.

**합리론** 〈2013 한국마사회〉
이성적·논리적·필연적인 것을 중시하는 철학적 태도, 이성을 통해 진리 파악

**휘슬 블로워** - 「내부고발자」
기업이나 정부기관 내에 근무하는 내부자로서 조직의 불법이나 부정거래에 관한 정보를 신고하는 사람

**히포크라데스** - 「인생은 짧고 예술은 길다」 〈2005 인천공항〉

**N세대** - 「네티즌세대」 〈2008 한국감정원〉
컴퓨터 통신을 통해 정보를 교환하고 여론을 형성하는 정보사회의 신세대

> **Tip**
> M세대 : 「모바일 세대」. 휴대전화·인터넷 등을 사용하면서 자기 자신을 중시하는 세대. 〈2011 국민연금공단, 2012 교통안전공단〉
> P세대 : 17~39세, 참여·열정·힘의 변화를 일으키는 세대 〈2006 삼성그룹, 2011 국민연금공단, 2012 교통안전공단〉

**UNESCO : 국제연합교육과학문화기구** 〈2006 고양시, 2009 SH공사, 2011 한국환경공단〉

> **Tip**
> FAO : 국제연합식량농업기구   ICAO : 국제민간항공기구
> ICPO : 국제형사경찰기구      ILO : 국제노동기구
> UNICRI : 유엔지역간범죄처벌조사기관  WIPO : 세계지적재산권기구

# 03 한국사

### 가야 〈2012 한국산업인력공단〉
백제와 신라에 분할 점령, 일본 낙랑과 빈번하게 교류, 가야토기는 일본의 스에키 토기에 직접적인 영향, 연맹체 주도 김해 금관가야

### 갑신정변 〈2008 삼성그룹〉
- 1884년 조선의 근대화와 자주독립을 목표로 급진개화파인 김옥균·박영효 등이 중심이 되어 일으킨 정변(갑신정변의 12지신 연상 동물 ⇒ 원숭이).
- 위에서 아래로의 근대화운동.
- 청나라의 군대 개입으로 삼일천하로 끝남.
- 이 사건의 결과 한성조약과 텐진조약 체결.

## 🖐 Tip

> 갑신정변·동학혁명·갑오개혁의 공통점 : 세재개혁  〈2004 근로복지공단〉

### 갑오경장(1894)   〈2005 인천농협·서울메트로, 2007 서울교육〉
일본의 정치세력 강화를 위한 내정개혁의 강요, 대원군으로 하여 민씨세력 축출(김홍집 내각), 군국기무처 설치(개혁안의결)

| 정치면: 청의 종주권부인, | 경제면: 재정의 일원화, | 사회면: 신분제도폐지 |
|---|---|---|
| 왕실·정부의 분리 | 은본위화폐제도 | 조혼금지 |
| 과거제도 폐지 | 조세금납제 | 과부재가 허용 |
| 사법권독립 | 도량형통일 | 고문·연좌제폐지 |

### 강감찬 - 「귀주대첩」   〈2012 한국노인인력개발원〉
고려 현종 때 귀주에서 거란 격퇴

### 갖바치 - 예전에 가죽신을 만드는 일을 직업으로 하는 사람. 〈2006 중부발전〉

### 거북선   〈2005 한수원, 2011 대한장애인체육회〉
조선시대에 사용되었던 전투함의 하나. 조선수군의 지휘관 이순신이 임진왜란 직전에 건조하여 임진왜란 중 **사천해전에서 첫 출전.**
☞ 노량해전 : 1598년 11월 이순신 장군이 전사한 전투 〈2012 한국농수산식품유통공사〉

### 결혼제도 비교 : 고려와 조선   〈2009 SH공사〉
- 고려 동성혼 인정 ⇔ 조선 근친혼 불인정
- 고려 자식균등상속 ⇔ 조선 장자 우선상속
- 고려 여성 재가 허용 ⇔ 조선 여성 재가 불허
- 고려 여성 호주가능 ⇔ 조선 남자만 호주가능
- 고려 결혼식 처가에서 하고 결혼 후 일정기간 처가살이 ⇔ 조선 결혼 후 여성 바로 시집살이

**경당**〈2003 서울시, 2005 마사회, 2006 중부발전, 2010 인천도시개발, 2012 한국노인인력개발원〉

고구려의 교육기관, 서민교육기관, 사학기관, 한학과 무예교육

> 💡 **Tip**
>
> 태학(372, 소수림왕2) : 고구려의 상류층의 자제(귀족자제)를 대상으로 교육하는 관학, 유학과 문선교육 - 「우리나라 최초 국립교육기관」
> 서당 : 조선시대 사설 초등교육 기구
> 태학(고구려), 경당(고구려), 5경박사(백제), 국학(통일신라), 주자감(발해), 국자감(고려관학), 향학(고려지방교육기관), 12공도(고려사학기관), 성균관(조선), 4학(조선 서울), 향교(조선지방), 서원(조선사학), 서당(조선사학)
> 최초근대학교 : 사학(원산학사 1883), 관학(동문학 1883, 육영공원 1886)

**경인선** – 「최초의 우리나라 철도」  〈2005 철도공사〉

**고려구호시설**  〈2006 한국농촌공사, 2009 수도권매관공〉
제위보 : 빈민구제      흑  창 : 빈민구제
의  창 : 빈민구호기관   대비원 : 빈민 환자 무료치료기관
구제도감 : 질병치료빈민구제관청  혜민국 : 빈민무료 의약제공
상평창 : 물가조절기관

**고려시대** – 「서희 : 강동 6주」  〈2012 한국농수산식품유통공사〉

**고려시대 성종** – 「억불정책」  〈2011 국민건강보험〉
 승려들의 궁중출입 금지, 불상 금은 장식금지, 연등회 팔관회 축소, 최승로의 시무 28조 상소

**고려시대 신분해방운동**  〈2005 철도공사〉
· 공주명학소의 난 : 천민 망이 · 망소이가 중심
· 전주 관노의 난    · 만적의 난    · 김사미 · 효심의 난

### 고려시대 토지제도 〈2006 서울시 농수산물 공사〉
- 공음전 : 5품 이상의 관리에게 지급되는 토지이다.
- 구분전 : 고려시대 6품 이하의 하급관리와 군인의 유가족에게 지급한 토지 〈2009 수도권 매관공〉
- 한인전 : 6품 이하 하급 관료의 자제로서 관직에 오르지 못한 사람에게 지급하는 토지이다.
- 내장전 : 왕실의 경비를 충당하기 위한 것이다.
- 전시과 : 문무관리를 18등급으로 나누어 전지, 시지(연료채취지)를 지급 퇴직시 반납
- 공해전 : 중앙과 지방관청의 경비충당을 위해 지급
- 공신전 : 공신에게 지급(세습인정)
- 군인전 : 2군 6위 중앙군에 지급(세습인정)
- 외역전 : 향리에게 지급 〈2006서울시 농수산물공사, 2009수도권 매관공〉

### 골품제도 - 「신라 신분제도」 〈2011 한국환경공단〉

### 관리감찰 중앙관청 〈2011 한국산업안전보건공단〉
- 사정부 : 통일신라
- 어사대 : 고려
- 중정대 : 발해
- 조선 : 사헌부

**Tip**

> 중추원 : 고려시대 왕명 출납·궁궐·군국기무 등의 정무를 담당한 중앙관청

### 광무개혁 〈2006 대한지적공사〉
1896년 2월 11일 아관파천 직후부터 1904년 러일 전쟁 발발까지 주로 보수파에 의해 추진된 제도 개혁.

### 광화문 - 「경복궁의 남쪽 정문」 〈2008 한국감정원〉
조선 태조 4년(1395년) 창건, 1865년 고종 때 중건, 2010년 복원

☞ 광화문 문루 상층부 현판 글씨 : 1865년 경복궁 중건당시 훈련대장 「임태영」이 쓴 한자를 디지털로 복원한 것

월대 : 궁궐 전각 앞에 쌓아 올린 섬돌 - 「궁궐의 위엄표시」
잡상 : 지붕 추녀마루에 올라앉은 다양한 모양의 조각물 - 「화재나 잡귀 퇴치의 상징」
공포 : 지붕을 안정감 있게 받쳐주기 위해 처마와 기둥 사이에 작은 부재를 맞물려 짜놓은 것.

**Tip**

홍례문 : 경복궁 3개의 문 중 중문
홍화문 : 창경궁 정문
대한문 : 덕수궁 정문

## 균역법  〈2008 한국감정원〉

- 18세기 영조 때 신만의 주장
- 농민(2필을 1필로 경감), 양반 선무군관(1필 징수), 지주(결작 2두 부과), 어·염·선세의 국세로 이관
- 농민 부담의 경감, 폐단(결작의 소작농부담, 정부의 장정수 책정의 증가)

## 기인제도  〈2005 한수원〉

고려 때 지방의 호족 자제를 인질로 상경 숙위케 하는 제도

## 노비안검법  〈2005 한수원〉

고려 광종 때 사노비 가운데 본래 양인이었던 자들을 **노비신분에서 해방시키고자** 시행한 법.

**Tip**

노비환천법 : 노비신분에서 해방되어 양인이 된 자들을 다시 노비로 돌리는 법

## 다모(茶母)

조선시대 사헌부와 의금부·포도청 등에 소속돼 활동하던 **여성 경찰**

## 대동법  〈2006 한국농촌공사〉
종전의 일반 민호에 토산물을 부과·징수하던 공납을 토지 결수에 따라 **미·포·전으로 납입케 한 제도.**
농민의 부담감소, 조세의 금납화 촉진, 지주의 부담증가·농민의 부담감소·국가수입의 증대, 상공업의 촉진, 상업도시의 발전, 진상·별공의 존속, 양반의 몰락촉진

## 대한민국 임시정부  〈2009 수도권매관공〉
1919년 4월, 대한민국의 광복을 위하여 **중국 상하이에 세운 임시 정부다.** 사법권은 없다.

**Tip**
| 국내 : 한성정부(천도교·기독교·유교·불교대표와 13도 대표가 모여 정부 수립선포)
| 시베리아 : 대한국민의회
| 간도 : 군정부(북로군정서·서로군정서)

## 대한제국 - 「아관파천 이후 경운궁 환궁시 사용」  〈2011 한국환경공단〉
아관파천(1896년) 이후 1년 만인 1897년 경운궁으로 환궁한 고종이 대한제국 수립을 추진하여 황제칭호 및 국호를 조선에서 대한제국으로 사용

## 독립신문  〈2004 농어촌공사, 2008 한국산단, 2012 한국농어촌공사〉
1896년 독립협회의 서재필, 윤치호가 창간한 「우리나라 최초의 민간신문」, 「최초 한글신문」, 영자판과 함께 발간, 1899년 폐간됨.

**Tip**
한성순보 : 1883년 우리나라에서 처음으로 펴낸 「최초근대신문」, 정부, 순한문신문

### 독립협회　　　　　　　　　　〈2009 수도권매관공, 2012 한국농어촌공사〉

독립협회는 「민족의 자주독립」과 「근대화를 지향」하기 위한 계몽운동의 성격을 띠면서 성립되었다. 독립협회는 국민참정권의 실현을 위해 중추원을 개편한 「의회의 설치를 최초로 주장」하였다.

독립문 건립 · 독립신문발행 · 자주호국선언의 선포 · 「만민공동회의 개최」를 하였다. 「대중적, 자주적 근대화 운동」이다. 반청 친일적 성격이 있다.

**❣ Tip**

> 자주독립의 실현목표 : 중립외교 실시, 이권양여의 반대
> 자유민권의 신장목표 : 국민 기본권과 참정권의 확대(언론자유허용과 입헌군주제실시)
> 자강개혁의 추구목표 : 근대산업의 진행, 신교육의 실시, 국방력의 강화

### 독서삼품과　　　　　　　　　　　　〈2008 한국감정원〉

통일신라 관리등용제도, 성적에 따라 상 · 중 · 하품의 3품으로 구분, 골품제도로 불완전한 제도, 「우리나라 최초 관리채용 시험제도」, 원성왕 4년(788년) 설치.

### 동의보감　　　　　　　　　　　　　　〈2008 SH공사〉

허준(1539 - 1615)의 동의보감이 2009년 7월 30일(목) 13:00(현지시간), 한국시각 7월 31일 02:00 바베이도스(브리지타운)에서 열린 제9차 유네스코 세계기록유산 국제자문위원회에서 「세계기록유산」으로 등재되었다.

동의보감의 세계기록유산 등재로 우리나라는 1997년의 「훈민정음과 조선왕조실록」, 2001년 「직지심체요절과 승정원일기」, 2007년의 「고려대장경판과 제경판, 조선왕조 의궤」와 함께 총 7건의 세계기록유산을 보유하고 있다.

### 동학혁명(1894년) 〈2005 교통안전공단 · 철도공사, 2009수도권 매관공, 2011 한국산업안전보건공단〉

교조신원운동, 폐정개혁안 12개조 제시, 점령지에 집강소를 설치하여 개혁시도, 고부 군수 조병갑의 불법착취가 원인.

☞ **Tip**

> 성격 : 역사상 최대 규모의 농민혁명으로서 하층민 계급사회 개혁운동이며, 농민중심의 근대화 운동이자 근대적 민중운동이다. 〈반봉건〉, 〈반제국주의〉
> 결과 : 갑오경장 실시, 청일전쟁
> 폐정개혁안 : 《12조》 서정협력, 탐관오리 엄정, 횡포부호엄징, 불량유림 징벌, 노비문서 소각, 칠반천인 대우개선, 청춘과부 재혼, 무명잡세폐지, 지벌타파, 왜소통자 엄징, 공사채 무효, 토지평균균작.

## 무령왕릉 〈2011 한국산업안전보건공단〉

충남 공주시 소재, 백제 무령왕과 왕비 능, 벽돌무덤으로 22담로 설치
- 문무왕릉 : 사적 제158호, 신라 문무왕의 해중왕릉, 경북 경주 소재
- 경순왕릉 : 사적 제244호, 경기 연천 소재, 신라 경순왕릉
- 무열왕릉 : 사적 제20호, 경북 경주 소재, 신라 제29대 태종무열왕릉

## 무신집권기의 정치기구(고려) 〈2006 토공, 2011 한국산업안전보건공단·국민건강보험〉

- 교정도감 : 최충헌
- 정방 : 최우
- 서방 : 최우
- 도방 : 경대승
- 중방 : 정중부, 이의방, 이고, 이의민

☞ 이자겸의 난(1126년) - 묘청의 난(1135-1136년) - 무신정변(1170년) - 삼별초 항쟁(1270-1273년)

## 박은식 - 「한국의 학자, 언론인, 독립운동가」 〈2009 수도권 매관공, 2011 SH공사〉

동명성왕실기, 몽배금태조, 명림답부전, 천개소문전, 대동고대사론, 한국사통론, 한국독립운동지혈사, '혼의 사상강조', '나라는 형, 역사는 신'이라 하여 독립정신을 강조하였다.

신채호 : 민족의 주체사상으로서의 '낭가사상'을 강조하였고, 역사를 '아와 비아와의 투쟁' 논리로 설명하였다. 독사신론·조선상고사·조선사연구초

등의 저서가 있다.
· 민족주의사학

| 박은식 | ·「한국통사」(근대 이후 일제의 침략 과정)<br>·「한국독립운동지혈사」(한민족의 항일독립 투쟁 과정)<br>· "나라는 形이고 역사는 神이다."(민족혼 강조) |
|---|---|
| 신채호 | ·「조선상고사」,「조선사연구초」,「조선혁명선언」<br>· "낭가사상" 강조, "역사는 我와 非我의 鬪爭의 기록" |
| 정인보 | ·「조선사연구」(신채호의 민족사관을 계승)<br>· "5천년간 조선의 얼"(민족의 얼 강조) |
| 문일평 | 「한미오십년사」(朝鮮心) |
| 안재홍 | 「조선상고사감」(조선정신) |
| 최남선 | 「아시조선」, 불함문화론(단군신화를 연구하여 동방문화권의 발상지가 백두산 → 단군문화권 주장) |

· 실증주의사학
① 진단학회(1934~1942)는 청구학회를 중심으로 한 일본 어용학자들의 왜곡된 한국학 연구에 반발하여 이병도, 이윤재, 손진태 등이 조직하였다.
② 진단학보를 발간하면서 한국학 연구에 힘썼다.

· 사회경제사학(社會經濟史學, 唯物史觀)
① 1920년대 후반이후 반식민주의 역사학의 새로운 지평을 연 역사학으로 사회구성체의 발전단계론적 역사인식을 바탕으로 세계사의 발전법칙에 따라 한국사를 체계화하였다.
② 백남운(白南雲)의 조선사회경제사(1993), 조선봉건사회경제사(1937)가 대표적이다.
③ 특히 봉건제 사회의 실체를 밝혀냄으로서 일제 식민사관의 정체, 후진성론인 봉건사회결여론을 정면으로 비판하여 한국사의 보편적 발전에 관한 연구의 기초를 마련하였다.

## 발해
⟨2008 한국감정원, 2011 한국산업안전보건공단⟩
· 발해는 중앙에 3성 6부 제도를 두어 6부의 명칭은 유교적 성격을 지님.
· 고구려 문화계승, 지배층 귀족문화 발달
· 대조영이 고구려인과 말갈족을 합해 건국
· 10세기 초 거란족에 의해 멸망

> **Tip**
> 
> 신라의 6두품 : 득난으로 왕위에 오르지 못하고 6관등인 아찬까지 가능
> 백제의 정치제도 : 6좌평 이하 16관등이었으나 사비 천도 후에는 22부 중앙관서를 더 설치
> 삼국의 귀족회의 : 고구려(제가회의), 백제(정사암회의), 신라(화백회의), 발해(정당성)

### 병인양요　　　　　　　　　　　　　〈2004 조무사, 2009 인천관광공사〉

1866년 **프랑스**가 대원군의 천주교 탄압을 구실로 조선의 문호를 개방시키고자 **강화도**를 침범한 사건, 로즈제독, 양헌수 부대의 정족산성 전투, 외규장각 약탈.

> **Tip**
> 
> 신미양요 : 1871년 미국 제너럴 셔먼호 사건이 원인, 어재연 부대의 광성보 전투, 척화비 건립, 통상수교거부

### 보부상 - 「물품을 보자기에 싸서 전국 각지를 다님」　　〈2011 국민연금공단〉

### 봉정사 극락전　　　　　　　　　　　　〈2009 수도권매관공〉

국보 15호로, 우리나라서 「가장 오래된 목조건물」

### 봉화제도　　　　　　　　　　　　　　〈2005 한수원〉

봉수제도. 고려와 조선시대에 횃불과 연기를 사용하여 나라의 위급한 일을 알리던 통신방법. - 고려 의종(1149년) 때 처음 법으로 제정하여 실시.

### 부마민주항쟁　　　〈2011 한국산업안전보건공단·수도권매립지관리공사〉

1979년 10월 부산 및 마산의 박정희 유신독재에 반대한 시위사건
· 10·26사건 : 1979년 10월 26일 중앙정보부에서 정보부장 김재규가 대통령 박정희를 살해한 사건

· YH사건 : 가발제조업체인 YH무역 노동조합원들이 1979년 8월 신민당 당사에서 농성을 벌인 사건
· 6월 민주항쟁 : 1987년 6월 전국적인 민주화 시위로, 4·13호헌조치 철폐, 직선제 개헌 요구 등 주장

### 비변사　　　　　　　　　　　　　　　　〈2005 한수원, 2006 토공〉
조선시대에 군국의 사무를 맡아보던 관아이다. 중종 때 삼포왜란(1510)의 대책으로 설치한 뒤, 전시에만 두었다가 명종 10년에 상설기관이 되었으며, 임진왜란 이후에는 의정부를 대신하여 정치의 중추기관이 되었다.

### 4.3사건(제주 4.3 사건)　　　　　　　　〈2009 수도권 매관공〉
1948년 4월 3일부터 1954년 9월 21일까지 제주도에서 김달삼과 남조선로동당세력이 주도한 무장항전과 국군의 유혈진압을 가리키는 말.
여순반란사건 : 동족을 학살할 수 없다는 것과 38°선을 철폐하고 조국통일을 이루자는 명분으로 국군 제14연대가 제주 4·3사태 진압을 위한 출동명령을 거부하고 순천 등을 무력점거한 사건이다.

### 사화(士禍)　　　　　　　　　　〈2005 한전, 2007 제주교육·국회〉
무오사화 : 김일손의 사초에 삽입된 김종직의 조의제문을 사초에 올린 사실을 발견하여 연산군 때 훈구파(유자광, 이극돈)가 사림파(김종직, 김일손)제거
갑자사화 : 연산군의 생모인 윤비폐출사사 사건 가해자(연산군, 임사홍). 피해자(윤필상, 김굉필)
기묘사화 : 중종반정 이후 중종과 신진 사림파 조광조의 개혁정치(도학정치), 가해자(남곤, 심정, 홍경주), 피해자(조광조, 김식)
을사사화 : 인종의 외척인 대윤과 명종의 외척인 소윤의 대립, 가해자(윤원형, 김명윤), 피해자(윤임, 유관)

### 삼국시대　　　　　　　　　　　　　　〈2011 농수산물유통공사〉

부자상속, 율령반포, 불교수용

### 삼국유사 〈2004 조무사, 2009 SH공사, 2011 한국산업단지공단, 2012 한국보훈복지의 료공단〉

고려 충렬왕 때 승려 일연 저술. 우리나라 사서로 **단군신화 최초 수록지**

**Tip**

> 단군신화수록 문헌 : 삼국유사, 제왕운기, 세종실록지리지, 응제시주, 동국여지승람, 신증동국여지승람
> 삼국사기 : 단군신화 없음

### 삼국의 한강 점유 순서 〈2012 한국노인인력개발원〉

백제(4세기) - 고구려(5세기) - 신라(6세기)

### 삼대 악성(우리나라) - 「박연, 우륵, 왕산악」 〈2011 공무원연금공단〉

### 삼사 〈2006 근로복지공단, 2009 수도권매관공〉

① 고려시대 : 전곡의 입출과 회계를 맡은 기관
② 조선시대 : 전곡의 입출과 회계를 맡은 기관
③ 조선시대 : 법을 맡은 형조, 한성부, 사헌부 3법사를 말한다. 포도청이나 의정부는 3사에 들지 않는다.
④ 조선시대 : 임금에게 직언하던 사헌부, 사간원, 홍문관을 말한다.
⑤ 조선시대 : 삼정승(영의정·좌의정·우의정)을 말한다.

### 삼정 - 「군정, 전정, 환곡」 〈2011 공무원연금공단〉

### 삼포왜란 - 1510년 삼포에서 일어난 일본 거류민들의 폭동사건. 〈2005 한수원〉

3포 : 부산포(동래), 내이포(웅천), 염포(울산) 〈2009 삼성그룹〉

### 세종대왕 〈2013 한국마사회〉

- 앙부일구 제작        - 훈민정음 반포
- 기본 율관 제정      - 조선통보 주조

**소도** - 「삼한 신성지역」　　　　　　　　　　〈2011 한국환경공단〉

**속오군** - 「조선 후기 잡군」　　　　　　　　〈2011 한국환경공단〉

**소수서원**　　　　　　　　　　　　　　　　〈2008 SH공사〉
1541년 우리나라 최초의 사액서원(경북 영주), 풍기군수 주세붕 세움.

**수나라 건국(581년)** - 「우리나라 삼국시대」　〈2009 경기농협〉

**신라방**　　　　　　　　　　　　　　　　　〈2005 철도공사〉
8세기 중국 당나라에 있었던 신라인의 거주지역. **신라소** : 관청

**신석기시대**　　　　　　　〈2003 서울시, 2011 한국산업단지공단〉
한강유역 암사동, 농경문화, **빗살무늬 토기**, 이른 민무늬토기, 덧무늬토기

**실학**　　　　　　　　　　　　　　　　　　〈2005 철도공사〉
배경 : 사림문화의 모순(화이론적 세계관·부국강병 등한시), 고증학의 영향(실증적 학문관심), 영·정조의 학문의 장려, 비판적인 남인학자들의 현실에 대한 반성
성격 : 실증적·비판적 학풍, 민본주의적·민족주의적·근대지향적 경향, 다른 사상과 학문도 수용
한계 : 성리학의 범주를 완전히 벗어나지 못함, 정책에 별로 반영되지 않음.
학자 : 유형원(실학의 체계화, 균전론), 이익(실학파 성립), 정약용(실학의 집대성)

**안창호**　　　　　　　　　〈2006 경기, 고양시, 2009 수도권매관공〉
독립운동가·교육자, 신민회 조직, 청년학우회 조직, 흥사단 결성(샌프란

시스코).

✋ **Tip**

> 도산안창호의 4대 정신 : 무실, 역행, 충의, 용감

### 영토경계선 〈2011 한국산업안전보건공단〉
- 통일신라 : 대동강~원산만
- 고구려 : 부여성~비사성
- 조선 숙종 : 압록강~토문강

### 오가작통법 〈2005 한수원〉
조선시대에 범죄자의 색출과 세금징수·부역의 동원 따위를 위하여 다섯 민호를 한 통씩 묶던 호적제도.

### 옥저 - 「민며느리제」 〈2011 국민건강보험〉
☞ 고구려 : 데릴사위제도

### 완도 - 「옛 이름은 청해진」 〈2005 토공〉

✋ **Tip**

> 장보고 : 완도를 중심으로 중계 무역활동, 신라하대 호족, 대상인, 교관선(무역선), 법화원(산동성 절), 신무왕(우징) 즉위

### 왕건 〈2011 한국환경공단〉
불교숭상, 사원폐단엄단, 장자계승 등, 훈요 10조

### 을사조약 - 「자주독립 국가로서의 지위 상실」 〈2009 수도권 매관공, 2011 방송통신심의위원회·한국전기안전공사〉
1905년에 일본이 한국의 외교권을 빼앗기 위해 무력을 동원해 강제로 맺은 조약.

> **Tip**
> 
> 반대운동 : 상소운동(이상설), 언론활동(황성신문에서 장지연의 시일야방성대곡), 자결(민영환, 조병세), 의거활동(나철·오기호 등의 을사5적신 암살시도)

**이규보** - 「동명왕편·국선생전」 〈2005 근로복지공단〉

**이익** - 「조선후기의 실학자. 성호사설, 곽우록, 성호문집」
〈2005 인천공항공사, 2009 SH공사, 2011 국민연금공단〉

> **Tip**
> 
> 유형원 : 중농사상을 기본으로 한 토지개혁론주장. 반계수록
> 김정호 : 청구도, 한백겸 : 동국지리지, 정약용 : 아방강역고, 이중환 : 택리지(인문지리지), 이수광 : 지봉유설

**이황** 〈2005 교통안전공단, 2013 한국마사회〉
조선 중기의 문신·성리학자. 주리론, 영남학파, 성학십도, 도산서당

> **Tip**
> 
> 이이 : 조선중기의 대학자이자 정치가, 9도 장원, 이기론, 율곡전서, 성학집요, 경연일기, 격몽요결, 동호문답, 만언봉사 등

**인내천(人乃天) 천도교의 종지** 〈2004 경남, 2005 국체공단〉
1905년 동학의 대교주인 손병희가 동학을 천도교로 재편하면서 내세운 사상으로 '사람이 곧 하늘'이라는 뜻.

**임나일본부설** 〈2011 한국공항공사〉
장수왕이 414년에 세운 우리나라 최대의 비석인 광개토왕비에 대해 비문 일부 내용을 일본이 왜곡하여 해석, 만주 지안현 통구에서 발견

### 정선 〈2005 마사회〉
조선 후기의 문인화가 남종화풍의 정형산수와 산수인물 및 진경산수화, 독창적 화풍, 《금강전도》, 《인왕제색도》, 《청풍계도》 등

### 정약용 – 「조선후기 실학자」 〈2005 국체공단, 2006 경기, 2009 수도권매관공, 2012 한국노인인력개발원〉
자호는 다산, 탁옹, 태수, 자하도인, 철마산인, 당호는 여유, 여전제, 호포제, 한전론, 균전론, 「경세유포」, 「목민심서」, 흠흠심서, 정전제, 수원성, 배다리, 여유당전서 500권

> **Tip**
> 목민심서 : 조선 후기에 정약용이 지방관의 도리를 깨우쳐 주려고 지은 계몽도서이다.

### 정유재란 이후 해전 – 「칠전량 해전, 명량해전, 노량해전」 〈2005 의정부〉

### 정조 〈2008 한국감정원, 2010 한국농어촌공사〉
통공정책, 규장각 설치, 동문휘고 · 규장전운 · 탁지지 · 대전통편편찬, 장용영설치

> **Tip**
> 영조(제21대)의 업적 : 신문고 설치, 탕평책(붕당폐단 방지) 실시, 균역법 시행, 속대전편찬〈2012 한국농어촌공사〉

### 제물포조약 〈2006 충남농협 · 한전, 2009 수도권매관공, 2011 한국환경공단, 2012 한국마사회〉
임오군란(1882년, 별기군이 원인) 이후 조선과 일본 사이에 체결한 조약. 일본군의 한성주둔권이 인정되었다.

> **Tip**
> 강화도조약(1876) : 외국과 최초로 맺은 근대적인 조약, 불평등 조약
> 병인양요(1866) - 신미양요(1871) - 운요호사건(1875) - 강화도조약(1876) - 임오군란(1882) - 한성조약(1885) - 동학농민운동(1894)

### 제암리사건　　　　　　　　　　　　　　　　〈2004 근로복지공단〉
3.1 운동 당시 일본군이 경기도 화성군 향남면 제암리에서 주민을 집단으로 살해한 사건

### 조선시대 궁궐 - 「창덕궁, 창경궁, 덕수궁, 경복궁」 〈2008 SH공사〉
☞ 수창궁 : 고려시대 도성의 서소문 안에 있던 별궁

### 조선책략　　　　　　　　　　　　　　　　〈2011 근로복지공단〉
김홍집이 일본 수신사로 가서 가져옴, 러시아를 막기 위해 친중 결일 연미 주장

### 조의제문　　　　　　　　　　　　　　　　〈2006 한국농촌공사〉
조선시대 김종직이 세조의 왕위찬탈을 중국의 고사에 비유하여 쓴 글

### 중농학파　　　　　　　　〈2010 한국농어촌공사, 2013 한국마사회〉
실리적이고 체계적인 토지개혁을 지향한 학파, 경세치용 학파, 대표학자 다산 정약용, 그 외 유형원, 이익, 한백겸 등

### 중상학파　　　　　　　　〈2010 한국농어촌공사, 2013 한국마사회〉
상공업 중시, 청을 통해 서양문화의 영향을 받은 북학파, 대표학자 유수원, 박지원, 박제가 등

> **Tip**
> 
> 박지원의 소설 〈2012 한국농어촌공사〉
> : 허생전(어수룩하고 무능력한 양반 비판), 예덕선생전(인분을 나르는 예덕선생의 강직함과 높은 인덕을 그려 양반들의 위선 비판), 열하일기(26권 10책 견문기: 호질문 허생전 수록), 민옹전(민유신이라는 실존인물의 일화 - 한문전기), 광문자전(걸인인 광문의 정직함과 슬픔으로 사회부패 풍자)

## 중앙군  〈2011 한국산업안전보건공단〉

- 통일신라 : 9서당
- 발해 : 8위
- 고려 : 2군 6위
- 조선시대 : 5위, 5군영

☞ 10정 : 통일신라 지방군
☞ 9주 5소경 : 통일신라 지방 통치체제

## 중원고구려비  〈2006 중부발전〉

국보 제205호, 충주시 가금면에 위치, 국내에 유일하게 남아있는 고구려 석비. 장수왕이 남한강 유역의 여러 성을 공략하여 개척한 후 세운 기념비로 추정된다.

## 직지심경(불조직지심체요절) 〈2005 철도공사, 2011 한국산업안전보건공단, 2012 한국마사회〉

「현존하는 세계최초 금속 활자본」
원명은 '백운화상초록불조직지심체요절'이다.

> **Tip**
> 
> - 팔만대장경 : 경남 합천 해인사 소장, 대장경판, 국보 제32호
> - 상정고금예문 : 세계 최초의 금속활자본, 현존 하지 않음
> - 무구정광대다라니경 : 8세기 중엽에 간행된 목판인쇄본

## 진흥왕  〈2003 서울시, 2011 국민건강보험공단, 2012 한국산업인력공단〉

신라 제24대왕, 국사편찬 · 한강확보 · 황룡사 창건 · 화랑제도 창설
단양 적성비, 창녕비, 북한산비, 황초령비, 마운령비 등

### 최익현  〈2011 한국산업안전보건공단〉

조선후기 애국지사, 일본과의 통상조약 반대, 왜양일체설 주장, 1895년 단발령 반대 투옥.

**Tip**

- 김홍집 : 조선후기 문신, 정치가, 청일전쟁 후 갑오개혁 단행
- 안중근 : 1909년 이토 히로부미 처단, 동양평화론 저술
- 김직술 : 항일운동가, 1906년 최익현의 항일의병운동 동참

### 최치원 – 「계원필경」  〈2013 한국마사회〉

### 카이로선언  〈2009 수도권매관공〉

제2차 세계대전 이후 1943년 11월 27일 이집트 카이로에서 미국·영국·중국 연합국의 원수들이 발표한 공동선언.
「최초로 우리나라의 독립을 국제적으로 보장」을 받게 된 중요한 선언이다.

**Tip**

1945. 7.26 포츠담선언 : 독립 재보장
1948. 5.10 자유총선거
1948. 7.12 헌법제정
1948. 7.17 헌법공포
1948. 8.15 정부수립
1948.12.12 유일한 합법 정부승인(3차 UN총회)

### 태극기의 사용  〈2009 농어촌 공사〉

조선 고종 19년(1882년)에 박영효가 수신사로 일본에 갈 때 배안에서 만들었으며, 고종 20년(1883년)에 전국에 반포하였다. 1949년 3월 교육과학부(당시 교육부)에 심사위원회를 설치, 음양과 사괘의 배치 안을 결정하였다.

**통일신라 행정지명** - 「서라벌, 상주, 북원경, 향소」　　〈2008 SH공사〉
☞ 상경용천부 : 발해수도

**팔만대장경** - 「고려대장경」　　〈2005 국체공단, 2011 농수산물유통공사〉
몽고의 침입을 받아 강화도에 피난 중 그 병화를 불심으로 막아내고자 한 것이다. 1236년에 완성되었고, 총 81,137장으로, 경남 합천군 해인사에 보관되어 있다. 1995년 세계기록문화유산이 되었다.

**하멜표류기(Hamel 漂流記)**　　〈2009 농어촌 공사, 2012 한국농수산식품유통공사〉
난선 제주도 난파기라고도 하며, 우리나라에 표착한 화란인(네덜란드인)들의 14년간에 걸친 억류 기록이다. 1668년(현종9) 화란인 하멜이 쓴 것이며, 우리나라에 관한 서양인의 최초의 저술로서 당시 구라파인들의 이목을 끌었다.
1668년 화란본·영역본·불역본·독역본 등이 있다.

**한국군사정전에 관한 협정**　　〈2009 수도권 매관공〉
1953년 7월 27일 조인된 6.25전쟁의 휴전협정. 당사국은 북한, 중국, 미국(UN측).

**한인애국단**　　〈2006 서울시 농수산물공사, 2012 한국노인인력개발원〉
김구(임시정부 주석 역임)가 중국 상해에서 조직한 항일독립운동단체
☞ 정적에게 암살당한 사람 : 백야 김좌진, 백범 김구, 몽양 여운형　　〈2008 한국감정원〉

**한일의정서(韓日議定書)**　　〈2009 농어촌 공사〉
한일의정서 또는 조일 공수동맹은 러시아와의 전쟁을 일으킨 일본이 중립을 주장하는 한국을 세력권에 넣기 위해 1904년 1월 대한제국 황성을 공격하여 황궁을 점령한 뒤 같은 해 2월 23일 강제로 체결한 조약 - 조선에 대한 내정간섭

> **Tip**
> 1차한일협약(1904.8) : 고문정치(교외·재정), 협정에도 없는 고문까지 파견
> 을사조약(1905.11) : 보호정치(외교권박탈·통감부 설치), 고종황제와 한
>  규설은 끝까지 거부
> 한일신협약(1907.7) : 순종황제즉위, 차관정치(일본인이 행정실무 담당)
> 군대해산(1907) : 항일의병격화
> 경찰권·사법권 박탈(1909) : 헌병 경찰제 실시

### 호패법 - 「조선 태종 최초실시」 〈2009 경기농협〉

### 홍범 14조 〈2011 국민연금공단〉
1895년 1월 제정, 최초의 근대적 정책백서, 헌법의 성격, 청종주권 부인, 자주 독립국가 체제 갖출 것

### 화랑 세속오계(世俗五戒) 〈2005 파주시, 2011 공무원연금공단·농수산물유통공사〉
신라 진평왕 때 원광법사가 시행한 화랑도의 윤리·실천이념의 다섯 가지

> **Tip**
> · 사군이충(事君以忠) : 충성으로써 임금을 섬김.
> · 사친이효(事親以孝) : 효로써 부모를 섬김.
> · 교우이신(交友以信) : 믿음으로써 벗을 사귐.
> · 임전무퇴(臨戰無退) : 싸움에 나가서 물러나지 않음.
> · 살생유택(殺生有擇) : 살아있는 것을 죽일 때는 가려서 함.

### 환난상휼(患難相恤) 〈2005 국체공단, 2011 근로복지공단〉
향약의 네 가지 덕목 가운데 하나. 어려운 일이 생겼을 때 서로 도와야 하는 것을 말한다.

### 흥선대원군 〈2003 서울시, 2005 근로복지공단, 2012 한국마사회·농수산식품유통공사〉
대전회통 편찬, 서원철폐, 경북궁중건, 당백전발행, 쇄국정책(척화비), 양반에게 군포징수(호포법), 의정부와 비변사 기능분리, 환곡제 폐지

# 04 세계사

### 갑골문자 - 「한자의 기원이 된 문자」 〈2008 한국산단〉
고대 중국의 거북의 등딱지나 짐승의 뼈에 새긴 상형문자

> **Tip**
> 결승문자 : 끈이나 띠를 가지고 매듭을 지어 기록 또는 의사전달의 수단으로 사용하는 원시문자
> 설형문자 : BC. 3천년경 고대 중동의 점토위에 갈대나 금속으로 쓴 문자. 일명 쐐기문자

### 그리스 신화 〈2012 한국농수산식품유통공사〉
제우스(Zeus) - 최고의 신, 니케(Nike) - 승리의 신, 포세이돈(Poseidon) - 바다의 신, 헤라클레스(Hercules) - 제우스와 알크메네의 아들

### 로마제정 〈2005 철도공사〉
아우구스투(옥타비아누스)가 황제지배 체제 또는 원수정으로 시작(BC 27년)하여 3C말 디오클레티아누스 까지.

### 바빌로니아 지도 〈2006 대한지적공사〉
기원전 2500년경 바빌로니아에서 제작된 점토판지도. 「**현존하는 가장 오래된 지도**」.

### 백년전쟁 〈2005 인천농협, 2008 서울·경기·대전·충남농협〉
영국 프랑스의 왕위계승 전쟁(1337~1453), 프랑스 잔 다르크 활약

> **Tip**
> 크림전쟁 : 러시아의 남하전쟁(1853), 투르크·영국·프랑스·사르디니아 등 연합국
> 7년 전쟁 : 프로이센과 오스트리아의 슐레지엔 영유전쟁(1756)

### 세계 3대 법전　　　　　　　　　　　　　　　　〈2006 대한지적공사〉
고대 바빌로니아의 「함무라비법전」, 비잔틴 제국의 「유스티니아누스 법전」, 프랑스 나폴레옹 때 「프랑스민법전」(나폴레옹법전)

### 셰익스피어 4대 비극　　　　　　　　　　　　〈2011 한국전기안전공사〉
오셀로, 리어왕, 맥베스, 햄릿

### 손문(손일산, 손중산, 쑨원) 〈2005 인천농협, 2006 토공, 2009 경기농협, 2011 국민연금〉
중국정치가, 중국 국민당의 지도자, 신해혁명주도, 중화민국 초대임시총통, 「삼민주의」(민족주의, 민권주의, 민생주의)

### 신장위구르자치구　　　　　　　　　　　　　　〈2009 농어촌공사〉
서유기의 무대로, 중국면적의 6분의 1을 차지하고 있다. 청나라 초기에는 독립을 유지했으나 1759년 청의 건륭제에 의해 정복당하고, 1884년 청말 정치가 좌종당이 재정하였다. 이 때 「신장성」이란 말이 생겼다. 1949년 중화인민공화국이 신장지역으로 밀고 들어가 중국 영토로 복속시켰다. 그 후 1955년에 자치권을 인정받아 자치구가 되었다.

### 아킬레스　　　　　　　　　　　　　　　　　　〈2009 수도권 매관공〉
고대 그리스 신화에 나오는 영웅, 유일한 약점이나 치명적인 약점을 비유한 말.

### 아편전쟁 - 「청과 영국과의 전쟁」　　　　　　　〈2007 한국수원〉

1840년 아편문제로 발단이 된 청나라와 영국의 전쟁・1842년 청나라가 패하여 「난징조약」 체결

**애로호사건** - 「청과 영불연합군간의 전쟁」 〈2007 한국수원〉
1856년 청나라와 영불연합군사이 전쟁. 광둥항의 영국선박 애로호 검문이 발단. 1858년 영・프랑스・미・러시아 등과 텐진조약, 1859년 베이징 조약으로 매듭.

**앤서니 기든스** - 「영국의 사회학자」 〈2005 마사회, 2012 한국농어촌공사〉
국내에는 저서 '제3의 길'로 유명해졌으나 1970년대 이후 발표한 사회학적 이론인, 구조화이론(Structuration Theory)으로 잘 알려져 있다.
사뮤엘 필립스 헌팅턴 : 미국의 정치학자. 저서 《문명의 충돌》《군인과 정부》,《우리는 누구인가 - 미국의 정체성 도전》,《오리엔탈리즘》이 있다.
존 K. 갤브레이스 : 미국의 경제학자, 저서 《불확실성의 시대》,《대공항》,《풍요한 사회》등이 있다.

🖐 **Tip**

> **문명충돌론** 〈2008 한국산단・YTN〉
> ・냉전의 종언과 함께 국제정치의 가장 심각한 분쟁은 문명, 특히 종교의 충돌이라는 주장
> ・문명권을 구분하는 1차 기준은 종교이며, 기독교권・이슬람권・유교권・불교권 등 8개 문명권으로 나뉨.
> ・우리나라는 중국문명권임.
> ・세계가 이념적 양극체제에서 다극적 복수문명체제로 변환의 상황에 처함.
> ・세계화는 서구 문명이 힘이 약한 문명을 패퇴시키고 흡수・통합하는 과정임.
> ・문명간 충돌이 21세기 세계 정치질서 결정

**야경국가** 〈2005 국체공단〉
17C 중엽에서 19C 중엽에 걸친 「자본주의 국가의 국가관」. 국가는 외적의 침입을 막고 국내 치안을 확보하며 개인의 자유 재산을 지키는 최소한의 임무만을 행하며, 나머지는 「자유방임」에 맡기는 것. 이는 19C말

이후 각국에서 사회·노동문제가 제기되자 이들 문제를 해결하기 위해 국가는 적극적으로 사회·노동·경제 정책에 대처해야 한다는 복지국가·사회국가·행정국가의 사고방식이 새롭게 등장하였다.

**양명학** – 중국 명나라의 양명 왕수인이 주창한 유가철학의 한 학파. 〈2006 토공〉
'심즉리'로부터 출발하여 「지행합일설」에 도달하고 마지막으로 치양지설에 의하여 완성된다.

**에게문명(Aegae문명)** – 「최초해양문명」  〈2004 경남, 2009 농어촌 공사〉
에게해 지역에서 BC 7000~3000년과 BC3000~1000년에 각각 꽃핀 석기시대와 청동기시대 문명.

**장미전쟁**  〈2005 인천공항공사, 2008 서울·경기농협〉
영국역사에서 강력한 튜더왕가 정부가 탄생하기에 앞서 왕권을 둘러싸고 랭커스터가문과 요크 가문간의 벌어진 일련의 치열한 내전(1455~1485).

**제임스 힐튼** – 「잃어버린 지평선(1933)」  〈2008 한국산단〉
지상낙원으로 묘사된 전설속의 마을 샹그릴라(운남성 중띠엔)를 소개. 샹그릴라는 티베트족의 방언으로 '마음의 해와 달'이란의 의미

**청교도 혁명**  〈2006 중부발전, 2010 한수원〉
1649년에 영국에서 청교도가 중심이 되어 일어난 **시민혁명**.
크롬웰이 인솔한 의회파가 왕당파를 물리치고 공화정치를 시행하면서 혁명이 절정에 이르렀으나 1660년 크롬웰이 사망 후 왕정으로 되돌아갔다.

> **Tip**
> 
> **미국독립선언** : 1776년 7월 4일 당시의 영국의 식민지 상태에 있던 13개의 주가 서로 모여 독립을 선언한 사건
> **프랑스혁명** : 1789년부터 1799년까지 프랑스에서 일어난 시민혁명이다. 인간과 시민의 권리선언
> **청교도혁명(1649) · 명예혁명(1688) · 산업혁명(18세기) · 러시아혁명(1917)**

### 청나라 〈2003 농어촌공사〉
만주족이 세운나라. 1616년 여진족의 누르하치가 건국

### 카뮈 - 「1957년 노벨문학상 수상」 〈2005 마사회〉
프랑스의 소설가·수필가·극작가, 실존주의, 《이방인》·페스트·전락 등의 소설과 좌파적 현실 참여 활동.

### 칼뱅 - 「프랑스 신학자」 〈2006 한전〉
16세기 가장 중요한 프로테스탄트 종교개혁가

> **Tip**
> 
> **막스 베버(M. Weber)** : 독일의 사회학자. 「프로테스탄티즘의 윤리와 자본주의의 정신」
> **마르크스** : 헤겔의 영향을 받음.
> **프랜시스 후쿠야마** : 논문 「역사의 종말」에서 사회주의의 붕괴로 자유민주주의가 승리했다고 주장
> **데카르트** : 방법적 회의를 통하여 얻어낸 '나는 생각한다. 고로 존재한다'를 철학의 제1원리로 삼음.

### 타고르 〈2006 경기 · 한국농촌공사〉
인도의 시인·사상가·교육자, 1913년 '기탄잘리', '찬송을 헌정함'으로 노벨문학상을 받음

### 탈라스전투(747) 〈2005 국체공단〉

고구려 출신 고선지 장군이 지휘하는 당나라군과 티베트, 압바스 왕조, 카르룩 연합군 사이에 타쉬켄트 부근 탈라스 강 유역에서 벌어진 전투
이 전투에서 연합군의 승리로 인하여 서역지방에서의 당의 영향력은 약화되었다.

### 태평천국운동 - 「멸만흥한 농민운동」 〈2005 철도공사, 2007 한국수원〉
청대 말기 홍수전이 창시한 배상제회라는 「그리스도교 비밀결사」를 토대로 청조 타도와 새 왕조건설을 목적으로 일어난 운동.

### 헬레니즘문화(Hellenism) 〈2005 마사회〉
그리스 고유의 문화와 오리엔트 문화가 융합하여 이루어진 세계주의적인 예술·사상·정신 등을 특징으로 하는 문화대계. 「세계 시민주의」, 「개인주의」, 「자연과학발달」, 「간다라 미술에 영향」.

### 히포크라테스 〈2005 인천공항공사〉
고대그리스의 의사. 의학의 아버지. '인생은 짧고 예술은 길다(Life is short, but art is long)'. 기회는 한순간이고 실험은 신뢰할 수 없다.

# Chapter 4

**국어(문학)**
최현배 : 한국국어학자, 주시경 선생의 제자이며, 서양의 언어학을 도입하였다.

# 01 국어(문학)

**가멸다** - 재산이 넉넉하고 많다. 〈2005 진주시, 2007 한국수원, 2008 한국감정원〉

**가멸차다** - 돈과 값나가는 물건이 매우 많고 살림이 풍족하다. 〈2008 농협중앙〉

### Tip

**《ㄱ》**
- 가뭇없다 : 전혀 보이지 않아 찾을 곳이 감감하다.     〈2010 인천도시개발〉
- 가축 : 잘 매만져 보존하다.
- 갈마들다 : 서로 번갈아 들다.
- 갈무리 :　・물건을 잘 정돈하여 간수함　　・마무리
- 겯다 :　・기름기가 많이 묻어 흠씬 배다.
　　　　・어떤 일에 오래 종사하여 손에 익고 몸에 배다.
- 고스락 : 꼭대기, 매우 위급한 때
- 곰살갑다 : 성질이 보기보다 속으로 온화하며 다정하다.
- 고샅 : 마을의 좁은 골목길. 좁은 골짜기의 사이
- 구메구메 : 남모르게 틈틈이
- 구순하다 : 화목하다　　　　　　　　　　　〈2010 인천도시개발〉
- 귀밝이술 : 음력 정월 보름날 새벽에 귀가 밝아지라고 마시는 술
- 귀잠 : 아주 깊이든 잠　　　　　　　　　　〈2007 한국수원〉
- 끌밋하다 : 모양이나 차림새가 매우 깨끗하고 훤칠하다. 〈2010 인천도시개발〉

**《ㄴ》**
- 나우 : 좀 많게, 약간 낫게
- 날포 : 하루 남짓한 동안
- 남상남상하다 : 욕심이 나서 자꾸 기웃거리다.
- 너스레 : 남을 놀리려고 수다스럽게 늘어놓는 말솜씨
- 너울가지 : 붙임성, 포용성
- 노루잠 : 깊이 들지 못하고 자주 깨는 잠
- 능갈치다 : 재치 있게 잘 둘러대다.

- 늦깎이 : 사리를 남보다 늦게 깨달은 사람 또는 나이가 들어서 중이 된 사람.

## 《ㄷ》
- 다락같다 : 물건 값이 매우 비싸다. 〈2007 한국수원〉
- 다직해야 : 기껏해야
- 더기 : 고원의 평평한 곳
- 도닐다 : 가장자리를 빙빙 돌며 거닐다.
- 도두룩하다 : 보기 좋을 정도로 자라나 있다.
- 동짓달 : 음력 11월
- 드난살이 : 남의 집에서 고용살이하는 생활
- 들레다 : 야단스럽게 떠들다.

## 《ㅁ》
- 마수걸다 : 장사를 시작해서 처음으로 물건을 팔다.
- 머흘다 : 험하다.
- 메떨어지다 : 모양이나 행동이 어울리지 않다. 〈99 행자〉
- 모도리 : 빈틈없이 아주 야무진 사람을 얕잡아 이르는 말
- 몰강스럽다 : 지나치게 모질고 악착스럽다.
- 몽니 : 음흉하고 심술궂게 욕심부리는 성질
- 무람없다 : 예의를 지키지 아니하여 버릇없다.
- 무서리 : 그 해들어 처음 내리는 묽은 서리
- 묵정이 : 오래 묵은 물건
- 물참 : 밀물이 들어오는 때
- 뭇방치기 : 주책없이 함부로 남의 일에 간섭하는 것

## 《ㅂ》
- 바투 : 두 물체의 사이가 썩 가깝게, 길이가 매우 짧게
- 발등걸이 : 남이 하려는 일을 먼저 앞질러 하는 것
- 밤도와 : 밤을 새워서
- 방긋하다 : 조금 열리어 있다.
- 버금 : 으뜸의 바로 아래
- 벅벅이 : 틀림없이

- 베돌다 : 한데 어울리지 않고 따로 떨어져 밖으로 돌다.
- 벼리다 : 무디어진 연장의 날을 불에 달구어 두드려서 날카롭게 만들다.
〈2008 한국감정원〉
- 부추기다 : 가만히 있는 사람을 꾀어서 무엇을 하도록 끌어내다. (비) 꼬드기다. 〈2006 경기농협〉
- 불목하니 : 절에서 밥짓고 물긷는 일을 맡아서 하는 사람

《ㅅ》
- 생때같다 : 몸이 튼튼하여 통병이 없다. 〈99 행자〉
- 서슴다 : 결단을 내리지 못하고 언행을 머뭇거리며 망설이다.
〈2008 한국감정원〉
- 섣부르다 : 솜씨가 설고 어설프다.
- 성글다 : 공간적으로 사이가 뜨다. 관계가 긴밀하지 못하고 서먹이다. (반) 배다. 빽빽하다. 촘촘하다. ⇒ (비) 즐비하다. 〈2008 경북농협〉
- 수더분하다 : 성질이 순하고 소박하다. 〈99 행자〉
- 숟가락총 : 숟가락의 자루 〈2009 9급 지방〉
- 시나브로 : • 모르는 사이에 조금씩 조금씩
  • 다른 일을 하는 사이사이에. 틈틈이
- 시뜻하다 : • 마음이 내키지 아니하여 시들하다. 〈2008 경북농협〉
  • 마음이 언짢아서 시무룩하다.
- 시르죽다 : 기운을 차리지 못하다. 풀이 죽다. 〈2008 경북농협〉
- 시먹다 : 버릇이 못되게 들어 남의 말을 듣지 않다. 〈2008 경북농협〉
- 시쁘다 : 마음이 흡족하지 아니하여 시들하다. 〈2008 경북농협〉
- 시앗 : 남편의 첩
- 실낱 : 실의 올
- ☞ 실낱같다 : 아주 가늘다. 또는 목숨이나 희망 따위가 가는 실같이 미미하여 끊어지거나 사라질 듯하다. 〈2009 서울시 9급〉

《ㅇ》
- 아당하다 : 아첨하다.
- 애오라지 : 다만, 오직, 마음에 부족하나마 겨우
- 어귀차다 : 뜻이 굳세어 하는 일이 야무지다.
- 어거리풍년 : 드물게 보는 큰 풍년

- 어이 : 어처구니 〈2009 국회〉
- 어안 : 어이없어 말을 못하고 있는 혀 안 〈2009 국회〉
- 엉성하다 : 꽉 짜이지 아니하여 어울리는 맛이 없고 어설프다. 〈2008 경북농협〉
- 열없다 : 좀 겸연쩍고 부끄럽다. 〈99 행자〉
- 운두 : 그릇이나 신 따위의 둘레나 둘레의 높이 〈2009 9급 지방〉
- 웅숭깊다 : 생각이나 뜻이 크고 넓다. 〈2010 인천도시개발〉
- 음전하다 : 말이나 행동이 곱고 우아하다. 또는 얌전하다. 〈2006 국가〉

《ㅈ》
- 자발없다 : 참을성이 없고 경솔하다.
- 중뿔나다 : 아무 관계없는 남의 일에 참견하다.
- 즐번하다 : 많은 것이 가지런히 늘어 놓여 있다. 〈2008 경북농협〉

《ㅊ》
- 척지다 : 서로 원한을 품게 되다
- 치사랑 : 손윗사람에 대한 사랑 〈2007 한국수원〉
- 촘촘하다 : 틈 또는 간격이 매우 좁다. 〈2008 경북농협〉

《ㅌ》
- 트레바리 : 이유 없이 남의 말에 반대하기를 좋아하는 성격
- 투미하다 : 어리석고 둔하다. 〈2006 국가〉
- 티격나다 : 서로 뜻이 맞지 아니하며 사이가 벌어지다.

《ㅍ》
- 펀둥거리다 : 아무 하는 일 없이 뻔뻔스럽게 놀기만 하다. 〈2008 한국감정원〉
- 푼푼하다 : 모자람 없이 넉넉하다. 〈2007 대전농협〉

《ㅎ》
- 함초롬하다 : 가지런하고 곱다.
- 핫어미 : 남편이 있는 여자
- 허물없는 : 숨기는 것이 없다. 〈2007 농협중앙〉
- 희나리 : 덜 마른 장작

**수이전 - 「고려시대 최초의 설화집」** 〈2011 농수산물유통공사〉

**구개음화(口蓋音化) 현상** 〈2010 인천도시개발〉
자음이 모음 「ㅣ」나 선행모음 「ㅣ」위에서 전(前) 구개음으로 변하는 현상이다. 예컨대 「땀받이」가 「땀 바지」로, 「굳이」가 「구지」로, 「같이」가 「가치」로 되는 현상이다.

**구운몽** 〈2004 국가, 2006 토공〉
김만중의 고전소설. 귀양지에서 어머니 위로를 위해 서술.

**구축(驅逐)하다 - 「몰아서 쫓아내다」** 〈2009 경북농협〉

국가 : 시민 = 인터넷 : 네티즌 〈2009 경남농협〉

### Tip

| | |
|---|---|
| 칼 : 지배 : 갈등 = 달 : 포용 : 화해 | 〈2008 전북농협〉 |
| 귀 : 보청기 = 눈 : 안경 | 〈2007 농협중앙〉 |
| 생선 : 초밥 = 꽃 : 화환 | 〈2009 경기농협〉 |
| 농부 : 쟁기 = 목수 : 톱 | 〈2008 농협중앙회〉 |
| 문학 : 역사 = 개연성 : 특수성 | 〈2008 서울·경기·대전·충남농협〉 |
| 무게 : 킬로그램 : 저울 = 지식 : 성적 : 시험 | 〈2008 전북농협〉 |
| 하늘 : 항공기 = 바다 : 선박 | 〈2007 제주농협〉 |
| 종이 : 목재 = 도자기 : 흙 | 〈2007 농협중앙〉 |
| 알게 하다 : 알려드리다 = 말하다 : 말씀하시다 | 〈2006 경기농협〉 |
| 흑자(黑字) : 적자(赤字) = 이완(弛緩) : 긴장(緊張) | 〈2007 경북농협〉 |
| 심대(甚大) : 경미(輕微) = 칭찬(稱讚) : 비난(非難) | 〈2007 농협중앙〉 |
| 양방(兩方) : 쌍방(雙方) = 허송(虛送) : 허도(虛度) | 〈2006 경기농협〉 |
| 향상(向上) : 진보(進步) = 가옥(家屋) : 옥사(屋舍) | 〈2006 농협중앙〉 |
| 하차(下車) : 강차(降車) = 강요(强要) : 억지 | 〈2005 농협중앙〉 |
| 시조(始祖) : 비조(鼻祖) = 속세(俗世) : 진세(塵世) | 〈2005 울산농협〉 |
| 찬성(贊成) : 반대(反對) = 명료(明瞭) : 애매(曖昧) | 〈2005 울산농협〉 |

**금오신화** : 우리나라 최초의 한문소설 〈2005・2007 서울시, 2006 시흥교육, 2007 경기교육, 2009 경기 기능, 2010 대한지적공사, 2013 한국마사회〉

### Tip

> 홍길동전 : 우리나라 최초의 한글소설
> 혈의 누 : 최초의 근대소설
> 청구영언 : 최초의 시조집 (「해동가요」, 「가곡원류」와 함께 3대 시조집)
> 파한집(13C) : 이인로 시화집
> 금오신화(15C) : 김시습
> 어부사시사(17C) : 윤선도
> 설중매(20C) : 구연학이 일본 소설번안
> 고려시대 작자 연대 미상 가요: 서경별곡

## 단어의 뜻

- 선 걸음 : 이미 내디뎌 걷고 있는 그대로 걸음
- 삭신 : 몸의 근육과 뼈마디
- 갈무리 : 물건 따위를 잘 정리하거나 간추림
- 오금 : 무릎의 구부러지는 안쪽
- 몸가축 : 몸을 매만지고 다듬는 일
- 울력 : 여러 사람이 힘을 합하여 일함 또는 그런 힘
- 벼리(= 요체) : 그물의 위쪽코를 꿰어 놓은 줄, 일이나 글의 뼈대가 되는 줄거리

### Tip

> 촌탁 : 타인의 마음을 미루어 헤아리다.   〈2008 경북농협〉
> 정중 : 태도나 분위기가 점잖고 묵직하다.
> 온화 : 부드러운 말투로 이야기 하다.
> 완곡 : 말씨가 노골적이지 않고 듣는 사람의 감정이 상하지 않도록 모나지 않고 부드럽다.
> 집요 : 몹시 고집스럽고 끈질기다.
> 집착 : 항상 마음이 쓰여 잊지 못하고 매달리다.

질박 : 꾸민 데가 없이 수수함 = 소박 : 거짓이나 꾸밈이 없이 순수하고 자연스러움 〈2007 경북농협〉
「영어공부를 했더니 귀가 뚫렸다」 ⇒ 이해하다 〈2009 경남 농협〉
협착(狹窄), 밀집(密集), 고샅 ⇒ 좁다 〈2009 경북농협〉

더미 - 「잿더미, 쓰레기 더미, 조개더미」 〈2005 안양시〉

**Tip**

도란도란 - 「서로 정답게 이야기 하는 소리나 모양」 〈2009 경북농협〉
☞ 추적추적 : 비 혹은 진눈깨비가 내리는 모양
  하늘하늘 : 힘없이 늘어져서 흔들리는 모양
  말똥말똥 : 눈빛 혹은 정신이 맑고 생기 있는 모양

## 딘 쿤츠 〈2005 마사회〉
미국의 서스펜스 스릴러 작가 《스타퀘스트》, 《어둠속의 속삭임》, 《와쳐스》, 《사이코》, 《미드나이트》, 《백색의 가면》 등

## 띄어쓰기 〈2007 한국자원공사〉
- 우리는 춘천, 속초 등지를 여행했다.
- 그의 직책은 소장 겸 부장이다.
- 네가 올 줄 알았다.
- 아이 선물로 옷 한 벌 살까?

## 맞춤법 〈2007 한국자원공사, 2008 SH공사, 2012 한국농수산식품유통공사〉
- 숟가락
- 듬뿍
- 서까래
- 빨래
- 희로애락
- 웃어른
- 고랭지
- 으레
- 설거지
- 멋쟁이
- 늴리리
- 뜨개질
- 김치찌개
- 시구(詩句)
- 짭짤하다.
- 사글세
- 개구쟁이

## 🖐 Tip

### 《소설》

김동인 : 약한 자의 슬픔, 감자, 배따라기, 운현궁의 봄, 광염소나타, 광화사, 김연실전, 발가락이 닮았다.　　　　　　〈2011 농수산물유통공사〉

염상섭 : 표본실의 청개구리, 만세전, 삼대　　　　　　〈2004 국가〉

나도향 : 물레방아, 벙어리삼룡이, 환희, 뽕

전영택 : 화수분　　　　　　〈2011 농수산물유통공사〉

홍명희 : 임꺽정　　　　　　〈2008 한국산단〉

주요섭 : 사랑방 손님과 어머니, 아네모네 마담, 인력거꾼

심 훈 : 상록수, 영원의 미소, 직녀성

채만식 : 레디메이드 인생, 치숙, 탁류, 태평천하, 당랑의 전설, 미스터 방
　　　　　　〈2008 법원〉

유진오 : 김강사와 T교수, 창랑전기

이효석 : 메밀꽃 필 무렵〈2004 국가, 2005 법원〉, 돈, 산, 들, 분녀

이태준 : 복덕방

김유정 : 봄봄〈2003 경남교육, 2004 서울교육〉, 동백꽃, 소나기, 금 따는 콩밭

김동리 : 무녀도, 황토기, 바위, 사반의 십자가, 등신불, 을화

황순원 : 카인의 후예, 소나기, 인간접목, 독짓는 늙은이, 일월, 목념이 마을의 개

이범선 : 오발탄　　　　　　〈2002 서울시, 2009 서울시〉

오상원 : 유예　　　　　　〈2005 국가〉

하근찬 : 수난이대　　　　　　〈2006 대전교육〉

선우휘 : 불꽃

오영수 : 머루, 갯마을

박경리 : 토지(우리나라 최초의 대하소설)〈2001 법원, 2013 한국마사회〉, 불신시대

이청준 : 소문의 벽, 등산기, 병신과 머저리〈2005 서울시〉, 매잡이, 이어도, 서편제, 당신들의 천국

최인훈 : 광장〈2004 국가, 2008 법원〉, 회색인, 총독의 소리

김승옥 : 서울, 1964년 겨울　　　　　　〈2004 경남〉

조세희 : 난쟁이가 쏘아 올린 작은 공　　　　　　〈2003 광주시〉

김지하 : 시집 「오적」

황석영 : 장길산〈2013 한국마사회〉, 객지, 무기의 그늘, 사람이 살고 있었네,

삼포 가는 길 〈2007 법원〉
이문열 ; 사람의 아들, 영웅시대, 우리들의 일그러진 영웅  〈99 서울시〉
최인호 : 별들의 고향
김남주 : 시집 「칼」「조국은 하나다」
박노해 : 시집 「노동의 새벽」
조정래 : 태백산맥, 아리랑 〈2013 한국마사회〉
김주영 :  객주〈2013 한국마사회〉, 활빈도, 화척, 도둑 견습, 모범 사육
신경숙 : 풍금이 있던 자리, 깊은 슬픔, 외딴방
공지영 : 무소의 뿔처럼 혼자서 가라, 고등어〈2007 한국수원〉
최명희 : 혼불〈2013 한국마사회〉
현진건 : 빈처, 운수 좋은 날〈2008 법원〉, 불, 무영탑, 적도, 흑치상지
박태원 : 소설가 구보 씨의 일일 〈2003 국가, 2009 서울시〉
이  상 : 날개 〈2008 지방, 2009 서울시·순경〉

## Tip

**소설(신소설)** 〈2009 SH공사〉
갑오경장 이후의 고대소설과 현대소설의 과도기적 소설
개화, 계몽, 권선징악, 자유연애, 자주독립
이인직 : 혈의 누, 귀의 성, 치악산, 은세계, 모란봉(혈의 누 속편)
이해조 : 빈상설, 자유종, 옥중화(춘향전 개작), 토의간(별주부전), 강상련
         (심청전), 연의 각(흥부전), 모란병, 비파성
최찬식 : 추월색, 안의 성, 도화원, 능라도, 금강문, 해안
안국선 : 금수회의록 · 공진회(우리나라 최초의 근대소설)

**삼국사기** - 「김부식이 편찬한 최고의 역사서」〈2006 시흥교육, 2007 한국자원공사〉

**서간문** 〈2008 SH공사〉
• 본제입납(本第入納) : 자기 집에 편지할 때에 겉봉 표면에 자기 이름을

쓰고 그 밑에 쓰는 말
- **친전(親展)** : 받는 이가 손수 편지를 펴보기를 바란다는 뜻
- **전교(轉校)** : 다른 사람을 거쳐 받게 한다는 뜻
- **인비친전(人秘親展)** : 우송한 편지를 다른 사람에게는 그 내용을 보이지 말고 수신자가 직접보기를 바란다는 뜻
- **제번(除煩)** : 번거로운 인사말을 덜고 바로 할 말을 적을 때 쓰는 말

## 속담의 의미　　　　　　　　　　　　　　　　　〈2010 한수원〉
- 「금방 먹을 떡에도 소를 박는다」 : 아무리 급해도 순서를 밟아야 한다.
- 「가갸 뒷자도 모른다」 : 속내를 알아채지 못하고 무식하게 행동한다.
- 「강철이 간 데는 가을도 봄이라」 : 운이 나빠서 하는 일마다 실패를 거듭한다.
- 「발이 닳다」 : 여기저기 분주하게 돌아다닌다.

## 순화어　　　　　　　　　　　　　　　　〈KBS, 2008 SH공사〉
| | |
|---|---|
| 유도리 → 융통성 | 보합세 → 멈춤세 |
| 머니론더링 → 돈세탁 | 가드레일 → 보호난간 |
| 글로벌 스탠더드 → 국제표준 | 웰빙 → 참살이 |
| 올인 → 다걸기 | 미션 → 중요임무 |
| 파이팅 → 아자 | 컬러링 → 멋울림 |

## 시사(示唆)　　　　　　　　　　　　　　　　〈2008 경북농협〉
어떤 것을 미리 간접적으로 알려주다. (비)귀띔하다. 일러주다. 암시하다.

### 👉 Tip
**《시인과 시》**
강은교 : 우리가 물이 되어
고은 : 눈길, 머슴 대길이
곽재구 : 사평역에서
구상 : 초토의 시8(적군묘지 앞에서)
기형도 : 봄날은 간다. 거리에서

김광균 : 외인촌 〈2003 인천교육〉
김기림 : 바다와 나비 〈2004 인천〉
김남조 : 설일 〈2000 세무, 2001 법원, 2002 울산교육〉
김동명 : 파초
김동환 : 국경의 밤
김소월 : 진달래꽃, 금잔디, 엄마야 누나야, 먼 후일, 산유화, 초혼, 못 잊어, 접동새 〈2005 인천, 2006 강원교육, 2009 SH공사〉
김수영 : 눈 〈2006 충남〉
김억 : 봄은 간다
김영랑 : 독을 차고, 모란이 피기까지는 〈2003 법원〉
김용택 : 섬진강 〈2008 지방〉
김지하 : 타는 목마름으로 〈2006 경남·전남〉
김춘수 : 꽃을 위한 서시 〈2009 순경〉
김현승 : 눈물 〈2009 법원·교행〉
노천명 : 사슴
도종환 : 옥수수밭 옆에 당신을 묻고
신경림 : 목계장터 〈2005 소방〉
신동엽 : 누가 하늘을 보았다 하는가, 껍데기는 가라 〈2005 광주〉
신석정 : 그 먼 나라를 알으십니까, 꽃덤불 〈2003 법원〉
안도현 : 연탄 한 장
유치환 : 깃발
윤동주 : 또 다른 고향〈2000 국가〉, 서시〈2008 법원〉
이 상 : 거울
이상화 : 빼앗긴 들에도 봄은 오는가
이성복 : 편지1
이용악 : 그리움, 낡은 집
이육사 : 절정〈2006 국가〉, 광야〈2005 대구〉
이장희 : 봄은 고양이로다
임 화 : 우리 오빠와 화로〈2004 서울시, 2006 국가〉
정지용 : 향수〈2005 국가·노동부·선관위〉, 유리창〈2004 경북, 2005 국회, 2006 국가〉
정호승 : 슬픔이 기쁨에게

> **Tip**
> 조지훈 : 승무〈2004 국가〉, 봉황수〈2005 서울〉
> 최두석 : 성에 꽃
> 한용운 : 님의 침묵〈2005 경기〉
> 황동규 : 나는 바퀴를 보면 굴리고 싶어진다, 풍장〈2009 국가〉
> 황지우 : 새들도 세상을 뜨는 구나〈2005 경북〉

## 신라향가     〈2012 한국농수산식품유통공사〉
처용가, 제망매가, 헌화가
☞ 황조가 : 고구려, 우리나라 가장 오래된 시가

## 앙드레지드     〈2006 토공〉
프랑스의 작가. 인도주의자, 모럴리스트, 《배덕자》, 《좁은문》, 《전원교향악》, 《소티》등, 1947년 노벨문학상 수상

## 연미복 - 남자용 서양 예복. 마치 제비의 꼬리처럼 보임.     〈2005 안양시〉

## 외래어     〈2008 SH공사, 2011 농수산물유통공사〉
리더쉽 → 리더십          앰블란스 → 앰뷸런스          부시맨 → 부시먼
휘날레 → 피날레          커피샵 → 커피숍              개스렌지 → 가스레인지
팬 더 → 판 다            커피숖 → 커피숍              캐  롤 → 캐럴

## 용비어천가     〈2005 국체공단, 2009 수도권매관공, 2011 수도권매립지관리공사〉
조선 세종 때 건국의 시조들을 찬양하고 왕조의 창건을 합리화하여 노래한 서사시 「최초한글 작품」

> **Tip**
> **우리말 바로쓰기**〈2009 9급 지방, 2011 SH공사〉
> 해뼈시 → 해뼈치          생각컨대 → 생각건대
> 익숙치 않다 → 익숙지 않다.    안성마춤 → 안성맞춤
> 삵괭이 → 살쾡이          더우기 → 더욱이

> **Tip**
> 
> 지그잭 → 지그재그   　　　　삼가하시오 → 삼가시오
> 푸르른 → 푸른   　　　　　　담궈 → 담가
> 허접쓰레기 → 허섭스레기(좋은 것이 빠지고 난 뒤에 남은 허름한 물건)
> **동풍** : 샛바람, **서풍** : 갈바람 또는 하늬바람, **남풍** : 마파람
> **북풍** : 된바람 또는 덴바람
> **수컷** : 수놈, 수펑, 수소, 수개미 … , 예외 숫양, 숫염소, 숫쥐
> 우뢰 → 우레   　　　삼가하다 → 삼가다   　　　곱배기 → 곱빼기

## 원순모음화현상 〈2009 SH공사〉
- 순음 밑의 'ㅡ'가, 'ㅜ'로 변함.
- 양순음 'ㅂ·ㅃ·ㅍ·ㅁ' 다음에서 비원순 모음 'ㅡ'가 'ㅜ'로 바뀜.
- 믈 → 물, 블 → 불, 플 → 풀

## 의인법 〈2005 근로복지공단〉
무생물이나 동식물에 인격적 요소를 부여하여 사람의 의지, 감정 등을 지니게 하는 방법.

☞ 은유법 : A(원관념)는 B(보조관념)다. '너는 정열의 여인'
　직유법 : ~ 같이, ~ 처럼, ~ 양, ~ 듯 등의 연결어가 사용되는 기교. (구름에 달 가듯이 가는 나그네)
　활유법 : 무생물에다가 생물적 특성을 부여하여 생물처럼 나타내는 방법

## 이방원 - 「하여가」 〈2012 한국농수산식품유통공사〉
정몽주 - 「단심가」

## 이상문학상 〈2008 한국감정원〉
- 김훈 「화장」 2004년 대상
- 전경린 「천사는 여기 머문다」 2007년 대상
- 정미경 「밤이여, 나뉘어라」 2006년 대상

## 이청준(소설가) 〈2004 근로복지공단〉

퇴원, 병신과 머저리, 과녁, 소문의 벽, 이어도, 잔인한 도시, 별을 보여드립니다, 가면의 꿈, 예언자, 낮은 데로 임하소서, 자유의 몸, 흰옷, 날개의 집, 작가의 작은 손, 《석화촌》, 《서편제》, 축제, 벌레이야기, 밀양 등

### 이형기 〈2005 인천공항공사〉
시인, 첫 시집 적막강산, 1990년 대한민국 문학상. 대표작 「낙화」, 「비오는 날」, 코스모스, 강가에서, 비오는 날 등

### 자음접변(子音接變) 〈2010 인천도시개발〉
윗말의 끝소리(종성)와 아랫말의 첫소리(초성)의 자음이 서로 만나 동화하여 그 음가(소리 값)가 변해 발음되는 것.
예컨대, 「독립」이 「동립」으로, 「떡메」가 「떵메」로, 「밥물」이 「밤물」로, 「원리」가 「월리」로, 「신라」가 「실라」로 변하는 소리이다.

**Tip**

**주시경(1876~1914)**
우리말 이름 한힌샘, 애국계몽운동에 앞장서서 평생을 국어 국문의 연구와 보급에 힘썼다. 국문동식회(1906), 국어연구학회(1908)를 창립하였고, 어문민족주의를 펴, 「한글이란 말을 처음으로 사용」하였다. 대한국어문법(1906), 국어문전음악(1908), 국어문법(1910), 말의 소리(1914) 등의 저술이 있고, 최초의 국어 사전인 '말모이'(1911~1913)를 편찬하였다.

### 작세(昨歲) - 「지난 해」 〈2009 경기농협〉
☞ 일반적인 세상 : 진세, 속세, 세속

### 정읍사 〈2005 근로복지공단〉
행상 나간 남편을 걱정하며 안전을 기원하는 내용의 **현존하는 유일한 백제 가요.**

### 창조 - 「한국최초의 순문예동인지」 〈2005 진주시, 2010 인천도시개발〉
1919년 2월 1일 창간되어 1921년 5월 30일 폐간됨

> **Tip**
>
> 창조(1919) : 한국 최초의 순문예 동인지, 개벽(1920) : 월간교양잡지
> 폐허(1920) : 퇴폐성, 장미촌(1921) : 최초의 시전문 동인지
> 백조(1922) : 감상적 낭만주의, 금성(1923) : 시 중심
> 영대(1924) : 순 문예지
> 조선문단(1924) : 추천제를 둔 문예 종합지
> 해외문학(1927) : 외국문학 최초 번역 소개지
> 삼천리(1929) : 교양종합잡지
> 문예공론(1929) : 문예 종합지(계급주의와 민족주의 절충)
> 최초 월간잡지 : 소년
> 최초 근대적 장편소설 : 이광수의 무정, 그 외 장편소설 「사람」 : 자유연애 주의   〈2008 SH공사〉
> 최초 신체시 : 최남선의 해에게서 소년에게
> 최초 자유시 : 주요한의 불놀이
> 최초 시전문동인지 : 장미촌
> 최초 자연주의 소설 : 표본실의 청개구리
> 1920년대 3대 동인지 : 창조, 폐허, 백조

## 청록파      〈2005 교통안전공단, 인천공항공사〉

일제말기에 지조를 지킨 최후의 문학지 중 대표적인 잡지가 《문장》이다. 이 '문장'지는 1939년 2월 김연만이 발행하고 실제 편집은 이태준, 김진섭, 정인택 등이 맡았다.

'문장'은 추천제를 실시해 우수한 시인과 소설가를 배출하였고, 순수 문학 창작에 크게 이바지하였다. 1941년 4월 폐간되었음. '문장'을 통해 시인 : 박목월·박두진·조지훈·박남수 등이 나왔고, 시조시인 이호우·김상옥 등이 나왔다.

> **Tip**
>
> 특징 : 자연적, 「향토적」, 불교적, 「민요적」, 감각적 등
> 박두진 : 묘지송, 해, 오도, 도봉
> 조지훈 : 봉황수, 완화삼, 승무, 풀잎단장

박목월 : 산도화, 나그네, 윤사월, 난
백조 : 문학동인지, 1922년 1월 1일 창간, 폐허, 장미촌 등과 함께 3.1운동 실패 이후 암울했던 시대적 분위기 반영, 박종화, 김기진, 나도향 등

### 표기  〈2008 서울·경기·대전·충남·전북농협, 2009 경남농협·SH공사〉
인사말, 머리말, 노랫말, 존댓말, 나무꾼, 귀이개, 반짇고리, 섣달, 삼짇날, 서까래, 덧저고리

### 표준발음  〈2007 한국자원공사, 2008 SH공사, 2009 9급 순경〉
꽃망울 → 꼰망울    몰상식 → 몰쌍식    몫몫이 → 몽목씨
전용 → 저뇽       꽃안에 → 꼬다네    맛있는 → 마신는
뜻있는 → 뜨딘는   밟지 → 밥찌       맑지 → 말찌
짧게 → 짭께       얇다 → 얍다       넓디넓은 → 넙띠널븐
밟고 → 발꼬

### 표준어 〈2005 울산농협, 2006 한전, 2007 강원농협, 2008 전북농협, 2009 법원·서울시·경북농협·SH공사〉

- 숫평아리 → 수평아리
- 윗어른 → 웃어른
- 미쟁이 → 미장이(직업의 경우에는 '- 장이')
- 천정 → 천장
- 멋장이 → 멋쟁이(직업이 아닌 경우에는 '- 쟁이')
- 칼치 → 갈치
- 자선남비 → 자선냄비
- 광우리 → 광주리
- 재털이 → 재떨이
- 담쟁이 덩쿨 → 담쟁이덩굴
- 시골나기 → 시골내기
- 봉숭화 → 봉숭아(봉선화)
- 담벽 → 담벼락
- 삭월세 → 사글세
- 살고기 → 살코기

등굣길, 장밋빛, 해님, 찻간, 상추, 부엌, 호루라기, 허우대, 돌, 강낭콩, 똬리, 깡충깡충, 수놈, 수펑, 숫양

☞ 위와 아래의 대립이 있는 경우에만 '윗'을 쓴다. 예컨대, 윗니, 윗도리 등

## 한글맞춤법 〈2006 세무9급, 2009 서울시 9급, 2011 국민연금공단〉

법썩 → 법석, 오뚜기 → 오뚝이, 더우기 → 더욱이, 반짓고리 → 반짇고리, 통털어 → 통틀어, 벌리느라 → 벌이느라, 잠궜다 → 잠갔다

> **Tip**
>
> **한글 외래어 표기**〈2007 한국자원공사, 2011 공무원연금공단〉
> 가톨릭 : catholic
> 김밥 : Dried Seaweed Rolls ; Korean Rolls
> 김치찌개 : Kimchi Stew          나레이션 : narration
> 난센스 : nonsense             라스베이거스 : Las Vegas
> 라이선스 : licence             리더십 : Leadership
> 리포트 : report〈2009 서울시〉    미스터리 : mystery〈2006 국회〉
> 바비큐 : barbecue  비빔밥 : Rice Mixed with Vegetables and Beef
> 뷔페 : Buffet                 소시지 : sausage〈2009 국회〉
> 소파 : Sofa                   삼겹살 : Korean-Style Bacon
> 색소폰 : Saxophone             아이섀도 : eye shadow
> 오셀로 : Othello               재즈 : Jazz 흑인음악이 백인음악과 접촉하면서 생겨난 혼혈음악〈2013 한국마사회〉
> 초콜릿 : chocolate             타깃 : target
> 판다 : panda      플래카드 : placard      카페 : Cafe
> 콘셉트 : concept
> 콘텐츠 : Contents〈2007 한국자원공사〉  콩트 : conte
> 한글수출 : 인도네시아 부톤섬 바우바우시의 소수민족 찌아 찌아족이 한글을 공식문자로 채택하였다.

## 한글자음 〈2009 SH공사〉

ㄲ : 쌍기역, ㅆ : 쌍시옷, ㅊ : 치읓, ㅋ : 키읔, ㅎ : 히읗

## 해바라기 - 「유진오의 자전적 수필제목」 〈2009 경기농협〉

> **Tip**
>
> 반 고흐, 식용유, 유진오 ⇒ 제시어 연상 단어, '해바라기'
> 빈센트 반 고흐의 대표적인 작품 '해바라기', 식용유 중 '해바라기유', 유진오의 자전적 수필제목

**헤럴드 핀터** - 「영국의 극작가」　　　　　　　　　〈2005 마사회〉
　방, 관리인, 귀향, 풍경, 침묵 등, 2005년 노벨문학상 수상.

**헤르만헤세**　　　　　　　　　　　　　　　　　　〈2006 토공〉
독일계 스위스인·시인·소설가·화가, 수레바퀴 밑에서, 「데미안」·싯다르타·황야의 이리·동방여행·유리알 유희 등

**헤식다**　　　　　　　　　　　　　　　　　〈2005 인천공항공사〉
바탕이 단단하지 못하여 헤지기 쉽다.
탐탁하지 못하다. '홀지다'는 뜻의 순 우리말이다.

**현진건** - 「한국의 소설가이자 언론인」　〈2006 중부발전, 2008 법원〉
《빈처》, 술 권하는 사회, 《운수 좋은 날》, B사감과 러브레터, 할머니의 죽음, 무영탑, 적도, 흑치상지, 까막잡이 등

**훈민정음** - 「표음문자」〈2005 국체공단·마사회, 2009 삼성그룹, 2012 한국농수산식품유통공사〉
창제 : 세종 25년(1443년) 음력 12월(예의 완성)
반포 : 세종 28년(1446년) 음력 9월 상한(훈민정음해례본·정인지 서간행)
창제자 : 세종
글자의 뜻 : 백성을 가르치는 바른 소리
책자로서의 뜻 : 예의, 해례, 서를 묶은 33장 1책의 목판본
창제의 목적 : 자주, 애민, 실용정신
☞ 훈민정음이 한글이 되는 과정에서 소멸된 문자 : 아래아(·), 반치음(△), 여린히읗(ㆆ), 옛이응(ㆁ) 등
　　　　　　　　　　　　　　　　〈2012 한국농수산식품유통공사〉

**흥부전** - 「한국의 고전소설」　　　　　　　　〈2006 중부발전〉
조선 후기에 나온 작자·연대미상의 국문소설이다. '연의 각' 신소설 형식으로 개작, 근원설화로는 방이설화가 있다.

> **Tip**
> 
> 방이설화 : 착한 방이는 보물방망이를 얻어 잘되고, 못된 동생은 형을 따라 하다 망했다는 신라시대 설화이다. 이를 '금추설화'라고도 한다.

> **Tip**
> 
> 명함예절 〈2008 인천·전북·강원·충북·제주농협, 2009 전남·전북·인천농협〉
> - 명함을 받을 때는 일어서서 두 손으로 받는다.
> - 명함은 아랫사람이 먼저 건넨다.
> - 모르는 한자가 있을 때는 그 자리에서 물어보는 것이 예의이다.
> - 받은 명함은 명함철이나 다이어리에 정리해 둔다.
> 
> 소개예절 〈2008 전북농협〉
> - 동료직원과 손님의 경우 동료직원을 손님에게 먼저 소개한다.
> - 여성과 남성의 경우 남성을 먼저 소개한다.
> - 직위가 낮은 사람을 높은 사람에게 먼저 소개한다.
> - 사회적 지위나 연령이 비슷한 사람이 여럿일 경우 소개하는 사람과 가까운 곳에 있는 사람부터 소개한다.
> 
> 악수 예절 〈2008 서울·경기·대전·충남농협, 2009 경기농협〉
> - 같은 또래의 남녀 간에는 여자가 먼저 악수를 청한다.
> - 아랫사람은 악수를 하면서 허리를 약간 굽혀 경의를 표할 수 있다.
> - 아랫사람이 웃어른에게 먼저 악수를 청하는 것은 예의에 벗어난다.
> - 악수를 할 때는 오른손 한 손으로 하는 것이 예의이다.
> - 두 손으로 악수하는 것은 예의에 맞지 않는다. 단, 웃어른은 아랫사람에게 깊은 정의 표시로 할 수 있다.
> 
> 외국인과 식사예절 〈2008 전북·강원·인천·제주·충북농협〉
> - 식사 도중에는 나이프와 포크를 팔(八)자가 되도록 놓는다.
> - 나이프, 포크는 바깥쪽에 있는 것부터 순서대로 사용한다.
> - 스프를 먹을 때는 왼손으로 접시의 가장자리를 받치고, 오른 손으로 스푼을 잡고 앞에서 뒤쪽으로 떠서 먹는다. 다 먹은 후 스푼을 접시에 놓는다.
> - 식사 도중 나이프나 포크를 떨어뜨렸을 때, 직접 집으려 하지 말고 웨이터에게 새것으로 가져오도록 한다.

# Chapter 5

**과학 · 기술 · 정보통신 · 환경**

**경수로** : 감속재(減速材)와 냉각제로 경수를 사용하는 원자로를 말한다. 세계에서 가동 중인 발전용 원자로의 80%가 이 경수로이다.

# 01 자연과학 · 기술

**가속도의 법칙** - 「뉴턴의 제2법칙」　　　　〈2005 파주시, 2006 중부발전〉
운동하는 물체의 가속도는 힘이 작용하는 방향으로 일어나며, 그 힘의 크기에 비례한다는 법칙이다.

> **Tip**
> 가속도 '0'인 상태 : 정지 상태나 또는 등가속도일 때

**가이아 이론(Gaia theory)**　　　　〈2008 한국감정원〉
지구를 자기조절 능력이 있는 거대한 생명체로 파악한 이론

**갤렉스(GALAX)** - 자외선 우주 망원경. 한·미·프 합작　〈2006 중부발전〉

**게놈(genome)**　　〈2004 근로복지공단, 2006 남양주시, 2010 인천도시개발〉
생물체를 구성하고 기능을 발휘하게 하는 모든 유전정보가 들어 있는 유전자의 집합체. 유전자(gene)와 염색체(chromosome)의 두 단어를 합성해 만든 용어.
게놈이라는 말은 1920 H. 윙클 리가 처음으로 개념을 정의하고 사용하였다.

**경엽채류**　　〈2006 한국농촌공사, 2012 한국농수산식품유통공사〉
배추·양배추·시금치·상추 등과 같이 주로 잎을 식용으로 이용하는 소채
☞ 과채류 : 주로 열매 부분을 식용으로 하는 소채류, 오이 · 참외 · 수박 · 가지 · 토마토 · 호박 등
무는 뿌리채소이고, 오이, 참외, 호박은 열매채소이다.

**관성의 법칙** -「운동 제1법칙, 뉴턴의 제1법칙」
　　　　〈2005 국제공단, 2008 삼성그룹, 2011 공무원연금공단〉
밖에서부터 힘을 받지 않으면 물체는 정지 또는 등속도 운동을 계속한다는 것

「회전감각」, 림프액이 관성의 법칙에 의해 움직임.

### 광학필름 〈2005 한수원〉
모니터의 빛을 고르게 해서 화면이 선명하게 보이도록 하는 역할의 필름이다. TV의 경쟁력을 좌우하는 화질에 절대적 영향을 미친다.

### 구축함 〈2007 경기·대전농협, 2008 SH공사, 2009 경기농협, 2011 한국농어촌공사〉
어뢰로 대함·대잠 공격을 임무로 하는 중대형 함정. 광개토대왕함, 을지문덕함, 양만춘함, 이순신함, 문무대왕함, 대조영함

☞ 이천함(국산 최초 잠수함), 장보고함(한국해군사상최초 실전배치 잠수함), 이종무함(한국해군 최초 환태평양 훈련참가) 최무선함 ⇒ 잠수함

✋ **Tip**

> 해미래 : 한국이 독자 개발한 6000m급 무인 잠수정

### 국가 6대 미래기술 〈2013 한국마사회〉
BT(bio technology), IT(information technology), NT(nano technology), ST(space technology), ET(environment technology), CT(culture technology)

### 국가생명윤리심의위원회 〈2006 서울시 농수산물공사〉
- 국가생명윤리심의위원회는 위원장 1인, 부위원장 1인을 포함한 16인 이상 21인 이하의 위원으로 구성한다.
- 위원장은 위원 중에서 대통령이 임명 또는 위촉하고, 부위원장은 위원 중에서 호선한다.
- 국가생명윤리심의위원회의 회의 등 활동은 공개함을 원칙으로 한다.

### 국제원자력기구(IAEA) 〈2010 한수원〉
- 국제연합(UN) 산하 준독립기구로 1957년 창설
- 총회는 연1회 소집, 모든 회원국 각1표

- 2005년 사무총장 모하메드 엘바라데이와 함께 노벨평화상 수상
- 본부 : 오스트리아 빈

### 규소(silicon) 〈2005 국제공단〉
주기율표 14족인 탄소족에 속하는 비금속 원소이다. 순도가 높은 규소는 광전기 장치나 트랜지스터, 기타 전자부품이 제조에 쓰인다.

### 나노초 〈2005 마사회, 2007 국회〉
10억분의 1초를 나타내는 단위

☞ 나노(nano)산업 : 나노($10^{-9}$)수준의 초미세 신물질의 개발, 합성, 응용 등에 관한 산업으로 초소형 컴퓨터나 로봇개발 등에 이용된다.
기가(giga) : 10억배($10^9$)

### 나노코즘(Nanocosm)
물체를 원자 단위로 조합하는 나노(10억분의 1) 기술

### 나로우주센터 〈2007 한국자원공사, 2009 삼성그룹〉
전남 고흥 외나로도에 한국항공우주연구원(KARI)이 건립 한 위성발사 기지이름

**Tip**

나로호(KSLV-Ⅰ : Korea Space Launch Vehicle - I) : 2009년 8월 25일(화) 오후 5시 발사 한국최초 우주발사체 나로호(KSLV-I)

우주왕복선 〈2008 서울·경기·대전·충남농협〉
컬럼비아호(1981) - 챌린저호(1983) - 디스커버리호(1984) - 인데버호(1992)

### 남극조약 〈2008 SH공사, 2010 대한지적공사〉
남극대륙의 국제법상 지위 정의 및 남극의 이용원칙을 규정한 조약
남극의 평화적 이용, 영유권동결, 과학조사 연구 자유, 핵실험금지 등
우리나라 1986년 가입 및 1988년 남극 킹조지섬에 세종기지 설치(세계

18번째)

☞ 다산기지 : 극지연구를 위해 설립한 우리나라 북극과학기지

## 노벨상(Nobel Prize) - 「알프레드 베르나르드 노벨 설립」 〈2006 화성시, 2011 한국전기안전공사〉

4개 기구(3개는 스웨덴 기구이고 1개는 노르웨이(평화상)기구)가 해마다 시상하는 각종 상. 물리학, 화학, 생리학, 의학, 문학, 평화, 경제학 7개 부문

✋ **Tip**

> 2013 노벨상〉
> 노벨생리의학상 : 제임스 로스먼 / 랜디 셰크먼 / 토마스 쥐트호프
> 노벨화학상 : 마틴 카플러스 / 마이클 레빗 / 아리 워셜
> 노벨물리학상 : 프랑수아 엥글레르 / 피터 힉스
> 노벨문학상 : 앨리스 먼로 - 《행복한 그림자의 춤》《디어 라이프》《소녀와 여성의 삶》《미움, 우정, 구애, 사랑, 결혼》《그레이스 1,2》《직업의 광채》《떠남》 등
> 노벨평화상 : 화학무기금지기구(OPCW)
> 노벨경제학상 : 유진 파마 / 라스 피터 한센 / 로버트 쉴러

## 동위원소(isotope) - 「원자번호는 같으나 질량수가 다른 원소」 〈2005 마사회〉

양성자수는 같고, 중성자수가 다른 원자핵으로 이루어지는 원소들이다.

## 리튬폴리머전지 〈2012 한국농어촌공사〉

노트북이나 휴대폰 등에 쓰이는 고체전지로, 안정성이 우수하고 에너지 효율도 높아 꿈의 전지

## 바이오인포매틱스(Bioinformatics)

생물정보학, 생명공학과 정보통신의 결합으로 컴퓨터와 소프트웨어를 활용, 유전자의 염기서열 데이터를 분석하고 해석하는 분야

## 반사율 - 「빛이 물체의 표면에서 반사되는 정도」 〈2008 SH공사〉

은 : 90% 이상, 산의 눈 : 90% 이상, 구리 : 59%, 일반유리 : 8%

### 방사성 측정 단위 - 「Sv(시버트)」 〈2011 국민연금공단〉

### 방사성 폐기물 처리방법 〈2010 한수원〉
- 고준위 방사성 폐기물은 핵연료로 사용하고 난 후 핵연료와 재처리과정에서 나오는 폐기물로 95%이상 재활용이 가능하기 때문에 폐기물로 간주되지 않음.
- 저준위 폐기물은 원자력 발전소에서 사용한 장갑·작업복·각종 교체 부품, 관련 산업체·병원·연구기관에서 나오는 폐기물임.
- 방사능 준위에 따라 고준위·중준위·저준위 방사성 폐기물로 구분가능
- 기체, 액체, 고체 등 그 형태에 따라 저장방법이 다름.

### 법정계량단위 〈2012 한국농수산식품유통공사〉
일상생활이나 산업·과학·교육 등 공공분야에서 길이, 무게, 넓이, 부피 등을 표시하는 데 통일적으로 사용하는 단위로, 길이(m), 넓이($m^2$), 부피($cm^3$, $m^3$, L), 질량(g, kg) 등

> **Tip**
> 〈2012 한국농수산식품유통공사〉
> 섭씨온도(℃) : 물의 끓는점과 물의 어는점을 온도의 표준으로 정하여 그 사이를 100등분한 온도 눈금
> 화씨온도(℉) : 1기압에서 물의 어는점을 32, 끓는점을 212로 정한 후 두 점 사이를 180 등분한 온도 눈금
> 섭씨와 화씨의 관계식은 「화씨 = 1.8×섭씨+32」, 대략 섭씨 100도는 화씨 212.
> 빛의 밝기(Lux), 소리(dB), 전력(W), 전류(A)

### 비타민 B 〈2005 인천공항공사〉
비타민 B는 여러 수용성 비타민의 복합체로 보통 비타민 B 복합체. 면역체계 강화·신경계기능 강화·췌장암 발병 위험률 감소·피부색과 근육건강을 유지, 신진대사 촉진 효과가 있다.

### 생명공학 안전성 의정서(The Protocol on Biosafety) 〈2003 주공〉

2000년 1월 29일 130여 개국 대표단이 참석한 가운데 캐나다 몬트리올에서 열린 「생명공학 안전성 의정서」 채택을 위한 국제회의는 유엔의 후원 아래 지난 5년간 150여 개국이 논의 했던 이 의정서에 합의했다. 내용은 각국은 독자적으로 제품 안전성을 검사하여 문제가 있을 경우 수입을 제한할 수 있다. 수출입 업자들을 「선적된 화물의 유전자 변형 물질 포함 가능성을 표시」 해야 한다.

### 스마트그리드(smart grid) 〈2013 한국마사회〉
 - 동북아시아 국가 간 전력망 연계가 가능
 - 전기자동차가 전력을 충전하고 방전하는 시스템을 구축
 - 소비자들이 전력을 효율적으로 소비가능
 - 신재생에너지에서 생산된 전력을 안정적으로 공급
 - 직류송전 가능으로 가전제품의 전기효율 향상

### 스페이스 클럽(Space Club)
「우주에 자력으로 위성을 '쏘아' 올린 8개 국가」

### 스푸트니크 1호 〈2005 인천공항공사, 2009 삼성그룹〉
소비에트 연방이 1957년 10월 4일 발사한 「세계 최초의 인공위성」

### 식이섬유 - 「제6의 영양소」 〈2005 국체공단〉
식이성 섬유로, 사람의 소화효소라는 소화되지 않는 섬유성분이다. 식이섬유는 탄수화물, 단백질, 지방, 미네랄, 비타민과 함께 몸에 필수적인 영양소이다.

### 신생대 〈2011 한국전기안전공사〉
가장 많은 석유가 매장된 지층형성 시기

### 어안렌즈(fish-eye lens) 〈2006 대한지적공사〉
보통의 렌즈보다 초점이 짧은 광각 렌즈의 한 종류.

반구의 시야가 평면상에 보이기 때문에 상은 렌즈에 나타나는 반사상과 같이 일그러져 나타난다.

### 에너지 단위 〈2010 한수원〉
J(줄), ev(전자볼트), cal(칼로리)
☞ W : 단위시간당 에너지를 뜻하는 것으로, 에너지 단위가 아님.

### 열차선로의 슬랙(slack) 〈2008 SH공사〉
· 열차가 선로의 곡선부를 원활히 통과할 수 있도록 그 구간의 레일간격을 보통구간보다 더 넓힌 치수
· 열차가 곡선부를 운행할 때는 차체는 그냥 있고 바퀴 틀만이 곡선을 타게 된다.
· 차량이 곡선부를 주행할 때는 원심력에 의하여 차체가 밖으로 쏠리므로 차바퀴도 그 방향으로 쏠리게 된다.
· 반지름 800m 미만의 곡선부에서는 궤간에 상당한 슬랙을 두도록 규정하고 있다.
· 슬랙크기는 30mm를 초과할 수 없다.

### 오딧세이 - 「화성 탐사선」 〈2006 중부발전〉
전송한 자료를 토대로 화성 지표 밑 수소분포 상황지도 작성. 화성의 위도 55도에서 북극까지 지역엔 얼음이 풍부한 광범위한 토양이 있는 것으로 분석

### 오슬로 - 노르웨이의 수도, 노벨평화상 수상도시 〈2004 경남, 2005 철도공사〉

### 오존층(ozonosphere) - 「자외선흡수층」 〈2005 국체공단〉
많은 양의 오존이 존재하고 온도분포가 거의 오존의 복사성질에 의해 결정되며, 약 10~50km 고도에 위치하는 상부 대기층.

### 오즈마 프로젝트 - 「NASA 외계생명체 탐사」 〈2011 한국공항공사〉

### 우라늄238　　　　　　　　　　〈2004 근로복지공단〉
「자연계에 가장 풍부하게 존재하는 우라늄의 동위원소」

### 우리별 1호 - 「최초 우리나라 위성(1992.8.11)」　〈2011 한국잡월드〉
무게 48.6kg으로 1992년 발사, 지구표면 촬영, 우주방사선 측정, 통신, 음성방송 등의 업무수행

〈2005 철도공사, 2008 한국감정원 · 서울 · 경기 · 대전 · 충남농협, 2010 대한지적공사〉

**Tip**

> 아리랑 1호 : 우리나라 최초 실용위성(1999.12.21)　〈2008 한국감정원〉
> 무궁화 1호 : 국내최초 통신·방송 복합위성(1995.8.5)
> 과학1호 : 한국최초 과학로켓(1993.6)

### 원자력발전소　　　　　　　　　　〈2010 한수원〉
- 고리1호기 : 1978년 국내 최초로 준공된 우리나라 최초 원전
- 신울진1호기 : 2016년 준공목표로 건설준비중임
- 가압경수로 : 국내운전 중인 원자력발전소의 모두
  예외 : 월성1호기
- 월성1호기 : 설계수명 30년(1983년 4월 상업운전시작)

### 음속 - 「초당 340m」　　　　　　〈2004 농어촌공사〉
예컨대 망치로 못을 쳤을 때 2초 후에 들린 경우 거리는 680m 떨어져 있음.

### 이지스함(Aegis 艦)　　　　　　〈2011 한국전기안전공사〉
「꿈의 구축함」이라 불리는 이지스함은 미국 해군이 개발한 이지스 시스템을 장착한 구축함을 지칭.
이지스급 구축함은 해상에서 적의 유도탄이나 항공기, 함정, 잠수함 등 총 21개의 대공, 대함, 대잠 목표물에 대한 동시대응 및 제압능력을 갖고 있다.

☞ 우리나라의 이지스함 : 세종대왕함(우리나라 최초), 율곡이이함

## 1MT(메가톤) 〈2008 한국산단〉
「1MT = 100만 TNT」

## 자외선 〈2006 중부발전〉
피부에 작용하여 홍반, 색소 침착을 일으키는 파장
100~380μm 사이의 불가시광선이다. 사람의 육안에는 보이지 않는다.

☞ **Tip**
> 적외선 : 전자기파중의 하나로, 가시광선보다 파장이 길고 전자레인지에 사용하는 마이크로파보다는 파장이 짧다. 일상적으로 어둠속에서 열을 내는 물체를 가까이 하면 피부로 온도를 느낄 수 있다. 〈2009 삼성그룹〉

## 전력수급 비상단계 〈2012 한국농수산식품유통공사〉
- 준비 : 400 ~ 500만kw
- 관심 : 300 ~ 400만kw
- 주의 : 200 ~ 300만kw
- 경계 : 100 ~ 200만kw
- 심각 : 100만kw 미만

## 제6의 영양소 - 「식이섬유」 〈2005 철도공사〉

## 지오이드(geoid) 〈2005 근로복지공단〉
평균 해수면과 동등한 중력점을 연결하여 지구의 형상을 가상으로 정한 면.

## 컬러TV의 방식 〈2008 한국산단〉
NTSC, PAL, SECAM
☞ ATSC : 미국의 디지털 텔레비전 방송표준을 개발하는 위원회 또는 그 표준

## 케플러법칙 - 「행성운동의 3법칙」 〈2008 서울·경기·대전·충남농협〉
타원궤도의 법칙, 면적의 법칙, 주기의 법칙

### 💡 Tip

에너지보존의 법칙 : 무에서 에너지를 창조할 수 없다는 물리학의 근본원리

**크로마키(chroma-key)** 〈2011 국민건강보험〉
색상 차이를 이용하여 움직이는 물체를 다른 화면에 합성하는 텔레비전의 화면 합성기법

**킬러 애플리케이션(Killer application)** 〈2006 중부발전, 2009 삼성그룹〉
사회를 변화시킬 정도로 막대한 영향력 있는 혁신적인 상품이나 발명품을 통틀어 말함. 줄여서 '킬러 앱(killer App)'이라 한다.

**퍼지이론(Fuzzy Theory)** 〈2013 한국마사회〉
예매하고 불분명한 상황에서 여러 문제들을 두뇌가 판단·결정하는 과정에 대하여 수학적으로 접근하려는 이론

**평균치** -「일반적으로 산술평균을 의미」 〈2008 한국감정원〉
· 가장 많은 빈도를 가진 값을 최빈값이라 함.
· 표준편차가 작을수록 평균값에서 변량들의 거리가 가까움.
☞ 중앙값 : 통계자료에서 변량을 크기 순서대로 늘어놓았을 때 그들의 한 가운데 있는 값

**플라즈마(plasma)** -「제4의 상태(물질)」〈2004 경남, 2006 토공·시흥교육〉
물리학이나 화학분야에서 디바이 차폐를 만족하는 이온화된 기체.
물질의 기본적인 세 가지 상태인 기체, 액체, 고체 상태와 더불어 또 하나의 「제4의 물질」 상태이다.

**피코랩** -「빙하연구 청정실험실」 〈2007 한국자원공사〉
2007년 1월 〈이달의 과학기술자상〉은 국내 과학계에서 불모지로 여겨졌던 빙하분야를 세계적 수준으로 끌어올린 한국해양연구원 부설 극지연구소의 홍성민 박사에게 돌아갔다. 그가 운영 중인 빙하 연구에 필요한 「청정

실험실」이다.

### 항성 〈2012 한국농수산식품유통공사〉
태양처럼 스스로 빛을 내는 고온의 천체, 행성 · 위성 · 혜성 등을 제외한 대부분의 별

### 해양(해저) 심층수의 원인 〈2008 한국산단〉
「표층수와의 밀도차이 때문」

### 핵실험금지조약(CTBT) 〈2005 마사회, 2008 SH공사, 2009 경기농협〉
부분적 핵실험 금지조약에서 제외된 핵실험을 금지하는 「포괄적 핵실험 금지조약」
미국, 러시아, 중국, 영국, 프랑스 등 **핵보유 5개국**과 인도, 파키스탄, 이스라엘 등 **핵보유 추정 5개국**, 핵실험 탐지시설을 갖고 있는 우리나라와 일본 등 37개국이 교섭에 참석하고 있다.

### APR-1400 〈2010 한수원〉
2009년 말 우리나라가 아랍에미리트(UAE)에 수출한 원전과 같은 기종으로, 2010년 신울진 원자력발전소 1·2호기에서 채택한 원전

### KT(Korea Good Technology) 마크 〈2005 철도공사〉
「한국우수기술마크」.
과학기술처가 국내 기업들이 개발한 우수 신기술을 대상으로 시행을 추진 중임.

### NT - 「국내신기술 마크」 〈2005 마사회〉

### PIP(Picture in Picture)
큰 화면 속에 작은 크기의 또 하나의 화면을 보여주는 기술이나 기능

### Q마크 〈2008 한국감정원〉

민간기구인 한국생활용품 시험연구원에 합격한 상품

> **Tip**
> KS마크 : 정부가 인정한 공산품의 품질인증표시
> GD마크 : KS, 품, 검 마크를 얻은 제품 중 디자인이 뛰어난 것에 한국디자인 포장센터가 주는 표시
> EMI마크 : 가전제품의 유해 전자파를 억제하는 장치가 부착된 표시

### TV포털 〈2006 한국농촌공사〉
TV에 셋톱박스를 달아서 영화·드라마·교육프로그램 등 다양한 콘텐츠를 볼 수 있는 주문형 비디오(VOD) 체계 서비스

## 02 정보통신(컴퓨터 · 인터넷)

### 가상 사설 랜 서비스(VPLS, Virtual Private LAN Service)
데이터패킷에 IP 주소 대신 별도 라벨을 붙여 전송하는 'MPLS(Multi Protocol Label Switching)' 기술을 이용하여 근거리통신망(LAN)을 수 킬로미터로 확장한 다자간 통신.
통신장애가 발생하더라도 서비스 중단 등의 피해 없이 즉시 복구가 가능.

### 게이트웨이(gateway)
〈2004 삼성그룹, 2006 한전, 2008 SH공사, 2009 수도권 매관공〉
컴퓨터 네트워크에서 「서로 다른 통신망」, 프로토콜을 사용하는 네트워크간의 통신을 가능하게 하는 컴퓨터나 소프트웨어를 통칭.
구조가 서로 다른 두개의 통신 네트워크를 연결하는 장치.

### 광대역통신망 〈2007 중부발전, 2007 충남교육〉

한 개의 동축 케이블로 유선 텔레비전의 송수신은 물론, 보내는 쪽과 받는 쪽이 대화할 수 있는 텔레비전 전화, 데이터 통신, 팩시밀리, 신문 따위의 다양한 통신이 가능한 통신망이다.

### 그리드컴퓨팅(grid computing) 〈2012 한국농어촌공사〉
컴퓨터의 연산능력이나 데이터, 첨단실험 장비 등 여러 장비를 인터넷을 통해 공유하려는 새로운 분산컴퓨팅 모델, 그리드컴퓨팅에 대한 구상은 전 세계의 모든 컴퓨터를 네트워크로 연결, 하나의 가상 컴퓨터 공간을 만든다는 개념에서 출발, 유휴자원을 공유하거나 활용하여 대량의 데이터를 보다 빠르게 처리 가능. 영상이나 문서만을 공유하는 월드와이드보다 한 단계 진화된 방식

### 도메인 네임(domain name) 〈2004 근로복지공단, 2012 한국마사회〉
「인터넷에 접속되어 있는 컴퓨터의 알파벳의 주소」
☞ 국가별 도메인 : 독일(de), 우크라이나(ua), 일본(jp), 체코(cz)

### 디스크 미러링
하나의 정보를 여러 대의 외부기억장치에 기록하는 입출력장치 다중화

### 디지털교과서 - 「유비쿼터스 시대에 맞춘 신개념의 전자교과서」
2008년부터 단계적 상용화

### 디지털 컨버전스(Digital Convergence) 〈2010 대한지적공사〉
디지털 기술의 발달로 단일 제품 중심의 제품 경계가 사라지고 소프트 웨어와 하드웨어의 공유가 가능해지는 현상

### 라우터(router) 〈2004 삼성그룹, 2005 마사회, 2010 대한지적공사〉
다른 네트워크 주소를 갖는 LAN간을 접속하는 장치.
인터넷을 연결하고 가장 적절한 통신경로를 찾아주는 것.

### 르네상스칼라  〈2011 SH공사〉
급변하는 시대흐름에 따라 인터넷 비즈니스에서 뛰어난 활약을 하는 사람

### 멀티캐스트(Multicast)
인터넷상에서 같은 내용의 전자메일, 화상회의를 위한 화상, 음성데이터 등을 둘 이상의 다른 수신자들에게 동시에 전송하는 방식.

### 멀티태스킹  〈2012 한국농수산식품유통공사〉
한 사람의 사용자가 한 대의 컴퓨터로 2가지 이상의 작업을 동시에 처리하거나 2가지 이상의 프로그램들을 동시에 실행시키는 것

✋ **Tip**
> 파밍 : 합법적인 사업자 도메인을 탈취하거나 도메인 네임시스템에 이름을 속여 사용자들이 진짜 사이트로 오인하도록 유도해 개인정보 등을 훔치는 사기수법
> 시뮬레이션 : 실제와 비슷한 모형을 만들어 현상의 특성을 파악하는 것
> 프로세스 : 컴퓨터 내에서 실행중인 프로그램

### 메커트로닉스(Mechatronics)
메커닉스(Mechanics)와 일렉트로닉스(Electronics)를 합친 일본식의 말. 대규모 집적회로(LSI)나 마이크로컴퓨터 등 고성능이면서 값싼 전자부품이 보급됨에 따라 여러 가지 기계의 전자화가 가능한 기술.

### 메트카프 법칙(Metcalf's Law)
네트워크 가치는 사용자 수의 제곱에 비례하지만 비용 증가율은 일정하다는 법칙.

### 모뎀(Modem)  〈2008 SH공사, 2012 한국농어촌공사〉
컴퓨터의 디지털 신호를 아날로그 신호로 바꾸어 전송하고, 아날로그 신호를 받아 디지털 신호로 읽어내는 장치

✋ **Tip**

코덱(codec) : 문자를 컴퓨터가 인식 할 수 있는 부호화 작업인 인코딩 방식을 사용하여 어떤 자료의 인코딩과 디코딩을 쌍방향으로 할 수 있는 하드웨어나 소프트웨어
디코딩(decoding) : 디지털 신호를 아날로그 신호로 변환하는 일
인코딩 : 음성이나 영상신호를 디지털 영상신호로 변환시켜 주는 기술

## 모듈(Module) - 「기계나 시스템의 구성단위」
복수의 전자부품이나 기계부품 등으로 조립된 특정기능을 가진 조그만 장치

## 몰핑(morphing)  〈2007 한국수원〉
하나의 화상을 서서히 변화시켜 다른 화상으로 바꾸는 멀티미디어 기법

✋ **Tip**

메조틴트(mezzotint) : 통판화에서 제판 기법의 하나
디덩링(dithering) : 컴퓨터 그래픽 등에서 표시장치나 인쇄기의 해상도를 초과하여 바라는 색상의 사용이 불가능할 때 다른 색상 등을 섞어서 비슷한 색상을 내기 위해 컴퓨터 프로그램에 의해 시도된 것.
랜더링(rendering) : 평면적인 그림에 형태·위치·조명 등의 외부 정보에 따라 사실감을 불어 넣어 3차원 화상을 만들어 내는 과정

## 무선응용통신규약(WAP)  〈2005 인천농협, 2006 충남농협〉
컴퓨터나 모뎀을 거치지 않고 개인휴대단말기나 이동통신기기 등의 무선으로 인터넷에 접속할 수 있게 고안된 통신규약

✋ **Tip**

WIPI : 무선 인터넷 플랫폼 표준규격
Usenet : 인터넷을 통해 의견 개진이 가능한 토론시스템
WAN : 광역컴퓨터통신망
VAN : 가상지역망

> ISDN : 디지털 종합통신망
> ADSL : 비대칭디지털가입자회선

## 무어법칙(Moore's Law)
새로이 개발되는 메모리칩의 능력은 18~24개월에 약 2배가 된다는 기술 개발의 속도에 관한 법칙.

## 미들웨어(Middleware) 〈2009 수도권매관공〉
컴퓨터 제작회사가 사용자의 특정한 요구대로 만들어 제공하는 소프트웨어.

## 미디(MIDI, Musical Instrument Digital Interface)
컴퓨터 또는 전자악기 사이에 신호를 주고받기 위한 통일된 규약. **국제 표준 인터페이스 시스템.**

## 미러링 〈2005 근로복지공단〉
해킹이나 장비 고장 등으로 데이터가 손실되는 것을 막기 위해 데이터를 하나 이상의 장치에 중복 저장하는 것.

## 미러사이트(mirror site) 〈2012 한국농수산식품유통공사〉
다른 사이트의 정보를 그대로 복사하여 관리한 사이트

### ✋ Tip
> **보털사이트** : 특정 사용자 집단을 대상으로 특정 분야에 한정된 정보를 깊이 있게 제공하는 산업별 포털사이트
> **포털사이트** : 집안으로 들어갈 때 반드시 지나가야 하는 현관처럼 네티즌들이 인터넷에 접속할 때 늘 거치도록 만든 사이트
> **허브사이트** : 중앙의 운영사이트를 중심으로 여러 개의 콘텐츠 제공 사이트들이 원을 이루며, 연합하고 있는 사이트 연합체

## 백그라운드 패턴(Background Pattern)

웹 페이지의 텍스트나 그래픽 뒤에 나타나는 그래픽 이미지

### 밴(VAN, Value Added Network) -「부가가치 통신망」

### 베이퍼웨어(Vapor-ware)
「소프트웨어 분야에서 앞으로 개발한 가상의 제품을 의미」

### 베타&알파버전(Beta&Alpha Version)
미처 발견하지 못한 프로그램의 결점을 찾아내기 위해 다른 사람들에게 시험적으로 사용하도록 **무료로 배포하는 소프트웨어**

### 보디톱(Body Top)
데스크톱·랩톱·노트북·팜톱에 이은 **미래형 컴퓨터**.

### 보털사이트(Vortal site)           〈2009 수도권 매관공〉
특정인을 대상으로 특정분야에 한정된 정보를 깊이 있게 제공하는 인터넷 사이트.

### 블로그     〈2005 한수원, 2008 서울·경기·대전·충남농협, 2009 수도권 매립공〉
Blog 혹은 Weblog는 web(웹)과 log(로그)를 합친 말.
스스로가 가진 느낌이나 품어오던 생각, 알리고 싶은 견해나 주장 같은 것을 웹에다 일기(로그)처럼 차곡차곡 적어 올려서 **다른 사람도 보고 읽을 수 있게끔 열어놓은 글모음**이다. 블로그를 소유해 관리하는 사람을 블로거라 한다. 싸이월드나 엠파스에서 사용

### 블로터(Bloter) -「블로거 운영자」
블로거(Blogger)와 리포터(Reporter)의 합성어. 블로거의 정보 수집력, 리포터의 전문성과 신속함을 동시에 갖춘 블로거 운영자들을 일컫는 말

**비비에스(BBS, Bulletin Board System)**
많은 사람들이 자유롭게 자신의 생각을 알리고, 공지사항을 올릴 수 있는 곳이 게시판. 비비에스는 바로 이러한 게시판과 같은 역할을 하는 것.

**비트(bit)** - 「디지털 컴퓨터의 정보 최소단위( = 1비트)」 〈2006 충남농협〉

**빅 브라더(Big Brother)** 〈2010 한국농어촌공사〉
영국의 소설가 조지 오웰의 소설 《1984》에서 비롯된 용어. 정보의 독점으로 사회를 통제하는 관리권력 또는 사회체계

**사무 자동화(office automation)** 〈2004 울산시, 2008 SH공사〉
컴퓨터 등을 이용하여 사무처리를 자동화하는 것

**사이버러리언** 〈2006 충남농협〉
도서관에서 사용자가 대화형 검색방식으로 데이터베이스를 검색할 수 있도록 하는 소프트웨어

**사이버슬래킹(cyber slacking)** 〈2006 충남농협, 2011 한국전기안전공사〉
근무시간에 주식거래 등 업무 이외의 개인용도로 사용하여 업무에 방해가 되는 일체행위

**사이버스쿼팅(cybersquatting)** - 「도메인 점거」 〈2006 토공〉
기업의 상표, 단체명 또는 이와 유사한 사이트 이름을 이익을 얻을 목적으로 도메인 등록하는 것.

**사이버펑크(cyberpunk)** 〈2006 충남농협〉
1980년대 이후 등장한 「과학소설의 한 장르」로, 인간의 본성과 기술이 엮이게 되면서 가까운 미래에 일어날 새로운 아이디어를 표현한 것.

**사이버펑크영화** 〈2006 서울시 농수산물공사〉

컴퓨터가 개인의 신경 조직이나 다름없게 돼버린 현 시대의 문화현상을 담고 있는 영화장르

**사이버 해킹 문의 전화번호** -「118」 〈2010 인천도시개발〉
간첩신고 : 113  긴급구명안내 : 129
미아·가출인·도난차량신고 : 182

**셰어웨어(Shareware)**
〈2004 수도권매관공, 서울시 농수산물, 2007 전남교육, 2009 인천관광공사, 2012 한국농수산식품유통공사〉
정해진 기간 동안 시험 삼아 사용해 보고 마음에 들면 일정한 요금을 지불하고 사용하는 소프트웨어

👋 **Tip**
> 프리웨어(Freeware) - 「공개된 무료 소프트웨어」
> 크리플웨어(crippleware) : 「공유품」. 프로그램 중 일부 중요한 기능을 고의로 빼고 불완전한 상태로 공급해 사용자가 원하는 기능을 이용하려면 완제품을 살 수 밖에 없도록 유도하는 공개된 소프트웨어

**스크립트 언어** - 「컴퓨터 프로그래밍언어」 〈2006 한전〉
컴퓨터 프로그래밍 언어로, 응용 소프트웨어를 제어함.
**대표적인 것** : 액션스크립트, 애플스크립트, PHP, 펄(Perl), JSP 등
☞ HTML : 웹문서를 만들기 위해 사용하는 프로그래밍 언어의 일종

**스푸핑(spoofing)** 〈2005 근로복지공단〉
해커가 악용하고자 하는 호스트의 IP 주소나 e-메일 주소를 바꾸어 이를 통해 해킹하는 행위

**스풀링(Spooling)** 〈2005 마사회, 2009 수도권 매관공〉
스풀(Spool)이란 Simultaneous Peripheral Operation On-Line의 줄임말.

컴퓨터 시스템에서 중앙 처리장치와 입출력장치가 독립적으로 동작하도록 함으로써 중앙처리장치에 비해 주변장치의 처리속도가 느려서 발생하는 대기시간을 줄이기 위해 고안된 기법이다. 스풀을 적용하는 가장 대표적인 곳은 **프린터 출력작업**이다.

**시샵** - 시샵(sysop)은 「시스템 운영자」의 줄임말 〈2013 한국마사회〉
시솝·시샵 등으로도 불린다.

**실시간처리시스템(RTPS)** 〈2005 인천농협〉
항공예약, 은행입출금과 같이 데이터가 발생하는 즉시 처리가 요구되는 처리시스템

**싸이월드(Cyworld)** - 「미니홈피」 〈2006 토공〉

**아바타** - 인터넷 상에서 사람을 대신하는 애니메이션 캐릭터 〈2006 시흥교육, 2008 SH공사〉

**악성 애드웨어(Adware)** - 「자동 설치 광고프로그램」 〈2009 인천관광공사〉
인터넷을 사용할 때 「설치에 동의하십니까」 라는 창을 띄워 사용자가 무심코 「예」를 클릭하면 PC에 바로 설치되는 광고 프로그램

**안드로이드(Android)** 〈2011 농수산물유통공사·SH공사, 2010 인천도시개발〉
구글이 제작한 스마트폰 실행 프로그램, 모든 소스코드를 공개하여 배포하고 있는 「모바일 전용운영체제」
☞ 스마트폰 운영체계 : iOS(애플), 안드로이드(구글), 심비안(노키아)
  피처폰 : 저성능 휴대전화
  매시업(mashup) : 웹 서비스 업체들이 다양한 콘텐츠와 서비스를 혼합하여 새로운 서비스나 애플리케이션을 개발하는 것

**애플릿(applet)** 〈2006 수자원, 2009 수도권 매광공〉
「작은 응용프로그램」, 인터넷에서는 자바로 기술된 자바애플릿을 가리키

는 일이 많다.

> **Tip**
> 아키(Archie) : 인터넷상의 익명 FTP 서버에 공개되어 있는 파일을 검색하는 서비스를 하는 클라이언트·서버형 프로그램이다.
> 고퍼(Gopher) : 미국 미네소타 대학에서 캠퍼스내의 정보 서비스용으로 개발한 「분산 정보검색 시스템」이다. 그 후에 확장되어 인터넷에서도 사용할 수 있게 되었다.

### 액세스 구성요소 〈2010 대한지적공사〉
출력, 테이블, 쿼리, 폼, 보고서, 페이지, 매크로, 모듈

### 앰버얼러트(Amber Alert) 〈2008 한국감정원〉
유괴된 어린이의 정보를 도로 전광판이나 TV, 라디오에 공개하여 알리고, 신고와 제보를 독려하는 시스템
☞ 제시키법 : 「아동성범죄 처벌법」

### 어나니머스(Anonymous) - 「국제해킹집단」 〈2013 국립공원관리공단〉
핵티비즘 표방

### 엑스트라넷(Extranet) 〈2006 충남농협, 2012 한국보훈복지의료공단〉
인터넷을 이용한 기업 내 전산망인 인트라넷을 부분적으로 외부 거래업체들에게 개방해 통신·문서교환·제품 공개개발 등에 활용하는 새로운 전산망

### 엑스포메이션(exformation) 〈2012 한국농어촌공사〉
- 정보와 비정보가 공존하는 상황과 관련된 말
- 정보와 상반되는 개념
- 정보의 홍수로 인해 야기되는 상황
- 올바른 정보를 찾아내기 어려운 경우 지칭
- 미국의 전 부통령인 앨 고어가 사용

## 산성비  〈2004 파주시, 2005 철도공사, 2008 서울·경기·대전·충남농협〉
고농도의 황산과 질산을 포함하는 강수의 형태. 북아메리카와 유럽의 여러 지역에서 점점 심각한 환경문제 야기 – 농도 PH 5·6 이하
☞ 산성비의 원임물질 : 대기 중에 존재하는 이산화황($SO_2$)과 산화질소($NO$, $NO_2$) 등.

## 살모넬라균 – 「대표적 식중독균」  〈2005 근로복지공단〉
사람이나 동물의 장내에 기생하는 세균의 일종으로 식중독을 일으키는 대표적인 세균.
☞ 브루셀라균 : 소·산양·돼지의 생식기 등에 침범하여 불임증을 야기시키는 병원체세균.
  시겔라균 : 세균성 이질을 일으키는 병원체

## 생물학적 산소요구량(BOD) 〈2004 충주시, 2006 경남교육, 2007 경기교육, 2009 수도권 매관공〉
물이 어느 정도 오염되어 있는가를 나타내는 기준으로 수중의 유기물이 미생물에 의해 정화될 때 필요한 산소량.
단위는 PPM으로 나타내고 이 숫자가 클수록 물의 오염이 심하다. 예컨대 1ℓ의 수중에 1mg의 산소가 필요할 때가 1ppm이다.

## 세계 3대 민간 환경단체 – 「지구의 벗, 그린피스, 세계자연보호기금」
〈2011 국민건강보험〉

## 소믈리에(sommelier) – 「와인캡틴, 와인웨이터」  〈2008 삼성그룹〉
포도주를 전문적으로 관리·추천하는 사람이나 직업

### Tip
바리스타(barista) : 좋은 원두를 선택하여 「커피를 전문적으로 만들어 주는 사람」
파티쉐(patissier) : 프랑스어로 패스트리 요리사를 뜻하며, 「일반적으로 제과·제빵 전문가」
쇼콜라티에(shocolatier) : 초콜릿의 프랑스어인 쇼콜라에서 파생된어로, 「초콜릿 공예가 또는 초콜릿 장인」  〈2009 SH공사〉

## 수질오염  〈2006 중부발전〉

폐수나 농약 등 인위적 요인과 자연 변화의 영향으로 호수, 하천 등 수계가 오염된 상태.

### 신종인플루엔자 〈2009 농어촌공사, 2010 인천도시개발〉
「급성열성호흡기질환으로 제4군전염병」
7일 이내 37.8℃ 이상의 발열과 더불어 콧물 혹은 코막힘, 인후통, 기침 증상 중 1개 이상의 증상이 있는 경우이다. 다만, 최근 12시간 이내 해열제 또는 감기약(해열성분 포함)을 복용한 경우 발열증상으로 인정된다.
☞ 신종인플루엔자 A(H1N1) : 사람·돼지·조류 인플루엔자 바이러스의 유전물질이 혼합되어 있는 새로운 형태의 바이러스

### 안드로겐(Androgen)
「남성 생식계의 성장과 발달에 영향을 미치는 호르몬」

### 알츠하이머병(Alzheimer's disease) - 「노인성치매의 주요원인」
〈2005 교통안전공단·국체공단 2009 수도권매관공〉
대뇌피질의 신경세포가 죽어서 대뇌의 전두엽과 측두엽의 뇌회가 위축되거나 줄어드는 「퇴행성 뇌질환」.

### 액화천연가스(LNG) 〈2004 산업인력공단, 2007 삼성그룹, 2010 인천도시개발〉
공기보다 밀도가 낮아 누출 시 위로 퍼지므로 위쪽 창문을 열어 환기시킨다. 폭발위험이 비교적 낮음. 주성분 메탄, LPG보다 액화어려움, LPG보다 운반불편
☞ 액화석유가스(LPG) : 공기보다 밀도가 높아 누출시 아래로 가리앉으므로 아래쪽 창문을 열어 환기시킨다.

### 에드워드 증후군 〈2011 대한장애인체육회〉
18번 염색체가 3개가 되면서 발생하는 선천적인 기형증후군

### 에코폴리스(ecopolis) 〈2009 수도권 매관공〉
사람과 자연이 조화를 이루어 공생할 수 있는 체계를 갖춘 도시. 1992년

리우회의 관련.

> 🖐 **Tip**
> 
> forestpia : 사람과 숲이 어우러지는 도시

**엘리뇨현상(ENSO)** – 「중태평양 적도의 이상 고온현상」〈2004 삼성그룹, 2005 마사회, 2006 경기교육, 2007 한국자원공사, 2008 한국감정원〉
전 지구적으로 벌어지는 대양·대기간의 기후현상을 말한다. 열대지방의 태평양(페루부근)에서 발생하는 「해수면 온도의 급격한 변화」「겨울고온현상 원인」. 엘니뇨와 라니냐라는 이름은 각각 '남자아이'와 '여자아이'를 의미하는 스페인어에서 유래하였다.

> 🖐 **Tip**
> 
> 라니냐현상(Lanina) : 「반엘리뇨 현상」, 적도 태평양의 바닷물 온도가 평소보다 2~3도 낮아지는 현상 〈2008 한국감정원〉
> 지구온난화현상 : 탄산가스 등 온실효과 가스에 의해 지구의 평균기온이 올라가는 현상. 대기중의 수증기량 증가 〈2006 안성시·경기, 2008 SH공사〉
> 라마마(La Mama) : 북태평양 중위도 해역에서 고수온대가 동쪽의 저수온대를 감싸면서 서태평양의 수온이 높아지는 현상.

**열대야 현상** – 「한 여름 밤의 무더운 현상」 〈2006 한국농촌공사〉

**열섬현상(효과)** 〈2004 농어촌공사, 2005 안양시, 2007 경기교육, 2011 한국환경공단〉
자동차 매연 등으로 도심의 온도가 대기오염이나 인공열 등의 영향으로 주변지역보다 높게 나타나는 현상

> 🖐 **Tip**
> 
> 기온역전 : 고도가 올라감에 따라 기온이 증가하는 현상 〈2006 한국농촌공사〉
> 대기오염 환경기준치 : 이산화질소 - 0.1ppm 이하, 이산화황 - 0.15ppm 이하, 일산화탄소 - 25.0ppm이하, 오존 - 0.1ppm 이하

## 온실효과(greenhouse effect) 〈2005 파주시・안양시, 2006 한국농촌공사, 2007 전북교육・경기교육, 2010 인천도시개발〉

대기중의 이산화탄소 증가로 인해 가속되는 지표나 하층 대기의 기온상승 효과.

> **Tip**
>
> 온실효과를 일으키는 기체 : 메탄・아산화질소・이산화탄소・과불화 탄소・프레온가스・수소불화탄소・육불화유황 등
> 온실효과를 일으키지 않는 기체 : 일산화탄소, 메탄, 암모니아

## 와인 〈2008 한국감정원〉
- 소믈리에는 레스토랑 등에서 포도주에 관한 서비스를 전문으로 하는 사람.
- 와인 에티켓은 일종의 와인 신분증명서
- 와인의 숙성도에 따라 올드와인, 영 와인으로 구분
- 와인은 눕혀서 보관해야 산화가 방지됨.

## 원자력 발전 〈2007 한국수원〉
- 30년 설계 수명이 다한 고리 원자력 1호기는 계속가동을 위해 IAEA의 심사를 받고 있음.
- 원자력 발전은 KW당 이산화탄소 배출량이 상당히 낮기에 지구온난화 문제에 있어 화력발전의 대안이 됨.
- 원자력 발전원가는 화력발전의 3분의 1이하로 효율적이고 경제적이다.

## 원자력 발전소가 없는 나라 〈2007 한국수원〉
이탈리아, 네덜란드, 호주, 오스트리아, 노르웨이, 덴마크 등
☞ 우리나라 원자력 발전소에는 냉각탑 불필요 〈2007 한국수원〉
월성 원자력환경관리센터 : 경주의 중・저준위 방사성 폐기물 처분장의 공식명칭
〈2007 한국수원〉

## 웜 비즈(Warm Biz)
두꺼운 옷차림으로 겨울 실내 온도를 섭씨 20도로 낮춤으로써 에너지를 절약하고 이산화탄소 배출량을 줄여 지구환경을 보호하자는 일본 정부의

·캠페인

### 유전자 변형 농산물 - 「GMO」　〈2005 인천공항·철도공사, 2009 수도권 매관공〉
「유전자 재조합 또는 변형작물(Genetically Modified Organism)」인위적인 방법으로 특정 유전자가 들어갔거나 제거된 생명체를 말한다. 1994년 미국 칼젠사가 개발한 잘 무르지 않는 토마토가 상업화된 GMO의 첫 사례이다. 대두와 옥수수가 보편화된 대표적인 품종이다. 벼는 GMO의 대상이 될 수 없다.
☞ 생물안정의정서 : GMO협약

### 이타이이타이병 - 「카드뮴 중독」으로 인한 공해병　〈2005 국체공단〉
'아프다아프다'라는 의미의 일본어에서 유래된 것.
일본 도야마현의 진쯔강 하류에서 발생.

### 인공어초　〈2007 한국자원공사〉
바다 속에 콘크리트 구조물을 비롯하여 폐선(廢船)이나 못쓰게 된 구조물을 투입해 어류가 서식할 수 있는 환경을 만들어주는 구조물로 어업 증진에 기여해왔으나 선박의 안전항해에 방해가 되어온 구조물

### 적조현상　〈2004 근로복지공단, 2008 SH공사, 2009 삼성그룹〉
토양이나 하천·바다의 부영양화로 해수 플랑크톤의 수가 급격하게 증가하여 적색계통의 색을 띠는 현상
원인 : 물에 유기양분이 너무 많은 부영양화현상, 간척사업으로 인한 갯벌 감소, 수온상승으로 인한 미생물 번식증가, 바람이 적게 불어 물이 섞이지 않은 경우

### 정맥산업　〈2006 서울시 농수산물공사〉
「폐기물과 같은 산업 쓰레기를 처리·재생·가공하는 산업」

### 지구에너지 순환　〈2008 SH공사〉

- 태양에너지는 복사의 형태로 지구에 도달한다.
- 태양에너지는 대기권과 수권에 흡수되어 대기와 해수의 순환을 일으킨다.
- 조력에너지는 태양과 달의 인력에 의해 밀물과 썰물을 일으키는 힘이다.
- 지구 내부에너지는 판의 운동과 화산활동 등을 통해 순환한다.
- 화산폭발은 화산재가 태양빛을 가리어 기온을 낮게 하는 원인이다.

### 지역특산물 〈2006 한국농촌공사〉

보성 : 녹차    단양 : 마늘    횡성 : 더덕
이천 : 쌀     상주 : 곶감    괴산 : 고추

### 친환경농산물 〈2006 한국농촌공사〉

농산물 생산·관리 시 농약이나 화학비료 등 화학투입재의 사용을 최소화하고 자원의 재활용을 가능하게 하여 환경보전과 함께 농산물의 안전성을 추구하는 농산물

✋ **Tip**

> 친환경농산물 입증표시 : 저농약농산물, 무농약농산물, 유기농산물, 전환기 유기농산물
> 유전자변형 농산물 : 친환경 표시 불가

### 카슨 - 「미국의 생물학자」 〈2009 수도권매관공〉

《침묵의 봄》을 통해 농약에 의한 환경오염을 경고하였고 저서에 해양 생물의 생태를 묘사한 《우리를 둘러싸고 있는 바다》 등이 있다.

### 카폭 〈2007 환경자원공사〉

해양에 유출된 기름을 걷어내는 신개념 흡유 구조물을 만드는 데 사용되는 천연섬유 소재. - 한국원자력연구소 정병엽 박사가 개발한 것

### 콜라겐 -「교원질 또는 아교질」 〈2008 한국감정원〉

힘줄·인대·진피의 결합조직층, 상아질, 연골조직 등에 있는 단백질

**탄소배출권**　　　　　　　　〈2004 삼성그룹, 2012 한국농어촌공사〉
이산화탄소, 메탄 등 온실가스 배출량을 줄이기 위해 만들어졌다. 1997년 채택된 교토의정서는 지구온난화를 막기 위해 전 세계의 온실가스 배출총량을 정하고 이를 국가별로 할당하기로 했다. 이에 따라 할당량보다 많이 배출하려는 국가나 기업은 할당량보다 적게 온실가스를 배출한 곳으로부터 배출권을 사야 한다. 탄소배출권은 매매가 가능하다.

**태양열 발전** - 「실리콘 소자 사용」　　　　　　　〈2005 한수원〉
태양의 복사에너지를 효율적으로 모아 열기관과 발전기를 움직여 전기 에너지를 만드는 발전방식

**폐암**　　　　　　　　　　　　　　　　　　〈2007 한국자원공사〉
1999년 흡연의 위험성을 충분히 경고하지 않아 병에 걸렸다며 KT&G와 국가를 상대로 환자와 가족 등 36명이 손해배상 청구소송을 내 이에 대해 법원이 2007년 1월 25일 원고패소 판결을 내렸다. 이 병명은 폐암이다.

**플라세보 효과(Placebo Effect)** -「위약의 심리적 효과」
환자가 가짜 약의 효과를 신뢰하여 실제로 효과를 나타내는 것. 위약효과 또는 속임약 효과.

**혈류속도** - 「동맥〉정맥〉모세혈관」　　　〈2011 농수산물유통공사〉

**환경경영 국제표준** -「ISO 14,000 Series」　　〈2010 대한지적공사〉
국제적으로 환경관련 규격을 통일해 제품 및 이를 생산하는 기업에 환경인증을 행하는 것

**환경관리해역**　　　　　　　　　　　　　　〈2011 한국환경공단〉
부산연안, 울산연안, 광양만, 마산만, 시화호, 인천연안
　☞ 환경보전해역 : 가막만, 득량만, 완도 도암만, 함평만

### 환경연합                              〈2007 한국자원공사〉
서울시 호흡기질환 환자 23명을 소송단으로 모아 자동차 배기가스로 인해 호흡기질환을 앓게 됐다며 자동차 회사와 서울시, 국가 등을 상대로 소송을 주도한 단체

### 환경영향평가제도        〈2005 마사회, 2006 안성시, 2009 수도권매립관공〉
정부기관 또는 민간업체에서 대규모개발사업 계획을 수립하는 경우 이로 인해 환경에 미칠 영향의 정도나 범위를 사전에 예측·평가하고 그 대처방안을 마련하여 환경오염을 사전에 예방하는 제도.

> **Tip**
> 지구온난화 : 주범인 가스는 이산화탄소.

### 황우석               〈2005 충남연기·근로복지공단, 2006 중부발전〉
대한민국의 수의사, 과학자·스너피라는 최초로 개 복제, 「환자맞춤형 배아줄기 세포」 연구논문 논란시비

> **Tip**
> 최초 우리나라 복제동물 : 영롱이(1999)
> 배아줄기세포 관련인물 : 황우석, 이언윌머트, 제럴드 섀튼

### AMPK(AMP-activated Kinase) - 「대사질환 치료제」
물질 항암치료제로 재평가되는 것.

### e-마크 - 「에너지관리공단의 에너지절약 마크」

### ET(Environmental Technology, 환경기술)       〈2011 SH공사〉
미래 성장산업 5가지 분야 중 환경오염을 저감·예방·복원하는 기술로 환경기술, 청정기술, 에너지기술 및 해양환경기술을 포함하는 분야

# Chapter 6

**노동 · 복지 · 사회 · 지리 등**

근로기준법 : 헌법에 의해 근로조건의 기준을 정함으로써 근로자의 기본적 생활을 보장·향상시키는 것을 목적으로 한다.

# 01 노동 · 복지

### 공공부조 〈2005 경기교육, 2009 수도권매관공 · 인천관광공사, 2011 국민연금공단〉
100% 정부의 재정으로 보호가 필요한 사람을 돕는 것.
국민기초생활보장, 의료보호 등이다. 사회보험과 더불어 사회보장제도의 중심을 이루고 있다.

☞ **Tip**
> 사회보험 : 가입이 강제된 것. 전 국민들이 일부 부담하고 국가나 기업이 일부 부담하는 것. 의료보험 · 산업재해보상보험 · 고용보험 · 국민연금 등

### 공적쟁의 조정절차 – 「조정 · 중재 · 긴급조정」 〈2008 한국감정원〉
☞ 알선 : 조정절차에서 법상 제외되었음

### 구조적 실업
〈2004 창원시, 2005 충남연기 · 인천농협 · 근로복지공단, 2006 남양주시 · 안성시, 2007 충남교육 · 삼성그룹, 2008 YTN, 2009 수도권매관공, 2010 대한지적공사, 2011 농수산물유통공사〉
노동인력의 수급 불균형으로 인한 「노동공급 과잉으로 인해 발생」하는 실업으로 출생률이 낮아져 유치원 교사자리가 줄거나 또는 기술의 발전으로 인해 탄광 등의 사양 산업에서 발생하는 실업

☞ **Tip**
> 마찰적 실업 : 경기와 무관하게 일어나는 실업으로, 노동력이 일시적으로 실직한 상태, 예컨대 새직장 출근과 현직장의 퇴사일이 안 맞는 경우.
> 탐색적 실업 : 이전의 직장보다 더 좋은 조건의 직장을 구하기 위해 일시적 실업상태에 있는 것
> 경기적 실업 : 경기가 하락국면에 접어들어 생산이 위축되면서 발생하는 실업. 예컨대, IMF때 명퇴
> 계절적 실업 : 특정업종에서 특정계절에 발생하는 실업. 예컨대 여름날 해수욕장의 상인

> 기술적 실업(technological unemployment) : 기술진보에 따른 자본의 유기적 구성의 고도화로 야기되는 실업. 마르크스의 「산업예비군」, 「마르크스형 실업」
> 잠재적 실업 : 사실상 실업상태에 있지만 표면적으로는 실업자로 노출되지 않은 상태. 즉, 형식적·표면적으로는 취업하고 있으나 실질적으로는 실업상태에 있는 경우.

## 근로복지공단 사업 〈2005 근로복지공단〉

산재보험·고용보험의 관리, 근로복지사업, 임금채권 보장사업, 가계 안정 사업, 고용지원 사업 등

☞ 직업훈련: 한국산업인력공단의 사업

## 근로기준법 〈2004 창원시, 2011 국민연금공단〉

헌법에 의해 근로조건의 기준을 정함으로써 근로자의 기본적 생활을 보장·향상시키는 것을 목적.

☞ 1일 근로시간은 휴게시간을 제외하고 8시간을 초과할 수 없음
　1주일간의 근로시간은 휴게시간을 제외하고 40시간을 초과할 수 없음
　사용자는 근로자에게 1주일에 평균 1회 이상의 유급휴일을 줄 것
　사용자는 1년간 8할 이상 출근 근로자에게 15일의 유급휴가를 줄 것

## 긴급조정권 - 「정부의 최후 법적수단」

〈2005 근로복지공단·주택금융공사, 2008 한국감정원〉

쟁의행위가 공익사업에서 행해지거나, 그 규모나 성질이 특별히 크거나 중대하여 국민경제를 해치거나, 국민의 일상생활을 위태롭게 할 위험이 있는 경우에 노동부장관이 결정하면 개시되는 것으로서, 이때부터 노동조합의 쟁의행위는 즉시 중지해야 하고 공표일로부터 30일이 경과하지 않으면 쟁의행위를 재개할 수 없다고 되어 있는 노동쟁의조정절차를 말한다.

## 내부고발자 〈2006 근로복지공단〉

내부고발자를 딥 스로트(Deep Throat) 또는 휘슬 블로어(Whistleblower)라고도 하며, 기업이나 정부기관 내에 근무하는 내부자로서 조직의 불법이나 부정거래에 관한 정보를 신고하는 사람.

### 내셔널트러스트(National Trust for places of Historic Interest or Natural Beauty) 〈2006 한국농촌공사, 2007 한국수원, 2008 SH공사, 2009 농어촌공사·SH공사〉

1895년 영국에서 설립된 공공단체. 「시민환경운동」
1907년 내셔널 트러스트법에 의해 법인체가 되었고, 이법은 역사적·건축학적으로 의미가 있는 건축물이나 아름다운 자연을 보호하여 대중이 즐길 수 있도록 하기 위해 마련되었다.

**Tip**

시빅 트러스트(Civic Trust) : 주민이나 기업이 자금을 출자하여 도시 등의 환경을 정비하는 제도.
넵튠계획(Neptune Plan) : 영국의 내셔널트러스트가 자연해안 보전을 위해 1965년부터 시작한 해안선의 토지매수 모금운동
시에라클럽(Sierra Club) : 1892년 미국의 민간인들에 의해 형성된 세계적인 자연환경보존단체

### 노동 3권(勞動三權) 〈2004 울산시, 2005 의정부, 2008 한국감정원·YTN, 2009 수도권 매관공·경기교육, 2011 한국산업단지공단·SH공사〉

노동자의 「단결권」, 「단체교섭권」, 「단체행동권」
이를 근로권이라고도 한다. 근로기준법, 노동조합법, 노동쟁의 조정법을 노동 3법이라 한다.

**Tip**

공무원 : 단체행동권 제한, 공무원 노동조합에는 6급 이하 일반직 공무원만 가입가능
기능직 공무원 : 단체행동권 인정(헌재결정)

### 논칼라세대(Non-collor Age) 〈2004 근로복지공단〉

생산직 근로자인 블루칼라와 일반사무직 근로자인 화이트칼라에 이어 새롭게 등장한 「컴퓨터 작업세대」를 일컫는 말.
무색세대라 부른다. 손에 기름을 묻히는 것도 아니고 서류에만 매달리는 것도 아닌 컴퓨터세대이다.

> **Tip**
>
> 화이트칼라(White - collar) : 사무직에 종사하는 노동자  〈2006 용인시〉
> 블루칼라(blue - collar) : 생산직에 종사하는 육체노동자
> 그레이칼라(gray - collar) : 사무직에 종사하는 화이트칼라와 생산현장에서 일하는 블루칼라의 중간성격의 노동자
> 논 칼라 : 블루칼라도 화이트칼라도 아닌 무색 세대로, 손에 기름을 묻히는 것도 아니고 서류에 매달려 있지도 않은 컴퓨터 세대

## 더블워크(Double Work) 〈2009 인천관광공사〉
아르바이트나 부업으로 본업의 수입을 보충하는 것

> **Tip**
>
> 쿨워크(Cool Work) : 주로 여름철에 가벼운 차림의 의복과 넥타이 미착용 권장 등으로 에어컨 사용량을 줄이는 에너지 절약 캠페인
> 텔레워크(Tele Work) : 각종 정보통신기술의 활용과 지원에 의해 효율적이고 융통성 있게 업무를 수행하는 것

## 매칭그랜트(matching grant)  〈2006 한국농촌공사, 2011 한국전기안전공사〉
한 회사의 임직원들이 사회봉사나 공익사업을 위해 기부금을 낼 경우 회사도 이에 호응 같은 금액의 후원금을 출연해 공익기금을 조성하는 제도.

## 맥잡(McJob) -「별 전망이 없는 지루한 저임금 직종」

## 메세나(Mecenat) -「기업의 예술후원」
기업이 문화·예술·사회적 여러 분야를 인도적인 입장에서 지원하는 공식적인 예술후원

☞ 필란스로피(philanthropy) : 기업의 봉사활동
코퍼레이트 시티즌십(corporate citizenship) : 기업시민정신

### 블루라운드(blue round) 〈2005 근로복지공단, 2006 남양주시·용인시, 2010 한국농어촌공사〉

「노동라운드」, 각국의 근로조건을 국제적으로 표준화하려는 목적으로 추진되는 다자간 협상.
1994년부터 국제노동기구(ILO)를 중심으로 본격 논의. 아동노동과 강제노동을 금지하는 ILO 규범을 충족시키지 못하는 국가에서 수출되는 상품을 규제하는 것.

✋ **Tip**

> 부패라운드 : 건전한 국제 상거래 질서를 구축하기 위해 경제협력개발기구(OECD)를 주축으로 체결한 협상
> 경쟁라운드 : 각국의 공정한 조건의 경쟁을 촉구하는 다자간 협상
> 기술라운드 : 선진국들이 후발국들의 기술정책에 대한 규제의 필요성을 제기하며 나타난 다자간 협상
> 밀레니엄라운드 : 농산물, 공산품, 서비스 분야 등 전 산업을 망라한 다자간 무역협상 - 뉴라운드

### 사보타주(Sabotage)

고의적인 사유재산 파괴나 태업 등을 통한 노동자의 쟁의행위. 프랑스어의 사보(Sabo·나막신)에서 나온 말

### 사회법 〈2009 수도권 매관공〉

개인주의적인 법의 원리를 수정 또는 보충하여 사회적 사정과 조건에 따라 법률관계를 인도하는 법.
노동관계법, 경제법, 구빈법, 사회보장에 관한 법 등이다.

### 사회보험 〈2003 안양시, 2004 충주시·근로복지공단, 2005 근로복지공단, 2006 고양시〉

국민건강보험, 고용보험, 산재보험(우리나라에서 최초 시행한 보험), 국민

연금, 보험료의 강제성(강제가입)
특징 : 가입의 강제성, 소요비용은 피보험자·기업·국가가 분담, 근로자의 근로 의욕고취, 상호부조의 원칙

### 산업 예비군　　　　　　　　　　　　　　〈2005 철도공사〉
자본주의 사회가 고도화할수록 생기는 「과잉노동인구」, 상대적 과잉인구.

**Tip**

비자발적 실업 : 구조적 실업·경기적 실업
자발적 실업 : 이중 마찰적 실업, 탐색적 실업

### 산후휴가일수(출산휴가)　　　〈2005 철도공사, 2006 서울시 농수산물〉
사용자는 임신 중의 여성에 대하여 산전 후를 통하여 90일의 보호휴가를 주어야 한다. 이 경우 휴가기간의 배치는 「산후에 45일 이상」이 되어야 한다.

**Tip**

육아시간 : 생후 1년 미만의 유아를 가진 여성 근로자의 청구가 있는 경우에는 1일 2회 각각 30분 이상의 유급수유시간을 주어야 한다.

### 생디칼리즘(syndicalism)　　〈2009 수도권매관공, 2012 한국보훈복지의료공단〉
상업일선의 노동자계급의 활동을 통해 자본가사회를 붕괴시키는 것을 목적으로 하는 노동운동. - 「강력한 노동조합을 선호」

### 서머타임제 - 「일광절약시간제」
여름철에 낮 시간의 충분한 활용과 에너지 절약을 위해 4월부터 10월까지 표준시계를 1시간 앞당기는 제도

### 스냅백(snap back)　　　　　　　　　　　〈2006 한국농촌공사〉
「미국이 한국 자동차에 대한 통관 조건」

### 실업대책 〈2009 수도권 매관공〉
공공투자사업, 농촌에 논공단지 조성, 교육훈련, 취업홍보 등
✋ **Tip**
> 원인 : 생산설비의 자동화 등

### 실업자 〈2005 근로복지공단〉
- 실업자 해당 연령은 만 15세 이상 60세 또는 64세 이하이다.
- 1주일에 1시간 미만의 일을 한 사람이다.
- 일자리를 찾아 적극적 구직활동을 한 사람이다.
- 일할 의사와 능력이 있는 사람이다.

### 워크쉐어링(Work Sharing) 〈2003 주공, 2008 서울·경기·대전·충남농협〉
근로시간을 단축하여 노동시간을 줄여서 일거리를 남겨 그 일을 다른 사람이 나눠 맡아 실업을 막자는 것.
☞ 워커홀릭(workaholic) : 「일중독자」 또는 「업무중독자」
✋ **Tip**
> 직무분할(Job Sharing) : 하나의 직무를 둘 이상의 파트타임으로 나누는 것.

### 워크아웃(workout) 〈2004 서울시 농수산물, 2006 고양시〉
기업가치 회생작업을 가리키는 말
회생시킬 가치가 있는 기업을 살려내는 작업

### 위스타트 운동 〈2011 국민연금공단, 2012 한국산업단지공단〉
가난 방지를 위해 저소득층 아동들에게 복지와 교육의 기회를 제공하자는 시민운동

### 이주비 〈2011 국민연금공단〉
고용보험법에 명시된 취업 촉진 수당 중 주거를 이전하는 경우에 받을 수

있는 비용

### 임금피크제 〈2008 서울·경기·대전·충남농협〉
정년까지는 고용을 보장하되 일정 연령이 되면 생산성 수준에 따라 「임금을 줄여나가는 제도」 정년을 존중하되 정년 후 임금을 줄이는 형태.

### 제너럴 스트라이크 〈2006 서울시 농수산물공사〉
특정 산업분야 또는 전산업의 근로자가 전국적 규모로 일제히 돌입하는 파업

### 조정제도 〈2004 근로복지공단〉
노사간의 집단적 관계에서 노사의 주장의 불일치로 노동쟁의가 발생했을 때 그 공정한 조정을 도모하여 노동쟁의를 해결하려는 제도. 법적 구속력 있음.

### 중대재해 〈2011 한국산업안전보건공단〉
산업재해 중에서 인명이 사망하는 등 재해 정도가 심한 경우로, 사망자가 1인 이상 발생한 재해, 3개월 이상의 요양이 필요한 부상자가 동시에 2명 이상 발생한 재해, 부상자 또는 직업성 질병자가 동시에 10인 이상 발생한 재해

### 총동맹파업(General Strike) 〈2006 서울시 농수산물공사〉
동일 산업이나 기업, 한 지역의 전체 또는 전산업이 공동의 요구사항을 내걸고 통일적으로 하는 파업

### 추곡수매 〈2006 중부발전〉
정부가 가을걷이 한 양곡을 일정한 가격으로 농민으로부터 사들이는 일

### 클로즈드 숍(Closed shop) 〈2003 주공, 2005 의정부, 국체공단·마사회, 2006 충남농협〉
고용주가 근로자를 고용하고자 할 때 노동조합원 자격의 보유를 고용계약

및 존속의 조건으로 내세우는 제도.

> **Tip**
>
> 유니온숍(union shop) : 노동자를 신규채용할 경우 사용자는 노동자를 자유롭게 고용할 수 있지만 일단 고용된 노동자는 일정기간 내에 노동조합에 의무적으로 가입해야 하는 제도이다.
> 오픈숍(open shop) : 노동자의 채용·해고에 관하여 조합원과 조합에 가입하지 않은 노동자에 하등의 차별을 두지 않는 제도이다.
> 비즈니스유니온(Business Union) : 자본주의 체제의 틀 안에서 오직 노동조건의 개선에만 임무와 관심을 묶어두는 노동조합이다.
> 에이전시숍(agency shop) : 비조합원도 조합비를 납부하고, 조합은 비조합원을 위해서도 단체교섭을 한다.

**태프트 하틀리법** - 「부당노동행위 제한, 클로즈드숍 금지」 〈2006 중부발전〉
1947년 제정된 미국의 현행 노동기본법, 노사관계법, 친노동조합적 법률인 와그너 법을 대폭 개정하여 제정한 법.

**퍼플잡(purple job)** 〈2013 국립공원관리공단〉
가사와 보육 등 여건에 맞춰 단시간 일하되 정규직 지위는 잃지 않는 근로형태

> **Tip**
>
> 프리타(free arbeit) : 일정한 직업없이 아르바이트를 하며 생활하는 사람

**포틀래치(potlatch)** 〈2006 한국농촌공사〉
북서 태평양 연안 아메리카 인디언 사이에 행했던 선물교환행사

**프레젠티이즘(Presenteeism)** - 「아파도 참고 출근하는 것」

**호스피스(hospice)** 〈2009 수도권 매관공〉
임종을 앞둔 말기(암) 환자가 평안한 임종을 맞도록 심리적 안정을 돕고

위안과 안락을 최대한 베푸는 봉사활동. - 가족·의사 등

### 황견계약　　　　　　　　　　　　　　　　　　〈2008 한국감정원〉
근로자가 노동조합에 가입하지 않을 것, 또는 노동조합에서 탈퇴할 것을 고용조건으로 하는 근로계약

### M-워커(Mobile Worker)
스마트폰, 노트북 PC, PDA, PC 리모트 등 최신 모바일 IT기기와 인터넷 서비스들을 자유자재로 활용하는 근로자

### Purple　　　　　　　　　　〈2012 서울시농수산물공사·한국산업인력공단〉
근로자가 상황이나 여건에 따라 근무형태 또는 근무시간을 조정할 수 있는 탄력적인 근무제도와 관련 있는 색상

### S마크 - 「안전인증표시」　　　　　　　　〈2011 한국산업안전보건공단〉
· Q마크 : 민간인증마크　　　　· KS마크 : 품질인증마크
· GD마크 : 우수 디자인마크

## 02 사회지리 · 문화(신조어)

### 가스하이드레이트(gas hydrate)　　　　　　〈2007 경기교육·경기기능〉
상온 상압하에서 기체인 어떤 원소나 화합물이 물과 결합하여 생긴 물질. 심해저에 묻혀 있는 결정형태의 에너지원. - 불타는 얼음
세계추정 매장량은 약 10조 톤 선이며, 우리나라의 울릉도, 독도 등을 포함한 동해에도 6억 톤가량 묻혀있는 것으로 추정된다.

### 경로 의존성(Path Dependency)

「이미 제도로 굳어진 것을 쉽게 바꾸지 못하는 것」

### 골드미스(Gold Miss) - 「경제력을 갖춘 30대 미혼여성」

### 국제선 비행기의 반입제한 품목 〈2007 한국자원공사〉
- 액체류 : 술·생수 등
- 젤류 : 샴푸·치약·고추장 등
- 스프레이류 : 헤어스프레이·살충제 등
- 액체·젤류 등이 들어 있는 휴대용 컴퓨터 등의 전자기기
- 예외 : 다만, 면세점 구입당시 교부받은 영수증이 부착된 경우는 용량에 관계없이 반입가능

### 그린 프라이스 〈2010 한국농어촌공사, 2012 한국농어촌공사〉
가격에 거품을 없애고 무분별한 할인을 막기 위해 정가에 팔되 일년에 한 두 번 세일하는 제도.
☞ 오픈 프라이스 : 판매자가격 표시제, 가격이 저렴할 가능성, 동일한 제품에 대해 매장마다 다른 가격, 1999년 일부 가전제품과 의류 등을 대상으로 처음 도입

### 글로벌 D세대 - 「어릴 때부터 자연스럽게 정보기술(IT) 기기를 다루며, 성장해 인터넷에 익숙한 동질화된 전 세계의 10대들」

### 기준시가 〈2003주공, 2006 토공〉
국세청장이 땅, 건물, 골프회원권, 콘도회원권 등에 대해 고시하는 것. 증여세나 상속세, 재산세, 종합부동산세 등의 과세표준이 되며, 양도소득세 중과세 여부의 기준이 된다.

> **Tip**
> 표준지 공시지가 : 국토해양부가 매년 전국에서 대표성을 띤 50만개 필지에 대해 산정하는 토지 기준 가격.
> 개별 공시지가는 이를 토대로 지방자치단체가 결정하는데 양도소득세, 종합

부동산세, 취득세, 등록세 등 각종 토지관련 세금과 지가 보상, 지역의 보험료 등의 기준이 된다.
개별지 공시지가 : 표준지 공시지가와 다르게 모든 토지의 공시지가를 산정하는 제도
개발부담금을 산정하는 기초자료로 활용된다.
시가표준액 : 시장·군수·구청장이 땅과 건물에 대해 고시하는 것
국민주택채권의 부과 기준이 됨.

## 기펜족 - 「최고급 명품을 선호하는 사람들」 〈2009 SH공사〉

## 나우족(NOW ; New Old Women) 〈2012 한국보훈복지의료공단〉
40~50대에도 여전히 젊고 건강하며, 경제력을 갖추고 주요 소비층으로 떠오른 여성들

## 네피도(Naypyidaw) - 「미얀마의 새 수도」

## 넷카시즘(netcarthism) 〈2012 한국보훈복지의료공단〉
다수의 네티즌들이 특정 개인을 사회의 공적으로 삼고 매도하는 것, 인권침해, 개똥녀 사건, 개인정보 유출, 마녀사냥, 인터넷과 매카시즘의 합성어

☞ 집단지성(collective intelligence) 또는 대중지성 : 다수의 개체들이 서로 협력하거나 경쟁을 통하여 얻게 된 지적능력의 결과로 얻어진 집단적 능력

## 노블레스 노마드(Noblesse Nomad) - 「귀족적 유목민」
명품, 골동품 등 물건을 소유하는 대신 여행, 레저, 공연 관람 등 무형의 경험을 수집하는 새로운 소비자층

## 농촌 어메니티(rural amenity) 〈2012 한국농어촌공사〉
- 농촌 고유의 가치와 정체성을 보여주는 자원
- 농촌주민과 도시주민의 공동자산

- 농촌정책에 대한 반성으로 출발
- 농촌환경, 국민의식의 변화에 따라 등장
- 다양한 자원의 보전 및 개발을 통해 새로운 시장을 창출하여 경제적 효과를 얻고 이를 통해 농촌환경 개선추구

### 눈덩이 효과(Snowball Effect) - 「나비효과(Butterfly Effect)」
처음에 미약하게 시작된 일이 점차 걷잡을 수 없는 기세로 확대되는 현상.

### 뉴서티(New Thirty)
새로운 라이프스타일을 리드하고 있는 30대 소비주체들
신소비 계층으로 떠오르고 있는 새로운 30대 중·후반 도시직장인을 지칭.

### 뉴포티(New Forty) - 「신 40대」
40대의 주류를 형성하고 있는 386세대 여성. 개성과 최신 유행추구 40대들.

### 대리석 천장
미국 국회의사당 천장이 대리석인 점을 펠로시가 성차별로 빗대어 한 말.

### 도넛현상                                  〈2005 마사회〉
도심지의 땅값 상승으로 도심지 거주 인구가 적어지고 변두리에 주택이 증가하여 그 배치 상태가 도넛 모양을 이루는 현상.

### 두바이                                    〈2007 한국자원공사〉
사막에 스키장을 건설하고 다국적 기업과 세계 금융기업들이 진출하며 새로운 국제자유도시로 세계의 주목을 받고 있는 **아랍에미리트연합(UAE)의 토후국 가운데 하나인 나라**

### 드메신드롬 - 「연상연하 풍조」  〈2009 SH공사, 2012 한국보훈복지의료공단〉
연상여자와 연하남자 커플(드메커플) 풍조

## 딘트족(Double income no time) 〈2006 대한지적공사〉
경제적으로는 풍족하지만 바쁜 업무로 미처 돈 쓸 시간이 없는 신세대 맞벌이 부부를 지칭하는 신조어.
유미족(Young up wardly mobile mummy) : 상향적이고 활동적인 젊은 어머니들을 가리키는 말.

## 딩크(dink)족 〈2008 한국산단, 2009 수도권 매관공〉
의도적으로 자녀를 갖지 않는 맞벌이 부부
여피(yuppie)족에 이어 요즘 미국의 베이비 붐 세대의 생활양식, 가치관을 대변하는 말로 쓰인다.

## 리플리 증후군(Ripley Syndrome)
남들을 속이게 되는 데 도가 지나쳐 거짓말이 늘고 결국에는 자기 자신도 그 거짓이 진실인양 믿게 되는 증후군

## 매니(Manny) -「남자 가정부」
남성(Man)과 가정부·보모(Nanny)의 합성어

## 메트로 다르 -「프랑스의 국가공인 장인」

## 메트로폴리스(Metropolis) -「100만 이상 거대도시」
대체로 인구 100만이 넘고, 전국적인 기반 위에 정치, 경제, 정보 등의 기능을 통할하는 대도시, 거대도시, 백만도시

## 멘터링(Mentoring)
혈연·지연·학연에 얽매인 배타적인 관계가 아니라 같은 분야에서 일하는 선배와 후배가 일정한 기간 동안 서로를 끌어주고 밀어주는 관계를 맺는 것. 선배(멘토), 후배(멘티)

## 모라토리엄 인간(Moratorium 人間)

언제나 사회적 자아(Identity)를 확립하기 위한 모라토리엄(유예기간)에 머무를 뿐, 기성 성인사회의 한 주체가 되지 못한 인간

### 몬순(Monsoon) -「반년 주기의 계절풍」
아라비어로 계절을 의미하는 머심(Mausim)에서 유래한 몬순은 여름에는 대양에서 대륙쪽으로, 겨울에는 대륙에서 대양쪽으로 불어 약 반년을 주기로 풍향이 바뀌는 계절풍

### 몰디브 〈2007 한국자원공사〉
미국 샌프란시스코의 IT 전문기업 린든 랩이 2003년 처음 선보인 인터넷 3D 가상현실 사이트인 「세컨드라이프(Second Life)」에 처음으로 사이버 대사관을 개설한 나라

### 문화접변 〈2011 국민연금공단〉
서로 다른 문화전통을 가진 여러 사회가 접촉할 때 일어나는 인공물·관습·믿음의 변화과정 및 그 결과

### 미스터 맘(Mr. Mom) -「육아를 맡는 아버지들」

### 미 제너레이션(Me Generation) -「자기중심적인 젊은 층」
자기 주장이 강하고, 자기 중심으로 생각하고 행동하는 현대의 젊은 층

### 밈프족(MIMP, Making myself in Motion Picture)
전문적이지는 않지만 자신의 일상을 사진이나 동영상 드라마로 제작하는 네티즌

### 반달리즘(vandalism) -「아트테러리즘」〈2006 근로복지공단, 2008 삼성그룹, 2012 한국보훈복지의료공단〉
최근 미국이나 유럽의 대도시에서 약탈과 살인, 공공시설의 파괴, 방화 등

의 도시범죄가 급증한 세태에 대해 일컫는 말.

### 반엘런대(Van Allen Belt) 또는 밴앨런 복사대 〈2006 토공〉
태양풍에서 지구의 자기권 내부로 유입된 하전입자 중에서 일부는 양극지방에 도달해서 오로라를 일으키지만, 그 외 대부분은 지구주위의 자기력선에 붙잡히게 된다. 여기서 하전입자들은 지구를 중심으로 도넛 모양으로 분포하는데 이것을 말한다.

### 반크(VANK, Voluntary Agency Network of Korea)
한국을 잘 알지 못하는 외국인들에게 우리나라를 제대로 알리자는 취지로 지난 1999년 인터넷에서 결성된 모임. - 「사이버 외교사절단 : 반크(www.prkorea.com)」

### 배수지(配水池) 〈2006 토공〉
「수돗물을 여러 지역에 나누어 보내주기 위하여 만든 저수지」

### 배터리족(Battery 族)
30대 초반에서 중반의 좀 더 나은 미래를 위해 재충전 중인 사람들과 5~10년 직장생활을 하다가 부도나 해고, 희망퇴직 등으로 회사를 그만둔 가장들이 주축이 된 것.

### 번아웃 신드롬(Burnout Syndrome) - 「무기력증에 빠진 증후군」
현대사회의 탈진증후군을 말하는 신조어. 오직 한 가지 일에만 몰두해 오던 사람이 신체적·정서적인 극도의 피로감으로 인해 무기력증이나 자기혐오, 직무거부 등에 빠지는 증후군이다.

### 베드타운(침상도시) - 「대도시 부근의 교외의 위성도시」 〈2005 철도공사〉
commuter town, bedroom town, dormitory town, satellite town 이라고도 한다.

주택도시라고도 한다. 베드타운은 주로 주거 기능을 담당하며, 이곳에 사는 도시 노동자들은 대개 인접 대도시의 직장으로 날마다 통근한다.

**베르테르 효과(Werther Effect)** - 「모방자살효과」〈2013 국립공원관리공단〉
독일의 문학가이자 철학가인 괴테의 소설 「젊은 베르테르의 슬픔」에서 주인공 베르테르가 자살한 것을 모방해 자살을 시도한 사람이 많아진 것에서 이름이 붙여졌음.

☞ **Tip**

| | | |
|---|---|---|
| 옥토버 페스트 : 독일의 세계적인 맥주축제 | | |
| 토마토 축제 : 스페인 | 튤립축제 : 네덜란드 | 니스카니발 : 프랑스 |

**북태평양기단** - 「지구자전과 적도상승 기류 관련」 〈2009 경기 기능〉
**브런치(brunch)** 〈2012 한국농수산식품유통공사〉
이야기를 하면서 아침식사를 가볍게 하는 것

**블러드엘리트** - 「부모를 잘 둔 덕에 엘리트가 된 사람」〈2010 한국농어촌공사〉

**사대문** 〈2009 경기농협, 2013 국립공원관리공단〉
동대문 = 흥인지문    남대문 = 숭례문
서대문 = 돈의문       북대문 = 숙정문

**샹그릴라증후군(shangrila syndrome)** 〈2012 한국농어촌공사〉
나이가 들어서도 늙지 않고 젊게 살고 싶은 욕구가 확산되는 현상

**세계기록유산(한국)** 〈2005 마사회·근로복지공단, 2006 경기, 2009 농어촌공사, 2010 한수원·대한지적공사, 2011 한국산업단지공단, 2012 한국노인인력개발원〉
훈민정음 해례본(The Humin Chongum manuscript, 1997) : 1446년 음력 9월 출간된 필사본으로 세종대왕의 공포문과 집현전 학자들

의 해설 및 해례를 포함하고 있음.
**조선왕조실록(The Annals of the Choson Dynasty, 1997)** : 조선을 개국한 태조부터 철종까지의 470여년간의 왕조의 역사를 담고 있는 기록물.
**승정원일기(Seungdeongwon Ilgi, the Diaries of the Royal Secretariat, 2001)** : 조선시대 왕명을 출납하던 승정원에서 매일 작성한 일기로 국왕의 하루 일과와 지시, 명령, 각 부처의 보고, 국정회의 상소자료들을 총망라하고 있음. 화재로 소실된 부분을 제외하고 1623~1910년 까지 3천2백43책, 2억4천2백50만자의 방대한 기록물임.
**직지심체요절(Buljo Jikji simche yojeol, the second volume of "Anthology of Great Buddhist Priests" Zen Teachings, 2001)** : 현존하는 세계최고의 금속활자로 선의 요체를 깨닫는데 필요한 역대 불조사들의 어록 중 중요한 대목을 초록한 책. 청주 흥덕사에서 금속활자인 주자로 찍어낸 것으로 상하 2권중 하권이 현재 프랑스 국립도서관에 소장되어 있음.
**고려대장경 및 제경판(2007)** : 1237년~1248년 경판 81,258장에 판각한 가장 완전한 형태의 불교 경전집. 합천 해인사에 소장되어 있음.
**조선왕조 의궤(2007)** : 조선왕조(1392년~1910)의 왕실 행사가 글과 그림으로 기록된 독특한 기록유산, 거의 4천권으로 구성.
**동의보감(2009)** : 허준(許浚, 1546~1615)이 선조 29년(1610) 우리나라와 중국의 의서(醫書)를 모아 집대성한 한의학의 백과전서. 25권 25책.
**일성록(2011), 5.18 민주화운동 기록물(2011)**
**난중일기(2013), 새마을운동 기록물(2013)**

### Tip

한국의 세계문화유산
1. 석굴암, 불국사(1995)
2. 해인사 장경판전(1995)
3. 종묘(1995)
4. 창덕궁(1997)
5. 수원화성(1997)
6. 경주역사유적지구(2000)
7. 고인돌유적(2000)
8. 조선왕릉(2009)
9. 하회·양동마을(2010)
10. 제주 화산섬과 용암동굴(2007)

☞ 숭례문은 세계문화유산 아님.
**한국의 세계자연유산**
제주도(2010)
**한국의 세계무형유산**
1. 종묘제례와 종묘제례악(2001)   2. 판소리(2003)   3. 강릉단오제(2005)
4. 강강술래, 남사당놀이, 영산재, 제주칠머리당영등굿, 처용무(2009)
5. 한국의 전통가곡, 대목장, 매사냥(2010)
6. 택견, 줄타기, 한산모시짜기(2011)   7. 아리랑(2012)

### 센카쿠 열도(조어도 제도)  〈2005 수원시, 2012 서울시농수산물공사〉
타이완과 오키나와 사이의 동중국해 남서쪽의 무인도 암초. 1895년부터 일본영유, 중국(타이완)영유권주장.

### 셀프(Self) 여행족 – 「스스로, 수시로, 여행가는 사람들」
스스로(Self) 일정을 짜서, 손쉽고(Easy), 화려하게(Luxurious), 수시로(Frequent) 여행 가는 사람들을 일컫는 말.

### 소호족  〈2009 인천관광공사〉
1인이나 다수가 집이나 사무실을 개설하여 엄격한 수직관계가 아닌 수평관계를 유지하면서 전문적인 일을 하는 경우

👉 **Tip**

프리터족 : 필요한 돈이 모일 때까지만 아르바이트로 일하는 사람
프리커족 : 보통 1~2년 동안 일을 하며 모은 돈으로 1~2년 동안 쉬면서 자기계발이나 자신이 하고 싶은 취미 등을 하는 사람

### 슈퍼 맘(Super Mom) – 「직장생활과 집안일을 다 잘하는 여성들」

### 스노브 – 「다른 사람이 많이 사는 제품을 기피하는 것」  〈2006 중부발전〉

**스티그마 효과(Stigma Effect)** - 「낙인 효과」〈2013 국립공원관리공단〉
스티그마란 시뻘겋게 데워진 도장을 가축에 찍어 소유자를 표시하는 낙인을 의미. 특정인이 좋지 않은 과거 행적으로 인해 사회적으로 낙인 찍혀 거래나 교류를 거부당하는 것.

**스포일러** 〈2011 국민연금공단〉
영화 보기 전인 사람들에게 중요부분이나 결말을 미리 퍼뜨리는 것

**스프롤 현상** 〈2004 삼성그룹, 2005 근로복지공단〉
도시인구의 급증으로 도시가 급격히 팽창하여 교외시가지가 「무계획·불규칙·무질서 하게 확산되는 현상」

**슬로어답터(Slow Adopter)** - 「단순하고 대중적 취향을 가진 소비자」

**슬로우 시티(Slow City)** 〈2011 한국공항공사〉
'느림의 철학'을 바탕으로 지속가능한 발전을 추구하는 의미에서 속도지향적인 사회 대신 느리게 사는 삶을 지향하는 것. 1999년 이탈리아에서 시작, 인구 5만 이하, 전남 신안, 담양, 장흥, 완도, 경남 하동 등

**슬로푸드(slow food)운동** 〈2013 한국마사회〉
맛의 표준화 지양, 지방 음식 활성화, 음식을 통해 삶의 질 개선, 식문화 운동, 이탈리아 사람 카를로 페트리니가 처음 시작

**시화호** 〈2007 한국자원공사〉
2007년 2월 고라니, 너구리, 수리부엉이 등이 서식하는 갈대숲을 인근 농민들이 병해충 예방을 목적으로 불을 질러 시민단체의 비난을 받은 곳

**신 샌드위치 증후군**
샐러리맨이 자기가 몸담고 있는 회사에서도 크게 인정을 받지 못하고 또

가정에서도 환영은 커녕 버림받고 있다고 고민하는 증세

## 신 소비코드

LG경제연구원은 2004년 「마케팅 신조어로 풀어보는 신소비 코드」란 보고서에서 최근 기업 마케팅에 등장한 5대 신조어를 통해 소비자의 구매 성향을 분석한 보고서를 내놓았다.

> **Tip**
>
> - 매스클루시버티(massclusivity) : 대중과 배타성의 합성어로, 소수를 위한 한정 생산추세를 말한다. 명품 대중화를 넘어, 「나만의 명품」을 소유하고자 하는 소비자들의 기호 변화를 보여준다. 〈2005 근로복지공단〉
> - 걸리시 소비자(girlish consumer) : 핑크색 컬러 휴대폰, 리본 달린 구두, 성인용 고가 인형 등 성년이 된 뒤에도 소녀 취향적 제품이 인기를 끌고 있는 현상을 말한다. 〈2005 근로복지공단〉
> - 메트로섹슈얼(metrosexual) : 쇼핑몰, 미용실 등이 인접한 도시에 살면서, 여성 취향적 라이프 스타일을 추구하는 남성들이 많아지고 있는 추세를 반영한 용어이다. 남성용 미백 화장품, 남성용 스파나 피부강좌 등이 대표적 상품이다.
> - 머츄리얼리즘(maturialism) : 「원숙한 중·장년층」 정도로 번역할 수 있는 이 용어는 중년층이 자신의 삶을 보다 적극적으로 가꿀 수 있는 상품을 찾는 소비패턴을 의미한다. 가정용 맥주 제조기 등이 대표적인데, 주로 자신만의 품격을 유지한다는 측면에서 프리미엄급 소비로 나타난다. 〈2005 근로복지공단〉
> - 체리피커 (cherry picker) 〈2005 근로복지공단, 2013 국립공원관리공단〉
> : 미국 유통업체나 쇼핑몰 등에서 알짜 할인상품만 집중 구매하는 똑똑한 고객을 일컫는 말이다. 집들이를 앞둔 신혼부부가 고가의 가구를 구입한 뒤 끝나면 반품하는 식으로, 기업의 헛점을 이용해 **실속을 챙기는 소비자들**이 늘고 있음을 반영한다.
> - 여피족(yuppies) 〈2007 삼성그룹〉
> 고등교육을 받고 도시 근교에 살며, 전문직에 종사, 고수입을 올리는 도시의 젊은 인텔리
>   ☞ 더피족(duppies) : 생활의 여유를 갖는 치열한 전문직종보다 소득이 줄어들지라도 삶의 질을 높일 수 있는 직종을 선호하는 사람.
> - 우모족(uomo) - 「총각 같은 유부남」 〈2007 삼성그룹〉
> 패션에 관심이 많고, 여행과 운동 등 삶의 여유를 즐길 만한 높은 구매력

> 있는 30대 고소득 기혼남
> • 웰니스족(wellness) 〈2009 삼성그룹〉
> 웰빙에 행복이 합쳐진 용어로, 안녕·번영을 뜻하며, 밝고 건강한 스포츠 스타일의 패션을 추구하는 여성층

**아베노믹스** - 「엔화를 무제한으로 공급하여 일본 경기를 부양하려는 아베 정부의 새로운 경제 정책」 〈2013 국립공원관리공단〉

**아티젠(ArtyGen)**
아트와 세대가 결합해 만들어진 '아티 제너레이션(Arty Generation)'의 줄임말
예술적 감성이 살아 있는 아트 디자인을 중시하는 소비자로 상품의 기능적인 측면뿐 아니라 예술이 결합된 아트 디자인을 선호하는 소비층

**아폴로 신드롬** 〈2011 근로복지공단〉
우수한 인재집단의 성과가 오히려 낮게 나타나는 현상
☞ 스톡홀름 신드롬 : 납치범에게 붙잡혀 있던 인질이 인질범에게 호감을 갖는 현상
　쿠바드 신드롬 : 임신한 배우자의 남편이 임신 고통을 함께 느끼는 현상
　피터팬 신드롬 : 성인이 된 후에도 어른 사회에 적응하지 못하는 현상

**안드로메다 코드**
「일반인의 상식 수준과 일치하지 않는 말과 행동을 하는 사람의 성향」

**알파걸(Alpa Girls)** - 「남성을 능가하는 자신감 있는 여성들」
학업, 운동, 리더십 등 모든 방면에서 남성을 능가하는 높은 성취감과 자신감을 가진 여성들.

**약어(약자)** 〈2012 한국농수산식품유통공사〉
commercial - cml　　　　international - intl

government - govt　　　insurance　　- ins

**에이지퀘이크(Agequake)** - 「연령구조의 변화로 전 세계가 요동치는 현상」 고령사회의 충격을 지진에 빗댄 신조어.

**엘렉트라컴플렉스** - 「어머니를 경쟁자로 인식하는 것」 〈2005 수원시, 2011 공무원연금공단, 2012 한국농어촌공사〉
☞ 오이디푸스 콤플렉스 : 남자 아이들이 어머니에게 애정과 욕망을 느끼고 아버지를 적대시 하는 것

**여행경보제도** 〈2009 인천관광공사〉
특정국가나 지역 여행·체류시 특별한 주의가 요구되는 국가 및 지역에 경보를 지정하여 위험수준과 이에 따른 안전대책이나 행동지침의 기준을 안내하는 제도

**역전층(inversion layer)** - 「기온역전층」 〈2005 철도공사, 2006 한국농촌공사, 2007 경기교육〉
대류권 내에서 기온은 상층으로 갈수록 낮아지나 반대로 높이와 함께 기온이 상승하는 기층 - 「덕트 전파와 같이 전파의 전달방법에 영향을 미침」

**연소증후군(burnout syndrome)** 〈2005 인천공항공사〉
한 가지 일에 지나치게 몰두하던 사람이 극도의 신체적·정신적 피로로 「무기력증·자기혐오 등에 빠지는 증후군」이다.

**열섬현상(효과)** 〈2004 농어촌공사, 2005 안양시, 2007 경기교육〉
자동차매연 등으로 도심의 온도가 대기오염이나 인공열 등의 영향으로 주변지역보다 높게 나타나는 현상

✋ **Tip**

> 양산효과 : 대기 속에 방출된 미립자가 햇빛을 산란시켜 지표면에 도달하는 햇빛의 양이 줄어들어 지구의 온도가 내려가는 효과

**오야유비족** -「엄지손가락으로 휴대폰을 다루는 젊은이들」

**와타나베 부인** 〈2009 인천관광공사〉
저금리 엔화로 고금리 국가의 금융상품에 투자,「고수익의 투자 기회를 노리는 일본의 주부」투자자를 말함.

**외쿠메네** 〈2005 근로복지공단〉
「지구상에서 인류가 장기적으로 거주할 수 있는 지역」

🖐 **Tip**
> 아뇌쿠메네(Anokumene) : 인류가 장기적으로 거주하기에 적합하지 않는 지역.
> 케스타(cuesta) : 한쪽은 가파른 등성, 다른 한쪽은 완만한 등성으로 이루어져 있는 비대칭적 구릉.

**욘(Yawn)족**
젊고 부자지만 평범하게 사는 사람(Young and wealthy but normal)

**위성(satellite) 가족**
맞벌이 부부가 보편화되면서 부모집 근처에서 살면서 육아 등의 도움을 받는 가족.

🖐 **Tip**
> • 캥거루족 : 가정을 꾸린 후 보모의 경제력에 얹혀사는 젊은 세대
> 〈2008 SH공사, 2009 인천관광공사, 2010 한국농어촌공사〉
> • 자라증후군 : 유사시 부모의 보호 속에 숨어드는 것
> • LID증후군 : 핵가족화에 따른 노인들의 고독병 〈2005 인천농협〉
> • 공소증후군 : 남편과 자녀 양육으로 정신없이 보낸 가정주부가 어느 날 자신의 정체성에 대해 회의하는 증후군 〈2005 인천농협〉
> • 패러사이트 싱글족 : 일본의 신조어로서, 기생충(parasite)과 미혼(single)의 합성어
> • 통크(TONK : two only nokids) : 전통적인 할아버지 할머니 역할을 거

> **Tip**
> 부하고 자신의 인생을 추구하는 노부부를 일컫는 말. 손주를 돌보는데, 시간을 뺏기지 않고 취미생활과 여행, 운동 등으로 노후를 즐기는 부부
> 〈2005 근로복지공단〉
> · 오팔족(OPAL : Old People with Active Life) : 자식에게 신세를 지지 않고 풍족한 노후를 즐기는 노인들. 젊어서 쌓은 경제력으로 건강한 삶을 누리고 봉사와 취미활동 등을 하며 노년을 즐기는 경우.
> · 루비족(RUBY) : 자신의 삶을 가꾸는데 열정적인 중장년 여성〈2008 SH공사〉
> · 애플족(APPLE) : 활동적이고, 자부심 있고, 안정적으로 고급문화를 즐길 수 있는 경제력 있는 노인  〈2008 SH공사〉
> · 노무족 : 나이와 상관없이 자유로운 사고와 생활을 추구하는 40·50대의 중년 남성
> · 다운시프트족 : 고소득이나 빠른 승진보다는 비록 저임금일지라도 여유있는 직장생활을 하는 사람  〈2008 SH공사〉

## 유엔(UN)이 분류한 고령사회  〈2010 한수원, 2011 한국공항공사〉
· 고령화사회 : 65세 이상 인구 비율이 7%이상·14%미만
· 고령사회 : 14%이상 20% 미만
· 초고령사회 : 20%이상

## 이그조티시즘(Exoticism)
이국정서·이국정취, 그리스어의 엑소티코스(Exotiko·외국의, 외래의)에서 유래한 말

## 이랜서(E-lancer)
「사이버공간에서 영업과 작업을 수행하는 프리랜서」

## 이태백  〈2007 한국자원공사〉
심각한 취업난으로 이십대의 반수 이상이 일정한 직업을 잡지 못함을 비유적으로 이르는 말이다.

## 익스트림 잡(Extreme Job) - 「하루 종일 일하는 고소득 직업」

사실상 종일 일하는 고소득 직업으로 일주일에 60시간 이상 일하고, 잦은 출장에 예측하지 못한 일이 계속되며 종일 고객 요구에 응해야 하지만, 동시에 높은 책임감과 고소득도 따른다.

## 인구구성(연령별)　　　　　　　　　　　　　　〈2004 근로복지공단〉

피라밋형 : 인구증가형, 고출산고사망, 후진국
종형(정지인구의 구조) : 인구정지형, 저출산저사망, 선진국
항아리형 : 인구감퇴형, 선진국형
별형 : 도시형, 생산연령 유입형
호로형(표주박형) : 농촌형, 생산연령 유입형 C.P.Blacker의 인구성장 5단계
1단계(고위정지기) : 다산다사
2단계(초기확장기) : 다산소사
3단계(후기확장기) : 소산소사
4단계(저위정지기) : 출생률 : 사망률
5단계(감퇴기) : 출생률 〈 사망률

## 인물과 연결　　　　　　　　　　　　　　〈2012 한국보훈복지의료공단〉

- 위르겐 하버마스(juergen habermas) - 의사소통적 권력
- 슈미트(carl schmitt) - 예외상황
- 프로이트(freud) - 무의식
- 마셜 맥루한(marshall mcluhan) - 바보상자의 도사
- 아비투스(habitus) - 일정하게 구조화된 개인의 성향체계

## 제노포비아(xenophobia) - 「이방인에 대한 혐오현상」〈2013 국립공원관리공단〉

## 좀비족(Zombie 족)　　　　〈2005 근로복지공단·대구시, 2008 SH공사〉

대기업이나 방대한 조직체속에서 일을 해도 그만 안해도 그만인 식의 무사안일에 빠져 있는 사원들을 말하며, 또한 정상을 벗어난 비정상적인 사람

을 가리킨다.

### 1000만 관객 동원 한국영화 〈2011 공무원연금공단〉
왕의 남자, 실미도, 해운대, 괴물, 태극기 휘날리며

### 축구공 - 「오각형 12개, 육각형 20개」 〈2011 국민건강보험공단〉

### 카슈미르 〈2013 국립공원관리공단〉
1947년 인도(힌두교)와 파키스탄(이슬람교)의 분리 · 독립 이후 양국 간 갈등지역으로 지역주민은 대부분 이슬람교이지만 인도에 속한 지역이다. 현재 잠무 카슈미르는 인도령, 아자드 카슈미르와 길기트발티스탄은 파키스탄령으로 잠정적 분할된 상태이다.

### 컷오프
부모의 과잉보호를 피곤해 하기는 커녕 자신에 대해 자아도취가 심한 것. 핵가족 시대 부모의 과잉보호와 그로 인해 스스로는 아무 것도 할 수 없게 자라나는 젊은 세대들

### 콘크리트 소비자(Concrete Consumer)
외부충격에 반응이 없는 콘크리트의 속성을 지닌 소비자를 빗댄 표현. 기업의 브랜드 커뮤니케이션 활동에 갈수록 무감각해지고 있는 현대의 소비자.

### 쿠르드족(kurd) 〈2006 토공〉
아나톨리아 동부 타우루스 산맥과 이란 서부 및 이라크 북부 그 인접지역에 걸쳐 있는 자그로스산맥에 사는 민족
대부분 이란 · 이라크 · 터키 인접지역인 쿠르디스탄에 거주하거나 이란 북동부의 호라산 지역에 상당수 거주한다. 약 1,500만명 정도이다.

### 태풍(typhoon) 〈2006 토공, 2007 제주교육〉

북태평양 남서부에서 발생하여 아시아 동부로 불어오는 풍속이 17m/s 이상인 맹렬한 열대저기압.

> **Tip**
>
> 사이클론(cyclone) : 인도의 벵골만에서 발생하는 저기압
> 허리케인(hurricane) : 대서양 서부, 멕시코와 카리브해안에서 발생하여 북아메리카로 불어오는 태풍에 해당하는 열대저기압
> 윌리윌리 : 오스트레일리아 연안으로 부는 열대저기압

### 택지공영개발의 장점 〈2003 주공〉
- 공익성이 강하다.
- 택지의 대량공급이 가능하다.
- 계획적 토지이용이 가능하다.

### 토지거래신고제 - 「사전신고제도」 〈2003 주공〉
토지매매 시 사전에 반드시 신고를 해야 하는 제도.

> **Tip**
>
> 개발부담금제도 : 토지개발로 발생하는 개발이익을 환수하고 적정하게 배분하여 토지에 대한 투기를 방지함으로써 토지의 효율적인 이용촉진을 도모하기 위하여 각종 개발 사업으로 생긴 이익을 부담금으로 징수하는 제도이다.

### 트위너(tweener) 〈2005 근로복지공단〉
부유층과 빈곤층의 중간에 속하며 안정된 생활을 추구하면서도 경제적 풍요보다는 마음의 평안을 더 중요시하는 사람들.

> **Tip**
>
> 뉴하드 워커 : 꿈과 낭만이 있는 일이라면 매력을 느끼고 적극적으로 일하는 사람.

### 80후 세대
1980년 이후에 태어난, 현재 중국 대학생과 직장 새내기

### 트위너(tweener) 〈2005 근로복지공단〉
부유층과 빈

### 패러싱글족 〈2011 한국환경공단〉
독립할 나이가 되어도 결혼하지 않고 부모에게 의존하는 사람

### 퍼블리즌(Publizen)
미국 워싱턴 포스트지에서 처음 사용한 말. 공개(Publicity)와 시민(Citizen)의 합성어. 인터넷을 통해 자신의 일상을 알리거나 생각을 공유하고 싶어하는 사람

### 펌킨족 〈2005 삼성그룹, 2011 근로복지공단〉
'펌'은 다른 사람이 인터넷에 올린 글이나 그림 등을 퍼와 자신의 홈페이지에 올리는 행위.
'펌킨족'이란 '펌' 문화에 익숙한 사람. 이들 간의 커뮤니케이션을 '퍼뮤니케이션(purmmunication)'이라 한다.
기업 광고물이나 제품 정보 등이 1인 미디어들의 '펌'을 통해 무한 확장이 가능하다.
☞ 쿠거족 : 연상 여자와 연하의 남자 커플이 폭발적으로 증가하는 현상〈2012 한국보훈복지의료공단〉

### 펩옵티콘 - 「죄수 스스로 감시·경계하는 것」
감시자 없이도 죄수들이 스스로를 감시하여 일탈행위를 스스로 경계하고 조정하는 효과를 의미

### 푄(fohn)현상 〈2013 국립공원관리공단〉
습윤한 바람이 산맥을 넘으면서 고온건조해지는 현상

### 풍선효과 〈2006 한국공항공사, 2011 근로복지공단, 2012 한국보훈복지의료공단〉
정부가 강남 집값 상승을 막기 위해 재건축아파트규제를 강화하자 주택수

요가 일반 아파트로 몰려 집값이 상승하는 것을 빗대어 사용한 말로, 한 가지 문제가 해결되면 다른 문제가 발생하는 현상.

## 프라브(Pravs)족  〈2006 서울시 농수산물공사〉
부가가치를 자랑스럽게 실현하는 자들이라는 뜻을 가진 말.
합리적인 소비를 하면서 자신만의 가치를 중시하는 실속파를 일컫는 말.

### Tip
갤러리(Gallery)족 : 주인의식을 가지기보다는 구경꾼처럼 회사 생활을 하는 사람
미니멈 라이프족(Generation Minimum Life) : 최소비용으로 사는 사람
보보스(Bobos)족 : 부르주아 같은 삶으로 보이지만 라이프스타일은 내적인 질을 중시하는 집단을 말한다.
트윈슈머(Twinsumer) : 쌍둥이(Twin)와 소비자를 의미하는 컨슈머(Consumer)의 합성어로, 다른 사람의 사용 후기를 참조해 상품을 구입하는 소비자를 지칭한다.

## 프리건(Freegan)족
물질만능주의에 반대해 쓸쓸이를 최소화하자며 음식쓰레기로 연명하는 사람들
자유롭다(Free)와 채식주의자(Vegan)의 합성어로, 무료로 얻는다(Free Gain)는 뜻으로도 읽을 수 있음.

## 프리터(freeter)  〈2009 수도권매관공〉
학교를 졸업한 후에도 정규 종업원이 되지 않고 자유로운 전직을 반복하는 젊은이를 일컫는 말. - free와 arbeiter를 결합한 일본식 영어명칭

## 피그말리온 효과(Pygmalion Effect) 〈2013 국립공원관리공단〉
그리스 신화에 나오는 키프로스의 왕. 조각가 피그말리온이 자기이상으로 여기는 여자를 상아로 조각하여 그 상을 사랑하게 되었는데, 베누스 여신이 그의 기도에 응답하여 생명력을 주었다는 것. 무언가를 「간절히 바라

면 소망이 이루어지는 것」. 신데렐라에 나오는 요정의 주문(비비디 바비디 부) 심리학에서 칭찬하면 칭찬할수록 더욱더 잘하는 동기를 제공하는 것이다.

### 피싱(phishing)  〈2006 고양시, 2010 대한지적공사〉
불특정 다수의 이메일 사용자에게 신용카드나 은행계좌 정보에 문제가 발생해 수정이 필요하다는 거짓 이메일을 발송해 관련 「금융기관의 신용카드정보나 계좌정보 등을 빼내는 신종해킹 기법」

☞ **Tip**
> 보이싱피싱(voice phishing) 또는 전화사기 : 범행 대상자에게 전화를 걸어 허위 사실을 이야기 하고 송금을 요구하거나 특정개인정보를 불법으로 수집하는 사기수법.

### 피오나 주부
낮에는 취미나 사회활동, 아침과 저녁에는 가사활동을 하는 30~40대 전업 주부들

### 핀볼 효과(Pinball Effect) - 「우연적 사건의 연쇄가 세상을 움직이는 것」

### 필지 - 「지적법상 하나의 지번에 붙는 토지의 등록단위」 〈2003 주공〉
필지의 성립요건은 지번·지역·지목이 같을 것, 소유자가 같을 것, 등기여부가 같을 것, 지적도의 축척이 같을 것, 지반이 연속되어 있을 것 등이다.

### 하류지향 - 「공부와 일로부터 도피하려는 일본 젊은 세대들」

### 하의(賀儀) - 「결혼 축의금 봉투에 사용」 〈2007 서울·강원농협〉
☞ 부조금 봉투 : 부의(賻儀)·전의(奠儀)·근조(謹弔)·조의(弔儀)·향촉대(香燭臺)·추모(追慕)·추도(追悼)·애도(哀悼) 등

**하하족** - 「중년을 가리키는 신조어」　　　　　　〈2007 한국자원공사〉
이삼십 대에 못지않게 자신을 관리하는데 투자를 아끼지 않는 50대의 중장년층

> **Tip**
> 노무족 : 나이와 상관없이 자유로운 사고와 생활을 추구하는 40·50대
> 오륙도 : 56세까지 직장에 남아 있으면 도둑이라는 뜻으로, 정년을 다 못 채우는 직장인
> 와인족 : 자기의 삶을 가꾸는 데에 젊었을 때보다 더 관심을 갖는 50대 전후
> 낙바생 : 아주 어려운 취업에 성공한 사람

**한 대식물** - 「한대지방에서 사는 식물」　　　　〈2008 SH공사〉
가장 따뜻한 달의 평균기온이 10℃이하인 지역, 저목림·툰드라, 선태류

**햄티족(hamti)**　　　　　　　　　　〈2006 한국농촌공사〉
신제품이 나올 때마다 앞으로 더 나은(발전된) 신제품이 나올 것을 예상해 현재 필요한 제품도 구입을 미루는 성향의 인간유형

**호르미시스 효과**　　　　　　　〈2012 한국보훈복지의료공단〉
유해한 물질도 소량일 경우 인체에 도움이 되는 것, 관련 - 활성산소 제거, 소량의 독, 면역력 향상, 저선량의 방사선 등

**호모심비우스** - 「공생하는 인간」　　〈2012 한국보훈복지의료공단〉
호모사피엔스: 슬기로운 사람(현생인류), 호모에렉투스 : 직립원인, 호모하빌리스 : 능력있는 사람(도구를 쓰는 인간)

**홈퍼니(Homepany)** - 「집처럼 편안한 신개념 회사」
집(Home)과 회사(Company)의 합성어

**홍삼** - 「수삼을 쪄서 말린 붉은 인삼」　〈2012 한국농수산식품유통공사〉

### 화천댐 - 「수력발전 국내최대댐」 〈2010 한수원〉
1944년 제1호기 준공을 시작으로 1968년 제4호기가 준공되었고 설비용량은 108MW임.

### 황변만년란 〈2007 한국자원공사〉
꽃을 피우기까지 짧게는 수십 년 길게는 100년이 걸리고, 단 한번 꽃을 피운 후 생을 마감하는 것으로 알려진 식물이 2006년 10월에 서귀포시 여미지 식물원에서 개화했다.

### 황사주의보 〈2007 한국자원공사〉
황사주의보가 내려지는 1시간 평균 미세먼지 농도와 그 지속시간의 기준은 $400\mu g/㎡$ 이상, 2시간 이상이다.

### 희토류 - 「희귀광물」 〈2011 SH공사〉
네오디뮴, 란타넘, 이테르븀, 세륨, 프라세오디뮴, 프로메튬 등

### DD(Dandy Daddy 족) - 「멋쟁이 아빠족」
외모에 신경쓰고 젊게 살려는 40~50대 중·장년층 남성

### J턴 현상 - 「대도시와 출신지 사이 정착」 〈2004 삼성그룹, 2006 충남 농협〉
농촌을 떠나 대도시로 이주 후 다시 중소도시로 이주 정착하는 것

**Tip**
> U턴현상 : 농촌을 떠나 대도시로 이주 후 다시 농촌으로 귀향하는 것.
> I턴현상 : 원래 대도시 주민이 농촌으로 이주하는 것.

### L-제너레이션(Luxury-generation)
고가의 수입 정장이나 가방류, 구두, 액세서리 등의 소비를 일상화하면서 명품소비를 통해 정체성을 찾는 젊은이들.

# Chapter 7

**예술·스포츠**

러브(love)게임 : 테니스나 배드민턴 경기에서 득점이 없는 경우

# 01 예술 · 스포츠

**강릉단오제** - 「유네스코 인류구전 및 무형유산 걸작」  〈2006 중부발전〉
단옷날 전후에 강원도 강릉 지방에서 국사성황신 등에게 제사를 지내며, 벌이는 향토 축제. 중요무형문화재 제13호.

**경마 도착순위**  〈2012 한국마사회〉
말의 코끝이 결승선에 닿는 순간

**골프그랜드 슬램** 〈2005 마사회 · 삼성그룹, 2006 중부발전 · 충남농협, 2009 경기농협〉
4개의 메이저 대회를 재패한 것

### Tip

코　스 : 정규홀 18홀(퍼블릭 9홀), 파3,4,5인 홀로 구성  〈2011 농수산물유통공사〉
티박스 : 코스의 처음 시작하는 장소
페어웨이 : 잔디를 잘 깎아 놓은 코스의 안 지역
러　프 : 페어웨이를 벗어난 코스의 지역
그　린 : 홀이 있는 곳
OB구역 : 코스를 벗어난 구역
해저드 에어리어 : 골프코스 중 호수나 연못 등
벙　커 : 골프코스 중 모래함정
티오프 : 골프티를 쳐서 없앤다는 뜻으로 코스의 처음에서 골프티 위에 공을 올려놓고 쳐내는 것
파 : 골프코스의 「기준타수」로 해당 홀을 마치는 것
홀인원 : 파 3인 코스에서 한 번에 홀컵에 집어넣는 것
알바트로스 : 기준타수인 파보다 3타 적게 쳐서 홀컵에 넣는 것
이　글 : 기준타수인 파보다 2타 적게 쳐서 해당 홀을 끝내는 것
버　디 : 기준타수보다 1타 적게 쳐서 해당 홀을 끝내는 것
보기(Bogey) : 기준타수보다 1타 더쳐서 해당 홀을 끝내는 것

**관현악(orchestral music)** - 「관악기와 현악기의 연주」 〈2006 중부발전〉
악기의 구성에는 관악기, 현악기, 타악기, 건반악기 등이 쓰인다.

> **Tip**
> 
> 관현악의 편성 : 현악기, 목관악기, 금관악기, 타악기로 편성.

**그랜드 피타 라운드(grand FITA round)** 〈2011 한국공항공사〉
양국 경기에서 하위 선수를 차례로 탈락시키는 토너먼트 경기방식.

**국보(國寶)** 〈2004 농어촌공사〉
법령에 의해 국가적인 보물로 지정된 최상급 유물
제1호 숭례문(남대문)　　　　　　제2호 원각사지십층석탑
제3호 북한산 신라진흥왕순수비　　제4호 고달사지부도
제5호 법주사 쌍사자석등 … 24호 석굴암
보물 : 유형문화재로 학술적·예술적 가치가 국보 다음으로 높은 문화재
제1호 서울흥인지문(동대문)　　　제2호 서울보신각종
제3호 대원각사비　　　　　　　　제4호 중초사지당간지주

**김홍도** 〈2010 인천도시개발〉
「소림명월도」, 「씨름도」, 「신선도병풍」
☞ 신윤복 : 미인도

**누벨바그(Nouvelle Vague)**
1957년경부터 프랑스 영화계에 일어난 새로운 물결로서, 20~30대의 젊은 영화인들이 **전통적인 영화에 대항하여 새로운 영화제작을 시작한 것**. 직업의식을 갖지 않은 작은 그룹에 의한 제작

**다다이즘(Dadaism·Dada)**
제1차 세계대전(1914~1918) 말경부터 유럽과 미국을 중심으로 일어난

예술운동. 조형예술뿐만 아니라 넓게 문학·음악의 영역까지 포함.

**닥터 K** - 「야구경기의 탈삼진왕」

**더블헤더(Double Header)** - 「두 팀이 같은 날 계속해서 두 경기를 치르는 것」

**더페이즈망(Depaysement)**
초현실주의 화가 르네 마그리트가 사용했던 기법, 친숙한 대상을 사실적으로 묘사하면서 대상물을 엉뚱한 자리에 배치해 시각적 충격과 신비감을 일으키게 하는 것.

**데포르마시옹(deformation)** 〈2004 근로복지공단〉
회화나 조각에서 대상이나 소재가 되는 자연물을 사실적으로 그리지 않고 주관적으로 확대하거나 변형하여 표현하는 기법·변형으로 순화

**랠리포인트제(rally point 제)** 〈2005 마사회〉
배구나 탁구 따위에서 사이드 아웃 없이 매번 랠리에서 이기는 쪽이 점수를 얻는 제도

**러브(love)게임** 〈2005 인천농협, 2006 충남농협, 2008 한국산단〉
「테니스나 배드민턴 경기에서 득점이 없는 경우」

**르누아르** - 프랑스의 「인상주의 화가」 〈2006 토공〉
색채의 마술사, 주로 밝은 색조와 부드러운 필치로 인물화를 그림. 특히 여자의 초상화와 목욕하는 여인을 그린 것 중에는 뛰어난 작품이 많음. 목욕하는 여인들, 해변에 누운 여인, 어린무희 등

**마부** - 「3대 국제영화제 최초수상」 〈2006 중부발전〉

### 마블링 〈2004 삼성그룹, 2005 근로복지공단〉
물과 기름이 서로 섞이지 않는 성질을 미술작품에 이용해 우연의 미적 효과를 내는 기법

### 맥거핀 효과(MacGuffin Effect)
줄거리와는 전혀 관련이 없으면서도 관객들로 하여금 혼란, 공포, 전율 등을 느낄 수 있도록 관객의 미끼로 이용되는 장치

### 멀리건(Mulligan)
골프티샷에서 이미 친 샷이 좋지 않을 경우 이를 없었던 것으로 하고 새로 치는 행위
☞ 멀리건을 얻어 친 공이 홀컵에 들어간 경우는 홀인원으로 인정되지 않음.

### 모나리자(Mona Lisa) - 「레오나르도 다 빈치 그림」 〈2006 중부발전〉
다빈치가 성기 르네상스 시대에 그린 작품으로 피렌체에 살던 한 상인의 부인을 그린 초상화이다. 색의 깊이, 명암의 부드러운 처리는 스푸마토(sfumato)기법이 완숙하게 사용된 것으로 엷은 안개가 덮인 듯한 효과를 준다. 파리 루브르 박물관에 소장.

### 무곡(춤곡) - 「왈츠, 폴카, 볼레로」 〈2012 한국마사회〉
☞ 오페라 : 가극

### 무향실(Anchoic Chamber)
소리를 흡수하는 재질로 장식을 해놓은 방

### 무형문화재 1호 〈2006 대한지적공사, 2011 농수산물유통공사, 2012 한국농어촌공사〉
종묘제례악(1호), 양주 별산대놀이(2호), 남사당놀이(3호) 등

### 미니멀 아트 〈2005 인천공항공사〉
1960년대 후반에 미국에서 일어난 「회화의 경향」

표현수단을 최소한 소극적으로 사용하여 추상회화나 조각을 제작하였음.
'최소미술', '단순미술'로 순화.

### 미드나이트 블루(Midnight Blue)
한밤 중 희미한 곳에서 바라본 검은 빛이 도는 청색. 검은색에 가까운 청색.

### 미들넷 족(Middle Net 族)
사이버 공간에서 왕성하게 활동하는 중·장년층

### 미라클 카드 〈2005 인천공항공사〉
23세 이하 축구경기에서 3명의 프로선수를 넣을 수 있는 것

### 밀레 - 「프랑스의 바르비종파 화가」 〈2006 중부발전〉
우유짜는 여인, 승마교습, 곡식을 키질하는 사람, 씨뿌리는 사람, 저녁 기도, 소치는 여인, 《이삭줍기》, 《만종》 등

### 베토벤 〈2004 삼성그룹, 2006 시흥교육, 2007 한국수원〉
엘리제를 위하여, 월광 소나타, 전원교향곡, 영웅교향곡, 3번 : 영웅, 5번 : 운명, 6번 : 전원, 9번 : 합창(청력을 잃은 베토벤이 연주가 끝난 후 청중의 열화와 같은 박수소리를 듣지 못한 것으로 유명)
☞ 미완성교향곡 : 피터 슈베르트(오) 작품

### 보디 콘셔스(Body Conscious)
몸매의 선을 의식한 패션으로 허리를 졸라매거나 둥그스름한 히프와 가슴 등 여자 몸매의 선을 강조한 실루엣

### 봅슬레이(bobsleigh) 〈2008 한국감정원〉
산허리 경사면에 만들어진 얼음 코스를 브레이크와 핸들이 달린 강철제의 썰매를 타고 활주하는 경기. 1924년 제1회 샤모니 동계올림픽에서 채택.

### 부조리극 〈2011 한국공항공사〉
언어를 음절로 해체하고 등장인물의 동일성을 상실시키는 등 행위의 뜻과 목적이 없는 연극

### 분라쿠 - 「일본의 전통 인형극」 〈2005 인천공항공사〉
거의 실물 크기의 인형들이 작은 사미센 반주로 영창되는 사설. 즉 조루리에 맞추어 연기한다.

### 불편한 진실 〈2007 한국자원공사〉
제79회 아카데미 시상식에서 장편 다큐멘터리 상을 수상했으며, 앨 고어 미국 전 부통령이 출연해 환경문제에 대해 진지하게 접근한 이 작품

### 블록 버스터(Blockbuster) - 「대작 영화들」
영화 매표 매출액이 4억 달러 이상 넘어간 영화나 제작비가 많이 든 영화.

### 블루스(Blues) - 「미국 남부의 흑인민요」
노예해방 후에 미국 남부에서 발생한 흑인 민요의 일종. 여자에게 버림받은 쓸쓸한 마음을 노래한 것.

### 사물놀이 〈2005 국체공단, 2006 시흥교육, 2010 대한지적공사, 2011 수도권매립지관리공사 · 한국전기안전공사〉
「꽹과리, 징, 북, 장구」의 네 가지 농악기를 치며 흥을 돋우는 놀이나 음악.

**Tip**

> 태평소 : 8개의 구멍이 있으며, 아래 끝에 놋쇠를 댄, 나팔모양의 국악기. 이를 새납·철적이라고도 한다. 옛날에는 군악·제례악 등에 널리 쓰였으나 지금은 주로 농악에 쓰인다.

### 사이 영상 : 최우수 투수상, 미국프로야구에서 1890년부터 22년간 활약한 전설적인 투수의 이름을 따 제정 〈2012 한국농수산식품유통공사〉

### 삼종신기 － 「클래식 음악, 와인, 미술품」
신 중산층이 새로운 문화로 즐기고 있는 클래식 음악, 와인, 미술품을 합쳐 부르는 말.

### 상쇠(上쇠) 〈2004 창원시, 2005 한수원, 2006 고양시〉
「농악 연주자 중에 꽹과리 주자의 우두머리」

### 세계 3대 스포츠 이벤트 〈2005 교통안전공단〉
「F1 월드챔피언십, 올림픽, 월드컵」

### 세팅(Setting) － 「배드민턴 경기에만 있는 특유한 연장제도」

### 솝오페라 〈2008 한국산단〉
〈2006 토공〉
「일일통속극」, 원래 Soap Opera는 미국에서 여성들을 주시청층으로 삼아 낮 시간대 방송되는 라디오 연속극.
1920년대말~1930년대 초에 발생한 이 프로그램 형식은 아침시간에 집안에 있는 주부와 가정부를 대상으로 한 연속극이라 비누제조회사가 스폰서를 하는 경우가 많아 Soap Opera라 불리게 되었다.

### 스푸마토 〈2005 근로복지공단〉
레오나르도 다 빈치 등이 사용한 기법으로, 색과 색 사이의 경계선인 윤곽을 명확히 구분지을 수 없게 하는 방법

### 식스맨 〈2012 한국산업인력공단〉
농구 주전 5명을 제외한 후보 중 기량이 가장 뛰어난 교체 1순위 선수

### 씨름의 체급 〈2012 한국농수산식품유통공사〉
한국씨름연맹에서 규정한 체급은 백두장사급, 한라장사급, 금강장사급, 태백장사급이며, 천하장사는 체급의 구분이 없다.

**아르누보(Art Nouveau)** - 「새로운 미술」　　　〈2010 인천도시개발〉
순수예술뿐만 아니라 상업적인 분야까지 포괄했던 화려한 장식적 양식, 역사적인 양식을 부정하고 자연에서 유래된 아름다운 곡선을 모티브로 삼아 표현, 독일에서는 유겐트스틸, 프랑스에서는 기마르 양식으로 호칭

**아방가르드(Avant-garde)**
예술, 문화 또는 정치에서 새로운 경향이나 운동을 선보인 작품이나 사람.

**아카데미(Academy Award, 오스카상)**　　〈2004 삼성그룹, 2005 한수원〉
미국의 영화단체인 영화예술과학 아카데미에서 수여하는 「영화상」
그래미상(Grammy Award) : 미국 레코드 예술과학 아카데미가 해마다 우수한 「레코드와 앨범을 선정하여 주는 상」

※ **Tip**
> 골든글러브 : 영화 시상식
> 대종상 : 한국영화의 보호·육성을 위해 1962년부터 정부가 제정한 영화상

**아테네** -「올림픽이 처음열린 곳」　　　〈2004 근로복지공단〉
※ **Tip**
> 뉴델리 : 아시아 올림픽이 처음 열린 곳

**알레그로** - 「빠르고 경쾌하게 연주하라는 말」　〈2004 근로복지공단〉
※ **Tip**
> 자진모리 : 판소리나 산조장단의 하나로, 휘모리 장단보다 좀 느리고 중중모리 장단보다 빠른 속도로 섬세하면서도 명랑하고 차분하면서도 상쾌함. 서양 음악의 「알레그로는 한국의 자진모리에 해당」한다.

**알파(야구)**　　　　　　　　　　　　〈2004 근로복지공단〉

먼저 수비한 팀의 득점이 9회 초에서 더 많아 9회 말을 할 필요가 없이 승부가 가려지게 된 경우

### 오륜기 〈2004 파주시, 2008 한국산단〉
흰 바탕에 청색, 황색, 흑색, 녹색, 적색의 5개의 고리가 겹쳐 있는 깃발. 5대륙의 결속과 전 세계 선수들의 화합을 의미.

### 오브제(Objet)
프랑스어로서 본래의 의미는 물건 객체인 물체. 미술에서는 예술과는 아무 관련이 없는 물건인데, 작가가 이것을 떼어다 작품 속에 배치함으로써 보는 사람에게 잠재된 욕망이나 환상을 불러일으키고 새로운 이미지를 연상케 만드는 기능을 하는 물체

### 옵아트 〈2006 서울시 농수산물공사〉
- 옵아트는 팝아트의 상업주의와 지나친 상징성에 대한 반동적 성격으로 탄생하였다.
- 다이내믹한 빛·색·형태를 통하여 움직임을 보여준다.
- 사고나 정서를 배제한 자연과학에 가까운 예술이다.

### 운동경기인원 〈2005 대구시·근로복지공단〉
농구(5명), 럭비(15명), 배구(6명), 아이스하키(6명), 야구(9명), 축구(11명), 핸드볼(7명)
야구 : 각각 9명으로 두 팀이 경기 〈2006 경기〉
축구 : 각각 11명으로 두 팀이 경기
농구 : 각각 5명으로 두 팀이 경기
야구+축구+농구 선수합 : 25명

### 월드컵(FIFA) 〈2010 대한지적공사〉
본부 스위스 취리히. 단일 종목으로 세계에서 가장 큰 스포츠 행사. 제일

먼저 탄생한 세계선수권 대회, 4년마다 개최

## 음악의 빠르기　　　　　　　　　〈2005 인천공항공사, 2006 토공〉

모데라토(Moderato) : 보통 빠르게, 알레그레토(Allegretto) : 조금빠르게, 알레그로(Allegro) : 빠르게, 비바체(Vivace) : 빠르고 활발하게, 프레스토(Presto) : 매우 빠르게, 프레스티시모(Prestissimo) : 아주 빠르고 급하게, 아첼레란도(Accelerando c accel) : 점점 빠르게, 아템포(A tempo) : 본디 빠르기로, 템포프리모(Tempo primo 또는 Tempo I)처음빠르기로, 템포코모도(Tempo comodo) : 알맞은 빠르기로, 템포 쥬스토(Tempo giusto) : 정확한 빠르기로, 템포 디마르치아(Temp di marcia) : 행진곡의 빠르기로, 템포디 메뉴 엣토(Tempo di memuetto) : 메뉴엣 무곡의 빠르기로 빠르기를 나타내는 말. 알레그로 마논트로포(Alegro ma non troppo) : 빠르게 ; 지나치지 않게, 아디지오 몰토(Adogio molto) : 대단히 느리게, 알레그로 아사이(Allegro assai) : 보다 빠르게, 퓨 모소(Piu mosso) : 보다 빠르게, 포코아포코 아니마토(Poco a poco animato) : 조금씩 빠르면서 활기 있게, 퓨 알레그로(Piuallegro) : 보다 빠르게

☞ 빠른순서 : 라르고 < 안단테 < 모데라토 < 알레그로 < 프레스토 〈2006 토공, 2011 수도권매립지관리공사〉

## 이븐파 - 「정규 홀에서의 규정타수로 끝내는 것」　　〈2005 인천공항공사〉
18홀에 72타를 말함. 간혹 71타 18홀도 있음

## 인디밴드(indie band) - 「독립활동 밴드」　　〈2005 근로복지공단〉
· 대형 기획사에 소속하지 않고 독립적으로 활동하며, 자신이 원하는 음악을 작곡 · 공연하는 그룹이나 밴드
· 거대 자본 · 매체로부터 독립된 제작 시스템
· 인디는 인디펜던트(독립적인)의 줄임말
· 국내에 1990년대 중반부터 도입시작
· 기존의 상업적인 대중음악과 다름.

### 인크레더블 〈2005 인천공항공사〉
디즈니배급, 픽사제작의 풀 CG애니메이션 영화.
2006년 3월 25일 도쿄국제 애니메이션 페어에서 해외 극장 부문 우수상 수상.

### 제임스 카메론 감독 〈2010 한수원〉
「아바타」, 「터미네이터1」, 「타이타닉」, 「심해의 영혼들」
☞ 스타워즈 에피소드4 : 조지루카스 감독

### 철인 3종 경기 - 「수영 · 사이클 · 마라톤」 〈2013 한국마사회〉
- 2000년 시드니 올림픽부터 정식 종목
- 1970년대 미국에서 시작
- 어원 「tri + athlon」
- 1989년 국제트라이애슬론연맹 창립과 함께 세계선수권대회 창설

### 축구용어 〈2012 한국보훈복지의료공단〉
해트트릭(hat trick) : 한 선수가 한 경기에서 세 골을 넣는 것
스위퍼(sweeper) : 공격에 가담하기도 하는 최후방 중앙수비수

### 카메오(cameo) - 돋을 새김을 한 「작은 장신구」 〈2006 토공〉
- 석고나 착색한 밀랍으로 올록볼록하게 붙여 돋을 새김처럼 만든 사진화.
- (연극·영화) 저명한 인사나 인기배우가 극중 예기치 않은 순간에 등장하여 아주 짧은 동안만 하는 연기나 역할

### 캐리컬쳐(caricature) 〈2005 파주시, 2008 한국산단〉
특정인의 모습이나 행동을 풍자하기 위하여 우습게 그리거나 과장하여 그리는 그림

### 컬트 영화 〈2006 서울시 농수산물공사〉
- 소수관객에 의해 지지와 숭배를 받는다.

- 주로 반사회적인 내용을 특징으로 한다.
- 영화의 보편적인 이론이나 형식에서 자유롭다.
- 대표적인 작품으로 짐 샤먼(Jim Sharman)의 'The Rocky Picture Show'가 있다.

### 콜라주 〈2005 근로복지공단〉
화면에 종이·인쇄물·사진 등을 오려 붙이고, 일부에 가필하여 작품을 만드는 일

### 키노드라마(Kinodrama) 〈2005 인천공항공사, 2006 서울시 농수산물공사〉
영화를 섞어 상영하는 특수한 연극.
의리적 구토(구투) : 우리나라 최초 영화(1919) 키노드라마.

### 토니상 - 「연극계의 아카데미상」 〈2004 삼성그룹, 2008 한국산단〉
미국의 브로드웨이 연극상

**Tip**
> 에미상 : 텔레비전 작품관련상
> 골든글로브상 : 미국의 영화와 텔레비전 드라마를 대상으로 주는 상
> 그래미상 : 미국의 우수 레코드상(음악상)

### 트렌디 드라마(Trendy Drama) 〈2003 주공〉
도시풍의 생활, 첨단패션, 신세대의 사고방식 등을 주요 소재로 젊은 계층의 취향을 파고드는 영화나 TV드라마.

### 파이어워크(Fire Work) - 「불붙은 타선」 〈2009 인천관광공사〉
한 팀의 타자들이 필요할 때 집중적으로 안타를 쳐내는 것

### 판소리 〈2003 주공, 2005 파주시·마사회·수원시·교통안전공단, 2006 고양시·한전, 2007 국회, 2008 서울·경기·대전·충남농협, 2011 한국산업단지공단·한국전기안전공

사〉
중요무형문화재 제5호.
판소리는 한 명의 소리꾼이 고수(북치는 사람)의 장단에 맞추어 창(소리), 말(아니리)〈2012 한국농어촌공사〉, 몸짓(너름새)을 섞어가며 긴 이야기를 엮어가는 것 - 「신재효 집대성, 5섯 마당 전래됨」

《 특징 》　　　　　　　　　　　　　　　〈2008 한국감정원 한국산단〉
- 중고제는 경기도와 충청도에서 많이 불림.
- 서편제는 기교와 수식의 맛이 중요.
- 가락의 짜임새, 꾸밈새나 모양새에 따라 지어지는 음악적인 특징을 '조'라 함.
- 동편제는 소리가 웅장하면서 호탕한 우조(羽調)를 많이 사용함.

판소리는 느린 진양조, 중모리, 보통 빠른 중중모리, 자진모리, 아주 빠른 엇모리, 휘모리, 단모리 등 극적내용에 따라 느리고 빠른 장단으로 구성.

### 🖐 Tip

| 판소리 열두마당 : 춘향가・심청가・수궁가・홍부가・적벽가・배비장타령・변강쇠타령・장끼타령・옹고집타령・무숙이타령・강릉매화타령・숙영낭자타령(정노식의 조선창극사) |
| 판소리 여섯마당 : 현존 다섯마당 = 춘향가, 심청가, 수궁가, 홍부가, 적벽가 = 5섯마당 + 변강쇠타령　　　　　〈2008 한국감정원〉 |
| 창　자 : 소리꾼 |
| 고　수 : 창자 근처에서 북으로 장단을 치며 추임새를 넣는 사람 |
| 귀명창 : 판소리에서 창을 제대로 즐기는 사람 |
| 발　림 : 가락이나 사설 내용에 따라 동작을 취하는 것. 부채사용 |
| 추임새 : 소리판에서 창자(소리꾼)의 소리에 고수나 청중이 감탄사를 내면서 흥을 돋우는 것이다.　　　　　　　〈2011 한국전기안전공사〉 |
| 아니리 : 창자가 장단에 맞추지 않고 평상시처럼 이야기 하는 것 |
| 너름새 : 판소리에서 관중을 웃기기도 하고 울리기도 할 수 있는 연기력 |
| 더　늠 : 판소리의 유파에 따라 계승되어 오는 특징적인 대목이나 음악적 스타일 |
| 도　습 : 판소리에서 창과 아니리의 중간 형태 |
| 득　음 : 판소리에서 창자의 음악적 역량이 완성된 상태 |

**패스트 패션(Fast Fashion)** 〈2012 한국농어촌공사〉
급변하는 유행에 맞춰 싼 옷을 쉽게 사서 입고 버린다는 패션

**프로타주** 〈2004 삼성그룹, 2005 근로복지공단〉
「회화에서 그림물감을 화면에 비벼 문지르는 채색법」

**피카소** 〈2004 경남, 2008 삼성그룹, 2011 SH공사〉
입체파 미술을 창시한 스페인 출신의 프랑스 화가이자 조각가. 「게르니카」, 「아비뇽의 여인들」 등
아비뇽의 처녀들, 《게르니카》, 한국에서의 학살, 전쟁과 평화 등

**필름 누아르(film noir)** 〈2013 국립공원관리공단〉
음산하고 어둡고 우울한 느낌의 영상으로, 어두운 범죄 영화장르

**핫코너** - 「야구 3루」 〈2008 한국산단, 2012 한국농수산식품유통공사〉

**핸드백 효과(Handbag Effect)** - 「실용성 대신 패션화 추구」

**헤클러(Heckler)** - 「시끄럽게 떠들며 야유를 퍼붓는 관중」

**현악기(줄악기, 탄주악기)** 〈2009 수도권 매관공〉
줄을 퉁기거나 활로 켜서 음을 내는 악기를 통틀어 이르는 말이다. 가야금, 거문고, 바이올린, 비올라, 첼로 등

> **Tip**
> 현악 3중주 : 비올라, 바이올린, 첼로
> 현악 4중주 : 제1바이올린, 제2바이올린, 비올라, 첼로

**화가** 〈2008 한국감정원〉

이중섭 : 「흰소」, 김기창 : 「보리타작」「태양을 먹는 새」, 장욱진 : 「공기놀이」, 박수근 : 「빨래터」「노상」「시장의 사람들」

### C.U.(close up, 클로즈업) 〈2013 한국마사회〉
인물이나 사물을 확대하여 찍는 것

### FIFA 센추리 클럽 〈2006 한국농촌공사〉
「A매치에 100경기 이상 출전한 선수들의 그룹」

### IFSA : 국제곡예경기연맹 〈2011 대한장애인체육회〉
ISOP : 절단자 및 기타 장애인경기연맹, IBSA : 시각장애인경기연맹, CP-ISRA : 뇌성마비자경기연맹
국제 장애인올림픽 위원회(IPC)의 위치 : 독일 본

### X게임(Extreme Sports) - 「위험 스포츠 또는 극한 스포츠」
생명의 위험을 무릅쓰고 갖가지 고난도 묘기를 펼치는 모험 레포츠

# Chapter 8

**필수 암기사항**

삼강오륜 : 삼강은 군위신강, 부위자강, 부위부강을 말한다.

# 01 포인트 리멤버

### 세계 최초 발명자 · 창시자

| 대 상 | 창시·발명자 | 연대 | 국적 | 대상 | 창시·발명자 | 연대 | 국적 |
|---|---|---|---|---|---|---|---|
| 철 학 | 탈레스 | B.C.5C | 그 | 기 차 | 스티븐슨 | 1814 | 영 |
| 의 학 | 힙포크라테스 | B.C.3C | 그 | 종 이 | 채륜 | 105 | 중 |
| 정치학 | 아리스토텔레스 | B.C.3C | 그 | 영 화 | 에디슨 | 1893 | 미 |
| 경제학 | 아담스미드 | 1723~90 | 영 | 글라이더 | 릴리엔탈 | 1877 | 도 |
| 사회학 | 콩트 | 19C | 프 | 무선전신 | 마르코니 | 1896 | 이 |
| 국제법 | 그로티우스 | 1625 | 네 | 피뢰침 | 프랭클린 | 1750 | 미 |
| 역 사 | 헤로도투스 | B.C.4C | 그 | 비행기 | 라이트형제 | 1903 | 미 |
| 기하학 | 유클리드 | B.C.3C | 그 | 피아노 | 크리스토포리 | 1709 | 이 |
| 공리주의 | 벤담 | 18C | 영 | 무연화약 | 노벨 | 1866 | 스 |
| 공산주의 | 마르크스 | 1813~83 | 도 | 자동차 | 다이믈러 | 1883 | 도 |
| 근대소설 | 복카치오 | 1313~75 | 이 | 기 선 | 풀턴 | 1807 | 미 |
| 근대과학 | 뉴턴 | 17C | 영 | 전 화 | 벨 | 1879 | 미 |
| | | | | 전 등 | 에디슨 | 1879 | 미 |
| | | | | 텔레비전 | 베어드 | 1925 | 영 |
| | | | | X 선 | 뢴트겐 | 1895 | 도 |
| | | | | 유전법칙 | 멘델 | 1865 | 오 |

### 1자(字) 정리

우리나라 국보1호 : 남대문

우리나라 보물1호 : 동대문

우리나라 최초 복제동물 : 영롱이(1999)

우리나라 최초 뮤지컬 : **살짜기 옵서예**

우리나라 최초 철도 : 경인선

우리나라 최초 전기불 : 경북궁 내 향원정

우리나라 최초 근대 조약과 나라 : 일본, 1876년 강화도조약

우리나라 최초 한글소설 : 허균의 홍길동전, **최초 한문소설** : 김시습의 금오신화

우리나라 최초 근대헌법 : 홍범 14조
우리나라 최초 순한글 신문 : 1896년 독립신문 〈2008 한국산단, 2011 농수산물유통공사·수도권매립지관리공사〉
☞ 최초의 신문은 한성순보(1883)이다.
☞ 우리나라 최초의 일간신문은 매일신문(1898)이다.
우리나라 최초 FTA 체결국 : 칠레(2004)　　　　　〈2010 대한지적공사〉
최초의 한국 신부 : 김대건
최초 북극 탐험자 : 피어리(미국)
최초 남극 탐험자 : 아문젠(노르웨이)
최초 아프리카 탐험자 : 리빙스턴(영국)
세계 최초의 헌법 : 대헌장
세계 최초의 성문법전 : 함무라비법전
세계 최초의 성문헌법 : 버지니아헌법
세계 최다우지 : 아삼지방(인도)
세계 최초의 인공위성 : 스푸트니크1호(소련)
세계 최초의 우주인 : 유리가가린(소련)
세계 가장 긴 산맥 : 안데스산맥　　　　　　　　〈2011 국민연금공단〉
최초로 달에 도착한 우주인 : 암스트롱(미국)
철학의 시조 : 탈레스(그리스)
경제학의 시조 : 아담 스미드(영국)
국제법의 시조 : 그로티우스(네덜란드)
현존하는 세계최고 금속활자본 : 직지심체요절(1377)　〈2009 삼성그룹〉
진화론의 창시자 : 다윈(영국)
근대올림픽의 창시자 : 쿠베르탱(프랑스)　　　　〈2009 삼성그룹〉
근대올림픽의 제1회 대회가 개최된 곳 : 아테네(1896)
☞ 최초 동계올림픽 개최지 : 샤모니(1924)
단군신화가 기록된 최초의 사서 : 삼국유사
훈민정음으로 표기된 최초작품 : 용비어천가

**대한민국 귀화 1호 : 중국인 귀화자 손일승 1957년**

1957년 2월 8일 발간된 관보(官報) 제1720호는 이호 당시 법무부 장관의 고시(告示)로 시작한다. 정부 수립 이후 처음으로 외국인에게 귀화를 허가했다는 내용이다.

**Tip**

> 조선시대 : 첫 서양인 귀화자. 1628년 배를 타고 일본으로 가던 중 폭풍우를 만나 제주도 해안으로 떠밀려 왔던 네덜란드인 「얀 야네스 벨테브레」다. 그는 '박연'으로 개명하고 훈련도감에서 무기 기술자로 일했다.

### 1인칭 한자  〈2005 한국전력〉
나오(吾), 나아(我), 나여(予)
☞ 3인칭 그피(彼) : 저, 그, 저쪽

### 1기가(Giga) D램
미래정보산업을 근본적으로 바꿀 수 있는 차세대 메모리 반도체. 1996년 11월 삼성전자에 의해 세계 최초로 개발되었다.

### 1관 = 3.75㎏  〈2011 농수산물유통공사〉

**Tip**

> ℓ : 냉장고 용량단위　　　　　　　　　　〈2006 화성시〉
> ㎏ : 세탁기 용량단위
> 1m= 100Cm = 1000mm = 0.001㎞.　〈2006 화성시〉
> 10리 = 4㎞　　　　　　　　　　　　　〈2012 한국마사회〉

### 1평 - 「3.3058㎡」  〈2007 경기교육〉

### 3자(字) 정리
우리나라 3대섬 : 제주도 · 거제도 · 진도
빛의 3요소 : 빨강 · 초록 · 파랑
색채의 3요소 : 빨강 · 노랑 · 파랑

색의 3요소 : 색상·명도·채도
3대 영양소 : 탄수화물·단백질·지방
비료의 3요소 : 질소(대기 중 가장 많은 비율기체)〈2012 한국농수산식품유통공사〉·인산·칼리
연극의 3요소 : 배우·희곡·관객 + 「무대(4요소)」    〈2008 삼성그룹〉
소설의 3요소 : 주제·구성·문체
소설구성의 3요소 : 인물·사건·배경
희곡의 3요소 : 해설·지문·대사
3면 등가법칙 : 생산·분배·지출
노동 3권 : 단결권·단체교섭권·단체행동권
3S운동 : 표준화·단순화·전문화
3중주 : 바이올린·비올라·첼로
3일치법칙 : 시간·장소·행동
3락 : 부모 및 형제무고·하늘과 사람에 떳떳함·영재교육
직무 3면 등가법칙 : 책임·권한·의무
힘의 3요소 : 힘의 크기·방향·작용점
도시문제의 3P : 인구·빈곤·오염
세계 3대 미항 : 나폴리(이태리)·시드니(호주)·리오데자네이로(브라질)
세계 3대 유종 : 브렌트유, 택사스중질유, 두바이유(아랍에미리트)〈2012 한국노인인력개발원·한국산업인력공단〉
세계 3대산 : 에베레스트·고드원오스틴·건첸중가
세계 3대 사막 : 사하라·아라비아·고비
세계 3대 섬 : 그린란드·뉴기니·보르네오
세계 3대 종교 : 불교·크리스트교·이슬람교     〈2012 한국노인인력개발원〉
세계 3대 법전 : 함무라비·유스티니아누스·나폴레옹
인류 3대 발명 : 화폐·문자·경제표

**3대 교향곡**   〈2005 인천농협, 2010 인천도시개발, 2011 농수산물유통공사·SH공사〉
운명(베토벤)·미완성 교향곡(슈베르트)·비창(차이코프스키;낭만파)

필수 암기사항  **255**

### 3대 세계 단편작가 - 「모파상·체호프·포우」

### 3F시대  〈2006 서울시 농수산물공사〉
21세기가 육체적 능력보다는 지식적 능력이 중요시된다는 의미에서 21세기를 '3F의 시대'라고 한다. 이때 3F에는 Feeling, Fiction, Female이다.

### 3S 운동 - 「생산성 향상운동」
표준화(standardization), 단순화(simplification), 전문화(specialization)의 3개의 첫 자를 따 3S라고 한다.

### 3D산업
더럽고(Dirty), 어렵고(Difficult), 위험스러운(Dangerous) 분야의 산업. 기술개발을 통한 공장 자동화 등 업계의 노력이 강화되어야 이 3D 현상을 극복할 수 있다.

### 3대 영양소 - 「탄수화물·지방·단백질」  〈2003 안양시, 2012 한국마사회〉
☞ 칼로리 : 지방 1g=9kcal, 단백질 /탄수화물 1g=4kcal, 무기질은 열량 없음

### 3대 국제 영화제  〈2005 근로복지공단, 2008 한국감정원〉
베니스(국제영화제중 가장 오래됨), 칸, 베를린 영화제.

### 3법기관  〈2003 서울시〉
국회 : 입법기관    행정부 : 행정기관    법원 : 사법기관

### 삼강오륜(三綱五倫) 〈2006 남양주시, 2008 서울·경기·대전·충남농협, 2009 수도권매관공·인천관광공사, 2011 한국환경공단〉
임금과 신하, 부모와 자식, 남편과 아내 사이에서 꼭 지켜야 할 세 가지 기본 도리.

> **Tip**
>
> **삼강** : 군위신강(君爲臣綱), 부위자강(父爲子綱), 부위부강(夫爲婦綱)이다. 이는 유교의 실천덕목이다.
> **오륜(五倫)** : 지켜야 할 다섯 가지의 윤리인데, 부자유친(父子有親), 군신유의(君臣有義), 장유유서(長幼有序), 붕우유신(朋友有信), 부부유별(夫婦有別)을 말한다.
> **사단** : 측은지심(惻隱之心), 수오지심(羞惡之心), 사양지심(辭讓之心), 시비지심(是非之心)
> **칠정** : 기쁨(喜), 노여움(怒), 슬픔(哀), 두려움(懼), 사랑(愛), 미움(惡), 욕망(欲)

### 4서 3경(5경)　〈2003 안양시, 2004 농업진흥청·근로복지공단, 2005 교통안전공단〉
사서 : 논어·대학·중용·맹자　　　〈2008 한국산단, 2012 한국농어촌공사〉
삼경 : 시경·서경·역경(주역)〈2012 한국농어촌공사〉
오경 : 시경·서경·역경·춘추·예기　　　　　　　〈2008 한국산단〉

### 4자(字) 정리
4H : head·hand·heart·health
사서삼경 : 대학·중용·논어·맹자, 시경·서경·역경
사군자 : 매화·난초·국화·대나무
경제의 4측면 : 생산·교환·분배·소비
4F시대 : 식량·무기·연료·비료
세계 4대 어장 : 오오츠크해·뉴펀들랜드·노르웨이근해·알래스카
세계 4대 성인 : 공자(내면요소:인, 외면요소:예)·예수·석가·소크라테스
〈2011 한국공항공사〉
중국의 4대 기서 : 삼국지연의·수호지·서유기·금병매
중국역대 4대 미인 : 서시, 왕소군, 초선, 양귀비　　〈2008 한국감정원〉
세계 4대 문명 : 황하·인더스·메소포타미아·이집트〈2008 한국산단, 2012 한국노인인력개발원〉
☞ 에게문명은 4대문명이 아님.

**4자회담** - 「남·북한, 미국, 중국」　　　　　　　　　　　〈2006 화성시〉

**4대사화** - 「무오사화, 갑자사화, 기묘사화(조광조 숙청), 을사사화」
　　　　　　　　　　　　　　　　〈2007 국회, 2011 근로복지공단〉

**4대보험** - 「국민연금, 건강보험, 산업재해보상보험, 고용보험」
　　　　　　　　　　　　〈2006 한전, 2007 국회, 2009 경기교육〉

**세계4대 메이저 테니스대회**　　　　　　　　　　〈2008 한국산단〉
영국 런던의 윔블던대회, 전미오픈, 프랑스 오픈, 호주 오픈대회

**4년** - 「올림픽, 아시아 경기대회, 월드컵」　　　〈2004 근로복지공단〉

☛ **Tip**

> 유니버시아드 : 2년마다 주최하는 학생운동경기

**4-H운동** - 지(머리), 덕(마음), 노(손), 체(건강)　〈2004 농어촌공사〉

## 5자(字) 정리

을사 5적신 : 박제순·이지용·이근택·이완용·권중현
세속 5계 : 사군이충(事君以忠)·사친이효(事親以孝)·교우이신(交友以信)·
임전무퇴(臨戰無退)·살생유택(殺生有擇)　　　〈2009 인천관광공사〉
5대 사회악 : 궁핍·질병·무지·불결·태만
근대 5종목경기 : 마술·펜싱·사격·수영·육상〈2011 공무원연금공단·국민건강보험공단〉
5고 : 생(生)·노(老)·병(病)·사(死)·고(苦)
5곡 : 쌀·보리·조·콩·기장
5색 : 청색·황색·적색·백색·흑색
5작 : 공작·후작·백작·자작·남작
5장 : 간장·심장·비장·폐장·신장　　　〈2012 한국농수산식품유통공사〉

## 6자회담                                     〈2005 의정부〉

북한 핵 문제의 평화적 해결방안 논의를 위한 「남·북한」과 주요 4개국 (미국·중국·일본·러시아)이 진행하는 다자회담. 2003년 8월부터 2005년 11월까지 중국 베이징에서 5차례 개최.

## 6법 - 「헌법·민법·형법·민사소송법·형사소송법·상법」〈2006 경기도, 2013 한국마사회〉

행정법은 6법에 속하지 않음
절차법 : 형사소송법, 민사소송법, 행정소송법, 부동산등기법

## 6년

〈2003 서울시, 2004 농어촌공사, 2006 경기도·남양주시·화성시·서울시 농수산물공사, 2011 한국환경공단〉
선거관리위원회 위원임기, 헌법재판소 재판관, 대법관

**Tip**

시장 : 4년                    감사원장 임기 : 4년
국회의원 임기 : 4년           대통령 임기 : 5년
대법관(대법원장 포함) 임기 : 6년   헌법재판소 재판관임기 : 6년
선거관리위원회 위원임기 : 6년
☞ 대통령과 국회의원의 임기의 합 = 9년

## 5S 서비스
1. 기업·개인의 업무를 대행하는 서브스티튜(substitute) 서비스
2. 컴퓨터 시스템 사용·유지관리, 프로그램 등의 소프트웨어 서비스
3. 개인·기업의 안전, 생명·재산보호에 대한 시큐리티(security) 서비스
4. 사회보장 확립을 위한 사회적 서비스
5. 변호사·의료·사설학원에 의한 특수 서비스 등을 말한다.

### 정월 초하루 – 「1월 1일」                           〈2006 서울시 농수산물공사〉
- 삼짇날 : 3월 3일   · 중앙절 : 9월 9일   · 동짓날 초나흘 : 11월 4일
- 물의 날 : 3월 22일                              〈2006 서울시 농수산물공사〉
- 지구의 날 : 4월 22일       · 부부의 날 : 5월 21일
- 환경의 날 : 6월 5일        · 세계자살예방의 날 : 9월 10일

### 7자(字) 정리
정미칠적(1907년 고종 강제퇴위에 앞장선 인물) : 이완용 · 조중응 · 고영희 · 송병준 · 이병무 · 이재곤 · 임선준
경술국적7인(1910년 병탄에 앞장 선 인물) : 이완용 · 고영희 · 박제순 · 조중응 · 이병무 · 조민희 · 민병석
7정 : 희(喜) · 노(怒) · 애(哀) · 구(懼) · 애(愛) · 오(惡) · 욕(慾)
세계 7대 불가사의 : 이집트의 피라밋, 하리카르 낫소스의 마아소로소의 왕묘, 에페소스의 아르테미스 신전, 바빌로니아의 성벽과 공원, 페미디아스의 올림피아 제우스상, 로도스의 아폴로 거상, 알렉산드리아시 파로스섬의 등대

### 8자                                              〈2008 SH공사〉
관동8경 : 총석정(통천), 삼일포(고성), 청간정(간성), 낙산사(양양), 경포대(강릉), 죽서루(삼척), 망양정(울진), 월송정(평해)

### 10, 12 자(字) 정리〈2006 서울시농수산물공사, 2007 경기교육, 2011 농수산물유통공사〉
십간 : 갑(甲) · 을(乙) · 병(丙) · 정(丁) · 무(戊) · 기(己) · 경(庚) · 신(辛) · 임(壬) · 계(癸)
십이지 : 자(子) : 오후 11시~오전1시 · 축(丑) : 오전1시~3시 · 인(寅) : 오전 3시~5시 · 묘(卯) : 오전5시~7시 · 진(辰) : 오전 7시~9시 · 사(巳) : 오전 9시~11시 · 오(午) : 오전 11시~오후1시 · 미(未) : 오후 1시~3시 · 신(申) : 오후 3시~5시 · 유(酉) : 오후5시~7시 · 술(戌) : 오후 7시~9시 · 해(亥) : 오후 9시~11시

## 24절기 〈2005 안양시, 2006 경기남양주, 2006 서울 농수산물공사, 2009 경기농협〉

### 봄
입춘(立春) 2월 4일 : 봄의 시작
우수(雨水) 2월 19일 : 얼음이 녹고 초목이 싹트는 시기  〈2008 경기농협〉
경칩(驚蟄) 3월 5일 : 개구리가 깨어나는 시기
춘분(春分) 3월 20일 : 밤과 낮의 길이가 같아짐  〈2008 대전·충남농협〉
청명(淸明) 4월 4일 : 날씨 맑고 청명, 논농사 준비
〈2006 국가, 2008 서울농협〉
곡우(穀雨) 04월 20일 : 봄비가 내려 백곡이 윤택해짐
〈2006 삼성그룹·국가, 2008 서울농협〉

### 여름
입하(立夏) 5월 5일 : 여름의 시작
소만(小滿) 5월 21일 : 모내기 시작
망종(芒種) 6월 5일 : 보리 수확, 모심기 시작  〈2006 국가〉
하지(夏至) 6월 21일 : 낮이 가장 긴 시기 〈2013 한국마사회〉
소서(小暑) 7월 7일 : 더위와 장마 시작  〈2008 서울농협〉
대서(大暑) 7월 22일 : 더위가 가장 심한 시기  〈2006 삼성그룹〉

### 가을
입추(立秋) 8월 7일 : 가을이 시작되는 시기
처서(處暑) 8월 23일 : 더위 가고, 일교차가 커짐
백로(白露) 9월 7일 : 이슬이 내리는 시기  〈2008 서울·경기농협〉
추분(秋分) 9월 23일 : 낮과 밤의 길이가 같아지는 시기
한로(寒露) 10월 8일 : 찬이슬이 내림
상강(霜降) 10월 23일 : 서리가 내리기 시작함

### 겨울
입동(立冬) 11월 7일 : 겨울이 시작되는 시기 〈2006 국가, 2013 한국마사회〉

소설(小雪) 11월 22일 : 얼음이 어는 시기
대설(大雪) 12월 7일 : 눈이 많이 오는 시기〈2013 한국마사회〉
동지(冬至) 12월 21일 : 낮이 짧고 밤이 제일 긴 시기〈2008 서울·경기농협, 2013 한국마사회〉
소한(小寒) 1월 6일 : 겨울 중 가장 추울 때 〈2006 삼성그룹, 2013 한국마사회〉
대한(大寒) 1월 14일

### 14세 - 「형사미성년」　　　　　　　　　　　〈2004 농어촌공사〉

### 789 시대
현대생활에 있어서의 이상적인 생활계획으로서, 근로 7시간, 수면 8시간, 삶을 즐기는 것이 9시간인 시대를 말하지만 후진국가에는 적용될 수 없는 말이다.

### 8가지 기술

> **Tip**
> 2007년 초 미국의 경제 잡지 〈비즈니스 2.0〉이 발표한 「지구를 살리는 8가지 기술」: 가정용 수소연료 충전지, 독소흡입나무(디톡스 나무), 핵 폐기물 중성화 장치, 환경 센서네트워크, 원격심해탐사로봇, 초음파 빔 정수기, 멸종위기동물 추적장치, 차세대 스마트 파워그리드 등

### 2025년　　　　　　　　　　　　　　　　　〈2006 고양시〉
UN이 우리나라가 물 부족이라고 한 년도

### 바람　　　　　　　　　〈2006 시흥교육, 2011 수도권매립지관리공사〉
- 갈바람 : 서풍의 뱃사람 말 = 가수알바람
- 강마바람 : 서남풍의 뱃사람 말
- 강쇠바람 : 첫 가을에 부는 동풍

- 건들바람 : 초가을에 선들선들 부는 바람
- 고추바람 : 맵고 독하게 부는 찬바람
- 꽁무니바람 : 뒤쪽에서 불어오는 바람
- 높새바람 : 북동풍의 뱃사람 말
- 높하늬바람 : 북서풍의 뱃사람 말
- 된바람 : 북풍의 뱃사람 말 = 덴바람, 뒤바람
- 된마파람 : 동남풍의 뱃사람 말, 든 바람, 샛마파람
- 마파람 : 남풍 또는 앞바람
- 맞바람 : 양쪽에서 마주 부는 바람 = 맞은바람
- 명지바람 : 보드랍고 화창한 바람
- 샛바람 : 동풍의 뱃사람 말 =동부새
- 하늬바람 : 서쪽에서 부는 바람

## 소리
〈2008 서울·경기·대전·충남농협〉
- 선소리 : 이치에 맞지 않는 서툰 말
- 신소리 : 상대편의 말을 슬쩍 받아 엉뚱한 말로 재치있게 넘기는 말
- 흰소리 : 터무니없이 자랑으로 떠벌리거나 거드럭거리며 허풍을 떠는 말
- 군소리 : 하지 아니하여도 좋을 쓸데없는 말

## 사안론(四眼論)
〈2008 경북농협〉
- 뇌안(腦眼) : 두 뇌에 들어 있는 눈
- 심안(心眼) : 마음속에 간직되어 있는 눈
- 영안(靈眼) : 영혼 속에 간직되어 있는 눈
- 육안(肉眼) : 얼굴에 붙어 있는 눈

**Tip**

원리정리
아르키메데스의 원리 : 부력의 크기는 물체와 동체적(同體積)의 유체의 무게, 즉 물체가 밀어낸 유체의 무게와 같다.
파스칼원리 : 밀폐된 액체의 일부분에 주어진 압력은 그 세기를 변하지 않고

액체내의 모든 부분에 전달된다는 원리〈2008 삼성그룹, 2011 한국산업단지공단〉
**유효수요의 원리** : 국민 소득 및 생산량, 총고용 수준은 유효수요의 크기에 따라 결정된다.
**대차평균의 원리** : 모든 계정의 차변 계정의 합계와 대변 계정의 합계는 일치한다.
**가속도의 원리** : 기계·설비 등 내구적(耐久的)인 자본재에 대한 새로운 수요(需要)가 완성재의 양의 증가율에 의존한다고 하는 경제이론

## 법칙정리

**아보가드로의 법칙** : $PV = nRT$(단 P : 압력, V : 체적, $n$ : 몰수, T : 절대온도, R : 비례정수)
**보일샤를의 법칙** : 일정한 온도에서는 기체의 부피는 압력에 반비례하고 절대온도에 비례한다($PV/T=k$).  〈2008 삼성그룹〉

> **Tip**
> **보일의 법칙** : 일정한 온도에서 일정량의 기체 부피는 압력에 반비례한다($PV=k$).
> **샤를의 법칙** : 압력이 일정할 때, 기체의 부피는 절대온도에 비례한다($V = kT$).

**옴의 법칙** : $I = V/R$ 전류의 강도(I)는 전위차(V)에 비례하며 저항에 반비례 한다. 〈2008 삼성그룹〉
**멘델의 법칙** : 멘델이 완두의 교배실험에서 확립한 유전원칙, 우열의 법칙·분리의 법칙·독립의 법칙을 말한다.
**뉴턴의 운동 3법칙** : 제1법칙(관성의 법칙), 제2의 법칙(운동의 법칙), 제3의 법칙(작용·반작용의 법칙)  〈2008·2009 삼성그룹〉
**만유인력의 법칙** : 모든 물체 사이에는 인력이 작용하고 있으며, 이 힘의 크기는 두 물체의 질량의 곱에 비례하고, 거리의 제곱에 반비례한다.〈2011 공무원연금공단〉
**탈리오법칙** : 「눈에는 눈을 이에는 이를」이라는 말로 표현되는 동해보복(同害報復)의 형벌법칙

질량불변의 법칙 : 물질계가 화학변화를 할 때 계(系) 전체의 질량은 반응 전후에 있어서 변화하지 않는다.

맬더스의 인구법칙 : 인구는 기하급수적으로 증가하고(25년마다 2배), 식량은 산술급수적으로 증가한다.

엥겔의 법칙 : 가족의 생계비 중에서 음식비가 차지하는 비율은 수입이 적은 가족일수록 급격히 증가한다는 법칙

반사의 법칙 : 입사광선, 반사광선 및 입사점에 세운 수선은 동일 평면내에 있어 반사광선은 법선에 대해서 입사선의 반대쪽에 있다. 입사각과 반사각은 동일하다.

파레토법칙(=2대8의 법칙) : 전체 결과의 80%가 전체 원인의 20%에서 일어나는 현상. 〈2007 삼성그룹〉

　예) 20%의 고객이 백화점 전체 매출 80%의 쇼핑을 하는 현상

에너지항존의 법칙 : 외부로부터의 영향을 일체 차단당한 물체나 복사 둘레에 있어서는 에너지의 총량은 일정하게 유지된다.

일물일가의 법칙 : 완전 경쟁하에서 같은 상품은 같은 시기와 같은 장소에서는 하나의 가격이 성립된다.

그레샴의 법칙 : 「악화는 양화를 구축한다」, 즉 소재가치가 열등한 화폐인 악화가 소재가치가 좋은 화폐인 양화와 동일한 화폐가치로 유통할 경우 양화는 퇴장되든가 용해되든가 또는 수출됨으로써 악화만이 시장에서 유통하게 된다는 말이다. 〈2008 한국산단〉

정비례법칙 : 하나의 화합물 속에서 그 성분 원소의 질량비가 항상 일정하다는 법칙. 1799년 프루스트가 발견하였다.

줄의 법칙 : 저항체에 흐르는 전류의 크기와, 이 저항체에서 단위시간당 발생하는 열량과의 관계를 나타낸 법칙이다. 〈2008 삼성그룹〉

키르히호프의 제2법칙 : 임의의 닫힌 회로에서 그 회로의 기전력의 총합은 각 저항과 저항을 흐르는 전류와의 곱의 대수합과 같다. 〈2008 삼성그룹〉

## 국제연합(UN)의 연혁

| 1941.8.14 | 대서양헌장 | 미국의 루즈벨트 대통령과 영국의 처칠 수상이 전후의 세계 안전보장 체제의 확립을 선언함 |
|---|---|---|
| 1943.10.19 | 모스크바선언 | 미·영·소 3국 외상회의에 중국을 포함 4국 공동선언으로 국제기구 설립의 필요성을 인정 |
| 1943.11 | 테헤란회담 | 루즈벨트(미)·처칠(영)·스탈린(소)이 모여 국제기구 설립을 재확인 |
| 1944.8.21 | 덤바턴오크스 회의 | 미·영·소·중 4개국이 모여 「일반적 국제기구 설립을 위한 제안」을 채택(유엔헌장의 기초) |
| 1945.2.4 | 얄타회담〈2011 국민연금공단〉 | 루즈벨트·처칠·스탈린이 모여 안전보장이사회의 표결방법(거부권제도)·신탁통치문제·총회에서의 투표권에 관한 문제를 결정, 38선 분할결정 |
| 1945. 4~6 1945.10.24 | 샌프란시스코 회의 국제연합탄생 | 연합국 50개국이 국제연합헌장에 조인(제헌회의) 각 국의 UN헌장 비준을 거쳐 같은 날 효력 발생 |

## 국제연합의 주요 기구와 전문기구

| 기구명 | 기능 | 구성 | 의결 |
|---|---|---|---|
| 총회 (GA) | UN의 최고기구 토의·권고(구속력없음) | 전가입국(정기총회는 매년 9월 셋째화요일) | 일반사항 : 출석과반수 주요사항 : 출석 3분의2 이상 |
| 안전보장 이사회〈20 11국민 건강보험〉 | 실질적 UN의 주요기능 가입·UN군 파견·헌장 개정 상임이사국의 거부권 | 상임이사국(미·영·프·러·중)〈2013 국립공원관리공단〉 비상임이사국 10개국(총회에서 선출함) | 일반사항 : 9개국 이상 주요사항 : 5개 상임이사국을 반드시 포함하여 9개국 이상 |
| 경제사회 이사회 ECOSOC | 경제·사회·문화·인도적문제의 연구·보고·발의·권고 | 54개의 이사국으로 구성, 임기3년 | 단순 과반수로 의결 |
| 신탁통치 이사회 | 신탁통치지역 문제 심의 지역의 시민 복지 도모 | 8개국(안보상임이사국, 호주, 뉴질랜드, 총회선출 1국) | 단순 과반수로 의결 |
| 국제사법 | 국제분쟁의 법적 해결 | 재판관 15인(총회와 안보 | 본부는 네덜란드의 헤이 |

| 재판소 ICJ | 헌장·조약·협약 등의 해석 | 이사회에서 선출) | 그, 재판관 임기는 9년 |
| --- | --- | --- | --- |
| 사무국 | UN의 운영에 관한 사무 | 사무총장(안보이사회의건으로 총회임명)·직원 | 사무총장 임기 5년, 사무국 직원에 치외법권 |

## 전문기구

⟨2004 삼성그룹⟩

| 기구명 | 목적 | 설립연도 | 본부소재 | 한국가입 |
| --- | --- | --- | --- | --- |
| 만국우편연합(UPU) | 세계 우편 업무의 조직적 수행 | 1875. 7 | 베른 | 1949 |
| 국제노동기구(ILO) | 노동 조건의 개선과 사회 정의 실현 | 1919. 4 | 제네바 | 1991 |
| 국제전기통신연합(ITU) | 주파수 배당 등 통신에 관한 국제협력 | 1932. 5 | 제네바 | 1952 |
| 국제식량농업기구(FAO) | 식량 증산의 기술지도 | 1945.10 | 로마 | 1949 |
| 국제통화기금(IMF) | 국제 자금 거래(SDR 창출) | 1945.12 | 워싱턴 | 1955 |
| 국제부흥개발은행(IBRD) | 경제 부흥과 개발의 원조(세계은행) | 1945.12 | 워싱턴 | 1955 |
| 국제연합교육과학문화기구(UNESCO) | 교육 향상과 과학·문화의 교류를 통한 국제 사회 발전 촉진 | 1946.11 | 파리 | 1950 |
| 국제민간항공기구(ICAO) | 항공의 기술 발전과 수송 협력 | 1947. 4 | 몬트리올 | 1952 |
| 세계보건기구(WHO) | 건강지도와 질병 퇴치 및 의학 협력 | 1948. 4 | 제네바 | 1949 |
| 세계기상기구(WMO) | 기상 활동의 조정 및 정보교환 | 1950. 3 | 제네바 | 1956 |
| 국제금융공사(IFC) | 저개발국의 민간사업 융자 | 1956. 7 | 워싱턴 | 1964 |
| 정부간해사협의기구(IMCO) | 항해의 안전을 위한 기술·정보교환 | 1959. 1 | 런던 | 1962 |
| 국제개발협회(IDA) | 저개발국의 경제 성장을 위한 장기 대부 | 1960. 9 | 워싱턴 | 1961 |

## 비전문기구

| 관세 및 무역에 관한 일반협정(GATT) | 관세 및 무역에 장벽을 제거하여 국제 무역의 촉진을 도모 | 1948. 1 | 제네바 | 1967 |
| --- | --- | --- | --- | --- |
| 국제원자력기구(IAEA) | 원자력의 평화적 이용과 국제 공동관리 | 1957. | 비인 | 1957 |

## 국제 주요 선언

| 선언명 | 일자 | 내용 | 참가국 |
|---|---|---|---|
| 대서양헌장 | 1941. 8 | 제2차 세계 대전 및 전후의 지도 원칙을 언명 | 루즈벨트(미)·처칠(영) |
| 카이로선언 | 1943.11 | 대일 영토 문제 협의(루즈벨트·처칠·장개석) | 미국·영국·중국 |
| 얄타협정 | 1945. 2 | 유엔 문제·소련 참전(루즈벨트·처칠·스탈린) | 미국·영국·소련 |
| 포츠담선언 | 1945. 7 | 대일본 항복조건 협의(트루먼·처칠·애틀리·스탈린·장개석) | 미·영·소·중 |
| 세계인권선언 | 1948.12 | 유엔총회의 기본적 인권 존중의 원칙을 선언 | 동유럽 제외 48개국 |

# 02 주요 국제 시사약어

**A**

| | | |
|---|---|---|
| AA group | Asia-Africa group : 아시아·아프리카 그룹[AA 제국] |
| AAA | Agricultural Adjustment Act : 농업조정법 |
| ADB | Asian Development Bank : 아시아개발은행 |
| AC | Atlantic Charter : 대서양헌장 |
| AFP | Agence France Press : 프랑스 통신사 |
| AFL-CIO | American Federation of Labour & Congress of Industrial Organization : 미국 노동총연맹과 산업별 조합회의 합병단체 |
| AFTA | ASEAN Free Trade Agreement : 인도네시아, 말레이시아, 타이, 싱가포르, 필리핀, 브루나이의 자유무역 협정 |
| AID | Agency for International Development : 국제개발처 |
| ANF | Atlantic Nuclear Forces : (나토의) 대서양 핵군 |
| ANZUS | Australia, New Zealand and United States : 태평양 안전보장 조약 |
| APACL | Asian People's Anti-Communist League : 아시아 민족반공연맹 |
| APEC | Asia Pacific Economic Cooperation : 한국, 미국, 일본, 호주, 뉴질랜드, 캐나다와 아세안 6개국 및 중국, 대만(홍콩:중국반환) 등으로 구성된 아시아 태평양지역 범정부간 협력기구.    〈2004 수도권매관공, 2005 마사회〉 |
| APO | Asian Productivity Organization : 아시아 생산성기구 |
| APU | Asian Parliamentarians' Union : 아시아의원연맹 |
| ASA | Association of Southeast Asia : 동남아 연합 |
| ASEM | Asia Europe Meeting : 아시아와 유럽간 정상회의 |
| ASPAC | Asia and Pacific Council : 아시아 태평양 각료이사회 |

필수 암기사항 **269**

## B

| | |
|---|---|
| BBC | British Broadcasting Corporation : 영국방송협회 |
| BENELUX | Belgium, Netherlands, Luxemburg : 벨기에, 네덜란드, 룩셈부르크의 3국 |
| BIAC | Business and Industry Advisory Committee : 경제산업자문위원회(경제협력개발기구의 민간기구) |
| BIS | Bank for International Settlements : 국제 결제 은행 |

## C

| | |
|---|---|
| C/A | capital account ; cash account ; credit account(대변계정); current account. |
| CAFEA | Commission on Asian and Far East Affairs : 국제상공회의소내(內)의 아시아·극동위원회) |
| CENTO | Central Treaty Organization : 중앙조약기구 |
| CHINCOM | China Committee for Export Control : 대중공수출통제위원회 |
| CM | Commercial Message : 상업방송의 광고문 |
| COCOM | Coordinating Committee for Export Control to Communist Area : 대공산권 수출통제 조정위원회 |
| COMECON | Council of Mutual Economic Assistance : 동유럽 경제상호 원조협의회 |
| CONEFO | Conference of New Emerging Forces : 신생국회의 |
| CPI | Consumer's Price Index : 소비자 물가지수 |
| CPS | Consumer's Price Survey : 소비자 가격조사 |
| CRIK | Civil Relief In Korea(UN) : 대한 민사구호 |
| CUN | Charter of United Nations : 유엔헌장 |

## D

| | |
|---|---|
| DAC | Development Assistance Committee : 개발원조위원회 |
| DL | Development Loan : 개발차관 |
| DC | District of Columbia : 콜럼비아 특별구, 워싱턴 D.C |
| DLF | Development Loan Fund : 개발차관기금 |

| | | |
|---|---|---|
| DMZ | de-militarized Zone : 비무장지대 | 〈2013 국립공원관리공단〉 |
| DSL | deep scattering layer : 심해 음파 산란층 | |
| DVD | Digital Video Disk : 디지털비디오 디스크 | 〈2008 한국산단〉 |

| | |
|---|---|
| EC | European Communities : 유럽공동체. EU(유럽연합)로 명칭 바뀜 |
| ECA | Economic Commission for Africa; (미국) Economic Cooperation Administration 미국경제협조처(MSA의 구칭). |
| ECAFE | Economic Commission for Asia and the Far East : 아시아 극동위원회 |
| ECM | European Common Market : 유럽공동시장 |
| ECOSOC | Economic and Social Council : 유엔 경제사회이사회 |
| ECSC | European Coal and Steel Community : 유럽 석탄철강 공동체 |
| EDC | European Defense Community : 유럽 방위공동체 |
| EEC | European Economic Community : 유럽 경제공동체 |
| EFTA | European Free Trade Association : 유럽 자유무역연합체 |
| EMA | European Monetary Agreement : 유럽 통화협정 |
| EPB | (영국) Environmental Protection Board |
| EPC | European Political Community : 유럽 정치공동체 |
| EPC | European Political Community : 유럽 정치공동체 |
| EPU | European Payment Union : 유럽 지불동맹 |
| EROA | Economic Rehabilitation in Occupied Area : 점령지역 경제부흥자금 |
| EROPA | Eastern Regional Organization for Public Administration : (아시아)동부지역 행정기구 |
| EU | European Union : 유럽연합  〈2007 국회〉 |
| EURATOM | European Atomic Energy Community : 유럽 원자력공동체 |

E

| | | |
|---|---|---|
| FAA | Federal Aviation Administration : 미국 연방항공국 | **F** |
| FBI | Federal Bureau of Investigation : 미국 연방수사국 | |
| FFHC | Freedom From Hunger Campaign : 기아해방운동 | |
| FOA | Foreign Operations Administration : 미국 대외활동본부 | |
| FOB | free on board : 본선인도(무역상) 가격 | |
| FY | Fiscal Year : 회계연도 | |

| | | |
|---|---|---|
| GA | General Assembly : 유엔총회 | **G** |
| GANEFO | Games of New Emerging Forces : 신생국대회 | |
| GARIOA | Government Appropriation for Relief in Occupied AREA : 점령지역 구제 | |
| GATT | General Agreement on Tariffs and Trade : 관세 및 무역에 관한 일반협정. 가트는 해체되고 WTO가 대신 발족함. | |
| GCA | ground control(led) approach : (항공) 지상관제진입 | |
| GMT | Greenwich Mean Time : 그린니치 표준시 | |
| GNP | Gross National Products : 국민총생산액 | |

| | | |
|---|---|---|
| HHHH(4H) | Head Heart, Hand and Health : 농촌청소년운동 | **H** |
| HQ | Headquarters : 사령부 · 본부 | |
| HST | hypersonic transport(극초음속 수송기) ; high speed train(영국 국철의) 고속 열차 | |

| | | |
|---|---|---|
| IAEA | International Atomic Energy Agency : 국제원자력기구 〈2005 수자원〉 | **I** |
| IAU | International Astronomical Union : 국제천문연맹 명왕성의 행성지위 박탈단체〈2009 경기농협, 2012 경기신용보증〉 | |
| IBRD | International Bank for Reconstruction and Development : 국제부흥개발은행(세계은행) 〈2005 대구시〉 | |

| | |
|---|---|
| ICA | International Cooperation Adminstration : (미국) 국제협력처 |
| ICAO | International Civil Aviation Organization : 국제민간항공기구 |
| ICBM | Inter-Continental Ballistic Missile : 대륙간 탄도미사일 |
| ICFTU | International Confederation of Free Trade Union : 국제자유노동조합연합 |
| IDA | International Development Association : 국제개발협회 |
| IDO | International Disarmament Organization : 국제 군축 기구 |
| IECOK | International Economic Consultative Organization for Korea : 대한 국제경제협의회 |
| IF | International Federation : 각종스포츠 경기의 국제연맹의 총칭 〈2009 경기농협〉 |
| IFC | International Finance Corporation : 국제금융공사 |
| IFTU | International Federation of Trade Unions : 국제노동조합연합 |
| ILO | International Labour Organization : 국제노동기구 |
| IMCO | Intergovernmental Maritime Consultative Organization : 정부간 해사협의기구 |
| IMF | International Monetary Fund : 국제통화기금 〈2009 삼성그룹〉 |
| IOC | International Olympic Committee : 국제올림픽위원회 〈2008 한국산단, 2012 한국노인인력개발원〉 |
| IOCU | International office of Consumers Unions : 국제소비자동맹 |
| IPI | International Press Institute : 국제신문편집인협회 |
| IPU | Inter-parliament Union : 국제의원연맹 |
| IQ | Intelligence quotient : 지능지수 |
| IRBM | Intermediate Range Ballistic Missile : 중거리 탄도탄 |
| IRC | International Red Cross : 국제적십자사 |
| IRO | International Refugee Organization : 국제피난민 구제위원회 |
| ISO | International Organization for Standardization : 국제표준화기구 〈2008 한국산단, 2012 한국농수산식품유통공사〉 |
| ITO | International Trade Organization : 국제무역기구 |

| | | |
|---|---|---|
| ITU | International Telecommunication Union : 국제전기통신연합 | |
| | ⟨2009 SH공사⟩ | |
| IUGG | International Union of Geodesy and Geophysics : 국제측지학 및 지구물리학연합 ⟨2009 경기농협⟩ | |
| IWW | Industrial Workers of the World : 세계산업노동조합 | |

| | | |
|---|---|---|
| JRC | Junior Red Cross : 청소년 적십자단 | **J** |
| JPL | Jet Propulsion Laboratory : NASA의 제트 추진 연구소 | |

| | | |
|---|---|---|
| KCAC | Korean Civil Assistance Command : (유엔)한국인 민사처 | **K** |
| KKK | Ku Klux Klan : 흑인에 대한 미국 백인의 비밀테러단 | |
| KMAG | Korean Military Advisory Group : (미)한국군사고문단 | |
| KOC | Korean Olympic Committee : 한국올림픽위원회 | |

| | | |
|---|---|---|
| LAFTA | Latin America Free Trade Association : 라틴 아메리카 자유무역협회 | **L** |
| L/C | Letter of Credit : 신용장 | |
| LTD | limited : 유한회사 | |

| | | |
|---|---|---|
| MDA | Mutual Defense Assistance : 상호 방위 원조 | **M** |
| METO | Middle East Treaty Organization : 중동방위조약기구 | |
| MLF | Multilateral Nuclear Force(NATO) : NATO의 다변 핵군 | |
| MSA | Mutual Security Act : (미국) 상호안전보장법 | |
| MSF | Medecins Sans Frontieres 국경없는 의사회 | |

| | | |
|---|---|---|
| NANA | North American Newspaper Alliance : 북아메리카 신문 연합 | **N** |
| NASA | National Aeronautics and Space Administration : 미 | |

|   |   |   |
|---|---|---|
| | 국립 항공우주국 ⟨2008 한국산단⟩ | |
| NAFTA | 미국, 캐나다, 멕시코 3국의 북미자유무역협정 | |
| NATO | North Atlantic Treaty Organization : 북대서양 조약기구 | |
| NIRA | National Industrial Recovery Act : 전국산업부흥법 | |
| NNP | Net National Products : 국민 순생산액 | |
| NSC | National Security Council. : (미국) 국가안전보장회의 | |

| | | |
|---|---|---|
| OAEC | Organization for Asian Economic Cooperation : 아시아 경제협력기구 | **O** |
| OAS | Organization of American States : 미주 기구 | |
| OAU | Organization of African Unity : 아프리카 통일기구 | |
| OECD | Organization for Economic Cooperation and Development : 경제협력개발기구 ⟨2004 삼성그룹⟩ | |
| OEEC | Organization for European Economic Cooperation : 유럽 경제협력기구 | |
| OOC | Olympic Organization Committee : 올림픽조직위원회 | |
| OPEC | Organization of Petroleum Exporting Countries : 석유수출국 기구 | |
| OTC | Organization for Trade Cooperation : 무역협력기구 | |

| | | |
|---|---|---|
| PATO | Pacific Asia Treaty Organization. : 아시아·태평양 조약기구 | **P** |
| POW | Prisoner of War : 전쟁포로 | |
| PR | Public Relations : 홍보, 선전 | |
| PST | Pacific Standard Time : 태평양 표준시 | |

| | | |
|---|---|---|
| SAC | Strategic Air Command : (미국) 전략 공군사령부 | **S** |
| SAM | Surface to Air Missile : 지대공 미사일 | |
| SCO | Shanghai Cooperation Organization 중국과 러시아가 주축인 상하이 협력기구 | |

| | |
|---|---|
| SDR | Special Drawing Rights : IMF의 특별 인출권 |
| SEATO | South East Asia Treaty Organization : 동남아시아 조약기구 |
| SHAPE | Supreme Headquarters of Allied Powers in Europe(NATO) : 군의 최고사령부 |
| SSA | Social Security Act : 사회보장법 |

## T

| | |
|---|---|
| TNO | Trade Negotiate on Organization : (전)GATT의 무역교섭위원회 |
| TUC | Trade Union Congress : (영국) 노동조합회의 |
| TVA | Tennessee Valley Authority : 테네시강 유역개발공사 |

## U

| | |
|---|---|
| UAR | United Arab Republic : 아랍연합공화국 |
| UK | United Kingdom (of Great Britain and Northern Ireland) : 영 연합왕국 |
| UNCHR | 유엔경제사회이사회(ECOSOC) 산하 인권보호기관 〈2009 SH공사〉 |
| UNCTAD | United Nations Conference on Trade and Development : 국제무역개발회의 |
| UNDP | United Nations Development Programme : 유엔개발계획 |
| UNEP | United Nations Emergency Forces : 유엔 긴급군 |
| UNESCO | United Nations Educational, Scientific and Cultural Organization : 국제연합 교육 과학 문화기구 〈2007 전북교육〉 |
| UNICEF | United Nations International Children's Emergency Fund : 국제연합 국제아동구제기금 |
| UPU | Universal Postal Union : 만국우편연합 |
| USAID | United States Agency for International Development : 미 국제개발처 |

| | | |
|---|---|---|
| USIS | United States Information Service : 미국공보원 | |
| USOM | United States Operations Mission : 미국경제협조처 | |

| | | |
|---|---|---|
| VHS | Video Home System : 비디오 홈시스템 〈2008 한국산단〉 | **V** |
| VOA | Voice of America : 「미국의 소리」방송 | |
| VP | Vice President : 부통령 | |

| | | |
|---|---|---|
| WBA | World Boxing Association : 세계 권투 연맹 | **W** |
| WCOTP | World Confederation Organization of the Teaching Profession : 세계교직단체 총연합회 | |
| WEU | Western European Union : 서유럽 연합 | |
| WFP | World Food Program : 세계 식량계획 | |
| WFTU | World Federation of Trade Union : 세계노동조합연맹 | |
| WHO | World Health Organization : 세계보건기구 | |
| WTO | Word Trade Organization : 세계무역기구. GATT체제와 대체됨 〈2005 대구시〉 | |
| WILPF | Women's International League for Peace and Freedom : 부인 국제평화 자유연맹 | |
| WMO | World Meteorological Organization : 세계기상기구 〈2009 SH공사〉 | |

| | | |
|---|---|---|
| YMCA | Young Men's Christian Association : 기독교청년회 | **Y** |
| YWCA | Young Women's Christian Association : 기독교여자청년회 | |

| | | |
|---|---|---|
| ZD | Zero Defects : 무결점 운동, 생산품질의 신뢰도를 높이고 가격인하가 그 목적이다. 〈2005 마사회〉 | **Z** |
| ZPG | Zero population growth : 인구의 제로 성장 | |

# Chapter 9

**한자**

각주구검 : 판단력이 둔해 현실에 어둡고 어리석다는 뜻의 말이다.

# 01 고사성어(故事成語)

## ㄱ

**家給人足(가급인족)** 집집마다 살림이 넉넉하고, 사람마다 의식(衣食)에 부족함이 없음.

**可欺以方(가기이방)** 그럴 듯한 말로 남을 속일 수 있음.

**街談巷說(가담항설)** 길거리나 항간에 떠도는 이야기 또는 소문 〈2005 삼성그룹〉

**家徒壁立(가도벽립)** 집안에 세간이라고는 하나도 없고 다만 사면에 벽만이 둘려 있을 뿐이라는 뜻. 집안이 가난함을 비유한 말이다.

**可東可西(가동가서)** 동쪽이라도 좋고 서쪽이라도 좋다. 이러나 저러나 상관없다.

**苛斂誅求(가렴주구)** 〈2002 국가, 2003 경남, 2005 삼성그룹, 2009 경남농협〉 세금을 가혹하게 거두어들이고 강압적으로 요구하는 것. 폭정(暴政)으로 인해 살기 어려움을 상징한다.

**假弄成眞(가롱성진)** 거짓된 것을 참된 것처럼 보이는 것. 장난삼아 한 일이 진짜가 되는 것. "장난이 아이가 된다."

**家無擔石(가무담석)** 석(石)은 한 항아리, 담(擔)은 두 항아리라는 뜻으로 집에 모아 놓은 재산이 조금도 없음을 말한다.

**加捧女(가봉녀)** 전부(前夫)의 아들을 거느린 재가녀(再嫁女). 즉, 전 남편의 아들을 데리고 재혼한 여자를 말한다.

**家貧思良妻(가빈사양처)** 집이 가난해지면 좋은 아내를 생각하게 된다. 궁핍한 지경이 되면 훌륭한 관리자가 생각난다는 의미.

**佳人薄命(가인박명)** 여자의 용모가 아름다우면 운명이 짧거나 기구하다는 뜻

**家藏什物(가장집물)** 집안의 모든 세간.

**苛政猛於虎(가정맹어호)** 가혹하고 비정한 정치가 호랑이보다도 더 맹렬한 해독을 끼친다는 말.

**刻苦勉勵(각고면려)** 어떤 일에 고생을 무릅쓰고 몸과 마음을 다하여, 무척 애를 쓰면서 부지런히 노력함 〈2005 근로복지공단〉

**刻鵠類鶩(각곡유목)** 고니를 조각하다가 이루어내지 못하고 집오리가 되었다.

높은 뜻을 갖고 어떤 일을 성취하려다가 중도에 그쳐 다른 사람의 조소를 받는 것을 비유하는 말이다.

**刻骨難忘(각골난망)**　뼈 속에 새겨 잊을 수 없다는 말. 〈2009 삼성그룹, 2011 농수산물유통공사〉

**刻舟求劍(각주구검)**　　　　　　　　　　　　　　　　〈2006 토공・한전, EBS〉
판단력이 둔해 세상일(현실)에 어둡고 어리석다는 뜻.
☞ 수주대토(守株待兎) : 변통할 줄 모르고 어리석게 지키기만 하는 것

**肝膽相照(간담상조)**　　　　　　　　　　　　　　　　　　　　　〈2006 한전〉
서로가 마음속을 툭 털어 놓고 숨김없이 친하게 사귐.

**敢不生心(감불생심)**　힘이 부쳐 감히 마음을 먹지 못함.

**感之德之(감지덕지)**　몹시 고맙게 여김.

**甘呑苦吐(감탄고토)**　〈2005 삼성그룹, 2009 SH공사・삼성그룹, 2010 인천도시개발〉
신의를 돌보지 않고 사리를 꾀한다는 뜻.

**甲男乙女(갑남을녀)**　〈2004 삼성그룹, 2008 서울시, 2009 SH공사・인천관광공사〉
평범한 사람들.

**强近之親(강근지친)**　도와 줄만한 가까운 친척.

**康衢煙月(강구연월)**　태평한 세월의 거리　　　　　　　〈2006 삼성그룹〉

**江湖煙波(강호연파)**　① 강이나 호수 위에 안개처럼 보얗게 이는 기운. 또는 그 수면의 잔물결. ② 대자연의 풍경

**改過遷善(개과천선)**　허물을 고치고 착하게 됨.

**改善匡正(개선광정)**　좋도록 고치고 바로잡음.

**改玉改行(개옥개행)**　차고 다닐 옥의 종류를 바꾸면 걸음 걸이도 바꾸어야 한다. 법을 변경하면 일도 고쳐야 한다는 뜻.

**擧棋不定(거기부정)**　바둑을 두는데 포석(布石)할 자리를 결정하지 않고 둔다면 한 집도 이기기 어렵다는 뜻. 사물을 명확한 방침이나 계획을 갖지 않고 대함을 의미한다.

**去頭截尾(거두절미)**　머리를 없애고, 꼬리도 자른다. 앞뒤의 잔사설을 빼놓고 요점만을 말하는 것을 뜻한다.

**車水馬龍(거수마룡)**　거마의 왕래가 흐르는 물이나 길게 늘어진 용처럼 끊임없이 많은 것을 형용한다. 즉, 행렬이 성대한 모양을 말한다.

居安思危(거안사위)  평안할 때에도 위험과 곤란이 닥칠 것을 생각하며 잊지 말고 미리 대비해야 함을 말한다. 〈2009 삼성그룹〉

擧案齊眉(거안제미)  밥상을 눈썹 높이까지 들어 올려 바친다는 뜻으로, 아내가 남편을 공경함을 이르는 말이다. 〈2006 경기농협〉

車載斗量(거재두량)  차에 싣고 말에 담을 만큼 많음을 뜻한다.

乾坤一擲(건곤일척)  〈2006 농협중앙, 2008·2009 국가·경기농협·삼성그룹〉
하늘과 땅이 한 번씩 던져진다. 흥망 성패를 걸고 싸울 정도의 큰 담판을 비유한다.

桀犬吠堯(걸견폐요)  폭군 걸왕(桀王)의 개도 성왕(聖王) 요(堯)임금을 보면 짖는다. 윗사람이 교만한 마음을 버리고 아랫사람을 진심과 믿음으로 대하면 아랫사람은 자기 상관에게 충성을 다하게 된다는 것을 이름

隔世之感(격세지감)  딴 세대와 같이 몹시 달라짐.

牽强附會(견강부회)  이치에 맞지 않는 말을 억지로 끌어 붙여 자기에게 유리하게 함. 〈2004 근로복지공단, 2008 국가·삼성그룹, 2009 지방·국회·삼성그룹〉

見利思義(견리사의)  〈2006·2008 삼성그룹〉
이익을 챙겼으면 그것이 의(義)에 맞는가를 먼저 생각하는 것.

犬馬之勞(견마지로)  〈2005 근로복지공단, 2008 국가〉
자기의 노력을 낮추어 일컫는 말.

見蚊拔劍(견문발검)  〈2005 한국전력, 2008 국가〉
모기 보고 칼 빼기 격으로 하찮은 일을 크게 본다는 뜻.

見物生心(견물생심)  물건을 보면 욕심이 생긴다는 뜻. 〈2008 삼성그룹〉

犬猿之間(견원지간)  〈2009 교육〉
사이가 매우 나쁜 두 사람의 관계를 비유적으로 이르는 말

堅忍不拔(견인불발)  굳게 참고 견디어 마음이 흔들리지 않음.

結者解之(결자해지)  〈2008 한국감정원〉
맺은 사람이 푼다는 뜻. 자기가 저지른 일은 자기가 해결해야 한다는 말

結草報恩(결초보은)  죽어서 까지 라도 은혜를 잊지 않고 갚음.〈2007 경기교육〉

經國濟世(경국제세)  나라 일을 경륜하고 세상을 구함.

傾國之色(경국지색)  미인을 일컫는 말.

敬而遠之(경이원지) 〈2005 농협중앙, 2006 시흥교육〉

공경하나 가까이 하지 않음.
**敬天勤民**(경천근민)  하느님을 공경하고 백성을 다스리기에 열심히 함.
**驚天動地**(경천동지)  세상을 몹시 놀라게 함.
**鷄口牛後**(계구우후) 〈2006 경기농협〉
닭의 주둥이와 소의 꼬리라는 뜻으로, 큰 단체의 꼴찌보다는 작은 단체의 우두머리가 되는 것이 낫다.
**季布一諾**(계포일락) 〈2007 삼성그룹〉
초나라의 계포에서 유래한 말로, 틀림없는 승낙을 뜻함.
**股肱之臣**(고굉지신)  팔 다리같이 믿는 보필의 신하.  〈2011 SH공사〉
**孤軍奮鬪**(고군분투)  남의 도움을 받지 않고 힘에 벅찬 일을 잘해 나감.
**叩頭謝罪**(고두사죄)  머리 조아려 사죄함.
**膏粱珍味**(고량진미)  기름지고 맛있는 음식.
**孤立無依**(고립무의)  고립되어 의지할 데가 없음(孤立無援).  〈2008 삼성그룹〉
**古色蒼然**(고색창연)  오래되어 예스러운 풍치나 모습이 그윽함 〈2009 정통 순경〉
**姑息之計**(고식지계)  우선 당장 편한 것만을 택하는 꾀나 방법〈2005 국가·삼성그룹, 2008 법원, 2009 교육·삼성그룹, 2012 한국농수산식품유통공사〉
**孤雲野鶴**(고운야학)  야에 묻혀 쓸쓸히 지내는 사람.
**苦肉之計**(고육지계) 〈2009 삼성그룹〉
적을 속이기 위해 자신을 희생하면서 꾸미는 계책(= 苦肉之策)
**孤掌難鳴**(고장난명) 〈경남 7급, 2008 SH공사, 2009 경북농협〉
손바닥 하나로는 소리가 나지 않는다는 뜻으로, 상대가 서로 같으므로 싸운다는 뜻이다
**苦盡甘來**(고진감래) 〈2009 SH공사〉
쓴 것이 다하면 단 것이 온다는 뜻으로, 고생 끝에 즐거움이 옴을 이르는 말.
**曲突徙薪**(곡돌사신)  재화를 미리 방지함.
**曲學阿世**(곡학아세)〈2005 국가, 2006 농협중앙, 2007 삼성그룹, 2011 국민연금공단〉
바른 길에서 벗어난 학문으로 세상 사람에게 아첨하는 것
**骨肉相殘**(골육상잔)  혈족끼리 서로 다투고 해하는 것.
**誇大妄想**(과대망상) 〈2005 삼성그룹〉
자기의 능력·용모·지위 등을 과대평가하여 사실인 것처럼 믿음

**過猶不及(과유불급)** 〈2008 국가, 2009 경기교육, 2010 한국농어촌공사〉
지나침은 미치지 못함과 같다는 뜻

**瓜田不納履(과전불납리)** 〈2008 국회〉
의심받기 쉬운 행동은 하지 말아야 함을 이르는 말

**管鮑之交(관포지교)** 〈2009 대구농협·SH공사〉
옛날 중국의 관중(管仲)과 포숙(鮑叔)처럼 친구 사이가 다정함을 이르는 말. 친구 사이의 다정하고 허물없는 교제를 이르는 말.

**刮目相對(괄목상대)** 〈2005 국가, 2009 국가〉
눈을 비비고 다시 본다는 말로 곧 다른 사람의 학문이나 덕망, 기술 등이 크게 발전한 것을 말한다.

**曠日持久(광일지구)** 세월을 헛되이 오랫동안 보낸다. 긴 세월을 보내고 나니 헛되이 세월만 지났다는 말로 쓰인다. 그냥, 긴 시간을 보냈다는 의미로도 쓰임.

**光風霽月(광풍제월)** 〈2008 한국감정원, 2009 경기교육〉
비갠 뒤의 바람과 달과 같이 마음이 명쾌하고 집착이 없으며 깨끗함을 이르는 말

**掛冠(괘관)** 갓을 벗어 건다. 관직을 버리고 사퇴하는 것을 의미한다.

**矯角殺牛(교각살우)** 〈광주일보, 2002 국가, 2005 삼성그룹, 2006 한전·삼성그룹, 2008 SH공사, 2012 서울시농수산물유통공사〉
뿔을 고치려다 소를 죽인다. 작은 일에 힘쓰다가 일을 망친다는 말이다.

**驕兵必敗(교병필패)** 자기 군대의 힘만 믿고 교만하여 적에게 위엄을 보이려는 병정은 적의 군대에게 반드시 패한다는 뜻.

**巧言令色(교언영색)** 〈2007 서울시·삼성그룹, 2011 한국산업단지공단〉
교묘한 말과 얼굴빛으로 남의 환심을 사려 함.

**矯枉過正(교왕과정)** 교왕은 구부러진 것을 바로잡음. 잘못을 바로 고치려다 지나쳐 오히려 나쁜 결과를 가져옴을 의미한다. 곧 어떤 일이 극(極)과 극(極)인 모양을 말함.(＝矯枉過直) 〈2000 법원〉

**膠柱鼓瑟(교주고슬)** 고지식하여 융통성이 없음. 〈석유개발공사〉

**狡兔三窟(교토삼굴)** 〈2008 삼성그룹〉
교활하고 꾀 많은 토끼가 세 개의 숨은 굴을 가지고 있었기 때문에 죽음을 피할 수 있었다는 뜻으로, 교묘한 지혜로 위기를 피하는 것을 뜻함.

**九曲肝腸(구곡간장)** 깊은 마음 속.

苟命圖生(구명도생)　구차스럽게 목숨을 부지하여 살아감.
口蜜腹劍(구밀복검)　〈2005 농협중앙, 2008 국가, 2012 한국농수산식품유통공사〉
말로는 친한 듯하나 속으로는 해칠 생각을 갖고 있는 것
九死一生(구사일생)　썩 위험한 고비를 겪고 살아남.
口尙乳臭(구상유취)　〈2006 삼성그룹〉
입에서 아직 젖내가 난다는 뜻으로 말과 행동이 유치함을 말함.
九牛一毛(구우일모)　〈삼익악기, 2008 농협중앙·삼성그룹〉
많은 것 가운데 극히 적은 것.
九折羊腸(구절양장)　산길 등이 몹시 험하고 꼬불꼬불한 것　〈2005 국가〉
九重深處(구중심처)　궁궐을 이르는 말. 깊숙한 곳.
群鷄一鶴(군계일학)　〈2007 삼성그룹, 2008 농협중앙, 2008·2009 삼성그룹〉
변변치 못한 사람 중에 홀로 뛰어난 사람.
群盲撫象(군맹무상)　〈2005 삼성그룹〉
무리의 소경이 코끼리를 만져보고 제각각 판단한다는 뜻, 작은 것만 보고 큰 것을 보지 못함.
窮餘之策(궁여지책)　궁한 끝에 떠오르는 한 꾀.
窮鳥入懷(궁조입회)　쫓긴 새가 품 안에 날아든다는 뜻으로, 궁한 사람이 와서 의지함을 이르는 말.
權謀術數(권모술수)　임시변통의 지혜가 많은 수단.　〈2011 한국산업단지공단〉
勸善懲惡(권선징악)　착한 행실을 권장하고 악한 행실을 징계함.
捲土重來(권토중래)　〈2005 한국전력, 2005·2007 국가, 2009 삼성그룹〉
한 번 패한 자가 힘을 돌이켜 전력을 다해 쳐들어 옴.
勤勤孜孜(근근자자)　매우 부지런하고 정성스러움.
近墨者黑(근묵자흑)　나쁜 일에 젖기 쉬움.　〈2008 삼성그룹〉
金科玉條(금과옥조)　금과 옥같이 귀중한 법규.
金蘭之契(금란지계)　다정한 친구 사이의 정의.〈2005 국가, 2012 한국농수산식품유통공사〉
錦上添花(금상첨화)　잘된 일에 또 잘됨.　〈2004 삼성그룹〉
金城湯池(금성탕지)　성지의 견고함.
錦衣夜行(금의야행)　성공했어도 보람 없음을 말함.　〈2006 용인시〉

錦衣還鄉(금의환향)　높은 지위를 얻어 고향으로 돌아옴.
金枝玉葉(금지옥엽)　귀한 자손을 이르는 말.
氣高萬丈(기고만장)　대단히 노한 언사와 행동.
箕裘之業(기구지업)　선대(先代)의 업(業)을 완전히 이어받음을 뜻한다.
己所不欲勿施於人(기소불욕물시어인)　자기가 하기 싫은 일은 남에게도 시키지 말아라.
杞憂(기우)　현재 전혀 걱정하지 않아도 될 일을 몹시 걱정함.
旣借堂又借房(기차당우차방)　대청 빌면 안방 빌자 한다. 체면 없이 이것저것 요구함.
騎虎之勢(기호지세)　〈2006 삼성그룹〉
호랑이 등에 타고 앉으면, 멈출 때까지는 내려올 수 없다. 일을 시작한 다음에 도중에서 그만둘 수 없는 형편을 말함. 어쩔 수 없으니 최선을 다하라.
奇貨可居(기화가거)　진기(珍奇)한 물건을 사두었다가 때를 기다리면 큰 이익을 볼 수 있다는 말. 혹은 좋은 기회를 이르는 말로도 쓰인다.

## ㄴ

落膽喪魂(낙담상혼)　쓸개가 떨어지고 혼을 잃음. 몹시 놀라 정신이 없음을 일컫는다.
洛陽紙價貴(낙양지가귀)　서진(西晉)의 문학자 좌사(左思)가 제도부(齊都賦)와 삼도부(三都賦)를 지었을 때 낙양(洛陽) 사람들이 너도나도 베꼈기 때문에 낙양의 종이가 모자라 비싸진 고사에서 유래. 저서가 많이 팔리는 것을 이르는 말로 쓰인다.
洛陽紙貴(낙양지귀)　쓴 글의 평판이 널리 알려짐. 혹은 저서(著書)가 많이 팔리는 것을 말할 때 쓰인다.(-洛陽紙價貴)
樂而不淫(낙이불음)　즐기기는 하나 음탕하지는 않게 한다. 즐거움의 도를 지나치지 않음을 뜻함.
樂而思蜀(낙이사촉)　타향(他鄕)의 생활이 즐거워 고향 생각을 하지 못함을 이르는 말. 눈앞의 즐거움에 겨워 근본을 잊게 될 때를 비유하기도 한다.
落穽下石(낙정하석)　함정에 빠진데다가 돌까지 던진다. 남의 환란(患亂)에 다시 위해(危害)를 준다는 말이다.

落花流水(낙화유수) 〈2006 삼성그룹〉
떨어지는 꽃과 흐르는 물. 남녀간의 그리운 심정을 뜻하기도 한다.
難事必作易(난사필작이)  어려운 일은 쉬운 일에서 일어난다. 쉬운 일을 신중히 하면 어려운 일이 생기지 않는다는 뜻이다.
爛商公論(난상공론)  여러 사람들이 자세하게 잘 의논함.
難上之木不可仰(난상지목불가앙)  오르지 못할 나무 쳐다보지도 말라.
爛商討論(난상토론)  낱낱이 드러내 잘 토의함.
亂臣賊子(난신적자)  임금을 죽이는 신하와 어버이를 해하는 자식. 극악무도한 자를 말한다.
暖衣飽食(난의포식)  따뜻한 옷을 입고 음식을 배불리 먹어 衣食에 부자유함이 없음.
難兄難弟(난형난제) 〈2005 한국전력, 2009 대구농협〉
누구를 형이라 하고 누구를 동생이라 할 지 분간하기 어렵다. 사물의 우열이 없다. 곧 비슷하다는 말.
南柯一夢(남가일몽) 〈2000 법원, 2006 농협중앙〉
꿈과 같이 헛된 한 때의 헛된 부귀영화를 일컫는 말. 인생의 덧없음을 비유하기도 한다.
南郭濫吹(남곽남취)  학문과 기예에 전문적 지식과 체계나 조리도 없이 함부로 날뛰는 사람을 비유하는 말이다.
南橘北枳(남귤북지)  강남땅의 귤나무를 북쪽에 옮겨 심으면 탱자나무로 변한다. 사람도 그 처해 있는 곳에 따라서 선하게도 되고 악하게도 된다는 비유로 쓰인다.
男負女戴(남부여대) 〈한국전력, 2004 삼성그룹〉
남자는 지고 여자는 머리에 인다. 가난에 시달린 사람들이 살 곳을 찾아 떠돌아 사는 것을 말한다.
濫觴(남상)  술잔에 넘친다. 揚子江의 강물도 그 물의 근원은 술잔에 넘칠 정도의 적은 물에서 시작된다. 모든 사물의 시작과 출발점이란 뜻으로 쓰인다.
南船北馬(남선북마) 〈2006 삼성그룹〉
남쪽은 배로 북쪽은 말로. 바쁘게 여기저기를 돌아다님
濫竽(남우)  남(濫)은 실제로는 능력이 없으면서 함부로 한다는 뜻. 우(竽)는 대나무로 만든 악기. 즉, '우(竽)를 함부로 분다'는 뜻이다. 무능한 사람이 재능이 있는 것처럼 속여 외람되이 높은 벼슬을 차지하는 것을 말한다.
南田北畓(남전북답)  가지고 있는 전답이 여기저기 많이 있다는 말.
狼子野心(낭자야심)  이리 새끼는 아무리 길들여 기르려 해도 야수의 성질을 벗어나지 못한다. 본래 성질이 비뚤어진 사람은 아무리 은혜를 베풀어도 끝내는 배반한다는 비유로 쓰인다.
囊中取物(낭중취물)  주머니 속의 물건을 꺼내는 것같이 매우 손쉬운 일을 일컫는다.
內省不疚(내성불구)  마음속에 조금도 부끄러울 것이 없음. 즉 마음이 결백함을 뜻한다.
內憂外患(내우외환)  나라 안팎의 근심 걱정.
內柔外剛(내유외강)  속은 부드럽고 겉으로는 굳셈.  〈2009 삼성그룹〉
內潤外朗(내윤외랑)  옥의 광택이 안에 함축된 것을 내윤(內潤)이라 하고, 밖으로 나타난 것을 외랑(外朗)이라 함. 재주와 덕망을 겸비한 것을 비유한다.
內助之功(내조지공)  안에서 돕는 공. 아내가 집안일을 잘 다스려 남편을 돕는 일을 말한다.
內淸外濁(내청외탁)  마음은 깨끗하나 행동은 흐린 것처럼 함. 군자(君子)가 난세(亂世)를 당하여 명철보신(明哲保身) 하는 처세술.
怒甲移乙(노갑이을)  어떤 사람에게서 당한 노여움을 다른 사람에게 화풀이 하다.
老當益壯(노당익장)  〈2008 농협중앙·삼성그룹〉
사람은 늙을수록 더욱 기운을 내어야 하고 뜻을 굳게 해야 한다. 줄여서 노익장(老益壯)이라고도 쓴다.
老萊之戱(노래지희)  주(周)나라의 노래자(老萊子)가 칠십의 나이에 무늬 있는 옷을 입고 동자의 모습으로 재롱을 부려 부모에게 자식의 늙음을 잊게 해 드린 일. 자식이 나이가 들어도 부모의 자식에 대한 마음은 똑같으니 변함없이 효도를 해야 한다는 교훈을 주는 이야기이다.
路柳墻花(노류장화)  길가의 버들과 담 밑의 꽃이라는 뜻으로 창녀의 비유.
駑馬十駕(노마십가)  둔한 말도 열 대의 수레를 끌 수 있음. 재주 없는 사람도 노력하고 태만하지 않으면 재주 있는 사람과 어깨를 나란히 할 수 있음을 비유한다.

**老馬之智(노마지지)** 제(齊)나라 환공(桓公)이 길을 잃고 헤맬 때, 관중(管仲)이 늙은 말을 풀어 놓고 그 뒤를 따라가 마침내 길을 찾았다고 하는 고사에서 유래한 말. 경험이 풍부하고 숙달된 지혜. 쓸모없는 사람도 때로는 유용함을 이르는 말로도 쓰인다.

**怒蠅拔劍(노승발검)** 파리 때문에 성질이 난다고 칼을 뽑아 듦. 작은 일을 갖고 수선스럽게 화내는 것을 비유한다.

**勞心焦思(노심초사)** 몹시 깊이 생각하는 것. 〈2009 국가〉

**鹿死不擇音(녹사불택음)** 사슴은 소리를 아름답게 내지만, 죽을 때를 당하면 아름다운 소리를 가려서 낼 여유가 없다. 사람도 위급한 지경을 당했을 때는 나쁜 소리 즉, 좋지 않은 말이 나오게 마련이다.

**綠衣紅裳(녹의홍상)** 연두저고리에 다홍치마. 곱게 차려 입은 젊은 아가씨의 복장을 형용하여 이르는 말이다.

**弄假成眞(농가성진)** 장난삼아 한 것이 참 말이 됨.

**弄瓦之慶(농와지경)** 〈2002 국가, 2006 용인시〉
질그릇을 갖고 노는 경사. 딸을 낳은 기쁨을 말한다.

**弄璋之慶(농장지경)** 장(璋)으로 만든 구기를 갖고 노는 경사. 아들을 낳은 기쁨을 말한다. 〈2006 용인시〉

**籠鳥戀雲(농조연운)** 새장 속에 있는 새는 구름을 그리워한다. 곧 몸이 속박 당한 사람은 자유를 갈망한다는 뜻이다.

**累卵之危(누란지위)** 〈2008 서울·경기·대전·충남농협, 2009 경기농협〉
달걀을 쌓아 놓은 것과 같이 매우 위태로움.(＝累卵之勢)

**訥言敏行(눌언민행)** 말은 둔하게 하고 행동은 민첩해야 한다.

**能見難思(능견난사)** 보통의 이치로는 아무리 생각해도 모를 일이라는 뜻.

**路柳墻花(노류장화)** 길 가의 버들과 담 밑의 꽃은 누구든지 쉽게 만지고 꺾을 수 있다. 기생(妓生)을 의미한다.

**勞心焦思(노심초사)** 몹시 마음을 졸이고 애태우며 생각함. 어떤 일에 걱정과 고민을 심하게 많이 하는 것을 일컫는다.

**論功行賞(논공행상)** 공로의 크고 작음을 조사하여 상을 줌. 〈2009 경남농협〉

**累卵之勢(누란지세)** 쌓아올린 달걀이 금방 무너질 것 같이 몹시 위태로운 형

세.(=累卵之危)
陵遲處斬(능지처참)　　　　　　　　　　〈2005 마사회〉
언덕을 천천히 오르내린다는 뜻의 능지(陵遲)에서 비롯되어 죄인을 기둥에 묶어놓고 포를 뜨듯 살점을 조금씩 베어 고통속에서 서서히 죽음에 이르게 하는 중국고대 형벌의 이름이다.

## ㄷ

多岐亡羊(다기망양)　　　　　　　　〈2005 국가, 2008 지방〉
달아난 양을 찾으려다가 길이 여러 갈래로 나서 찾지 못하였다는 뜻. 학문도 너무 다방면에 걸치면 도리어 진리를 얻기 어려울 수 있다는 것을 비유한다. 너무 방침이 많아 갈 바를 모를 때도 쓰인다.
多多益善(다다익선)　많으면 많을수록 좋음.　　　　　〈2008 국가〉
多聞博識(다문박식)　견문이 많고 학식이 넓은 것.
斷金之交(단금지교)　매우 사귀는 정이 깊은 벗.
斷機之戒(단기지계)　　　　　　　　〈삼익악기, 2006 농협중앙〉
짜던 베의 날을 끊은 맹자 어머니의 면학에의 훈계로, 학문을 중도에서 그만두는 것에 대한 훈계이다.
單刀直入(단도직입)　① 홀몸으로 칼을 휘두르며 적진으로 거침없이 쳐들어감. ② 요점을 바로 풀이하여 들어감.
丹脣皓齒(단순호치)　붉은 입술과 흰 이빨. 미인의 얼굴을 뜻함.〈2008　지방, 2011 SH공사〉
簞食瓢飮(단사표음)　변변치 못한 살림을 가리키는 말.
堂狗風月(당구풍월)　　　　　　　〈2006 농협중앙, 2008 삼성그룹〉
무식한 자라도 유식한 자와 같이 있으면 감화를 받음.
黨同伐異(당동벌이)　　　　　　　　　　〈2007 삼성그룹〉
옳고 그름과는 무관하게 같은 편끼리 뭉쳐 다른 편을 배격한다는 뜻. 당리당략에만 치중하여 민생을 어렵게 만드는 것.
螳螂拒轍(당랑거철)〈2005 한국전력, 2007 국가, 2009 삼성그룹, 2010 인천도시개발, 2011 SH공사〉
제 역량을 생각하지 않고 강한 상대나 되지 않을 일에 덤벼드는 무모한 행동거지를 비유적으로 이르는 말이다.
大經大法(대경대법) 공명정대한 원리와 법칙.
大器晩成(대기만성) 큰 그릇을 만드는 데는 시간이 오래 걸린다는 뜻으로, 크게 될 사람은 늦게 이루어짐을 이르는 말.
對牛彈琴(대우탄금) 소를 앞에 두고 가야금을 연주한다는 뜻. 어리석은 자에게 도리를 설명하나 깨닫지 못함 〈2008 농협중앙〉
塗炭之苦(도탄지고)　　〈2006 삼성그룹, 2008 서울·경기·대전·충남농협〉
쓰라림을 당하는 백성의 고생을 말함.
讀書亡羊(독서망양)　　　　　　　　　　　〈2005 근로복지공단〉
책을 읽느라 양을 잃어버렸다는 뜻으로, 다른 일에 정신을 뺏겨 중요한 일이 소홀하게 되는 것.
讀書三昧(독서삼매)　　　　　　　〈2006 한전, 2009 SH공사〉
다른 생각은 전혀 아니하고 오직 책 읽기에만 골몰하는 경지
獨也靑靑(독야청청) 홀로 푸르다. 즉, 남들이 모두 절개를 꺾는 상황에서도 홀로 절개를 굳세게 지키는 것. 〈2008 삼성그룹〉
同價紅裳(동가홍상) 같은 값이면 다홍치마의 뜻. 〈2005·2008 삼성그룹〉
同氣一身(동기일신) 동기(형제)는 한 몸과 같음을 의미. 〈2005 삼성그룹〉
棟梁之材(동량지재)　　　　　　　〈2008 서울시, 2011 SH공사〉
한 집이나 한 나라의 중요한 일을 맡을 만한 사람의 비유.
東問西答(동문서답) 모순된 대답을 하는 것.
同病相憐(동병상련)　　　　　　　〈2003 대구시, 2009 삼성그룹〉
처지가 서로 비슷한 사람끼리 서로 동정한다는 뜻.
東奔西走(동분서주) 부산하게 이리저리 돌아다님.
同床異夢(동상이몽) 몸은 비록 같이 있으나, 서로 다른 생각을 가짐.
冬扇夏爐(동선하로) 겨울의 부채와 여름의 화로. 아무 소용없는 물건을 말한다.
同聲相應(동성상응) 같은 소리는 서로 응하여 어울린다. 의견을 같이 하면 자연히 서로 합치게 된다는 의미.
同性異俗(동성이속) 사람의 성질은 본래는 같으나 습관에 따라 변함을 뜻함.
同而不和(동이불화) 겉으로는 동의를 표시하면서도 내심은 그렇지 않음.
東征西伐(동정서벌) 여러 나라를 이리저리로 쳐 없앰.

同舟相救(동주상구)　사람은 알건 모르건 친하건 미워하건 상관없이 위급한 경우를 함께 만나면 서로 도와주게 된다는 의미

董狐之筆(동호지필)　晋나라 史官 董狐가 어떤 어려움에도 불구하고 역사기술을 굴곡없이 했다는 데에서 유래. 역사에 대한 기탄없는 집필을 의미한다.

斗南一人(두남일인)　두남은 북두칠성의 남쪽. 즉, 온 천하에서 제일가는 현재(賢才)를 의미한다.

杜門不出(두문불출)　〈2003 법원, 2006 삼성그룹〉
세상과 인연을 끊고 출입을 하지 않음

杜漸防萌(두점방맹)　애시 당초 싹이 나오지 못하도록 막는다. 점(漸)은 사물의 처음. 맹(萌)은 싹. 곧 좋지 못한 일의 조짐이 보였을 때 즉시 그 해로운 것을 제거해야 더 큰 해(害)가 되지 않는다는 의미.

杜撰(두찬)　저술(著述)한 것에 틀린 곳이 많아서 믿을 수 없는 것을 일컫는다.

斗筲之人(두소지인)　한 말 두 되 들이의 대그릇 같은 사람. 즉, 사람의 식견이나 그릇이 좁은 것을 비유한다.

得隴〈復〉望蜀(득롱〈부〉망촉)　〈2009 서울시, 정통순경〉
후한(後漢) 초(初)에 광무제(光武帝)가 롱(隴)을 정복하고 보니 촉(蜀)이 욕심나서 또다시 촉나라를 쳤다는 데서 나온 말. 사람의 욕심은 끝이 없음을 뜻한다.

得魚忘筌(득어망전)　물고기를 잡고 통발을 잊어먹는다. 목적을 달성하고 나면, 그 목적을 위하여 사용한 사물을 잊어버린다는 비유.

得一忘十(득일망십)　한 가지를 얻고 열 가지를 잃어버림. 기억력이 좋지 못함을 뜻한다.

登高自卑(등고자비)　〈2005 근로복지공단, 2006 한전〉
일을 하는 데는 반드시 차례를 밟아야 한다는 말.

登樓去梯(등루거제)　樓上에 오르게 하여 놓고 오르고 나면 사다리를 치운다. 즉, 처음엔 남을 기쁘게 해놓고 뒤에 괴롭게 한다.

登龍門(등용문)　용문에 오르다. 심한 난관을 극복하고 비약의 기회를 잡는 것을 일컫는다.

燈下不明(등하불명)　〈2008 국가, 2012 서울시농수산물유통공사〉
등잔 밑이 어둡다. 가까이 있는 것이 오히려 알아내기기 어려움을 이르는 말이다.

燈火可親(등화가친) 가을이 되어 서늘하면 밤에 불을 가까이 하여 글 읽기에 좋다는 말이다.

## ㅁ

磨斧爲針(마부위침) 도끼를 갈아서 침을 만든다. 아무리 이루기 힘든 일이라도 끊임없는 노력과 끈기 있는 인내만 있으면 성공하고야 만다는 뜻이다.
馬耳東風(마이동풍) 남의 말을 귀담아 듣지 않음.
麻中之蓬(마중지봉) 삼 가운데 자라는 쑥. 좋은 환경의 감화를 받아 자연히 품행이 바르고 곧게 된다는 비유.
磨鐵杵(마철저) (磨鐵杵欲作針) 쇠로 만든 다듬이 방망이를 갈아서 침을 만들려 한다. 노력하면 아무리 힘든 목표라도 달성할 수 있음을 뜻한다.
馬行處牛亦去(마행처우역거) 말 가는 데 소도 간다. 남이 하면 나도 할 수 있다는 뜻.
馬革裹屍(마혁리시) 말의 가죽으로 자기 시체를 싼다. 옛날에는 전사한 장수의 시체는 말가죽으로 쌌으므로 전쟁에 나가 살아 돌아오지 않겠다는 뜻을 말한다.
莫上莫下(막상막하) 실력에 있어 낫고 못함이 없이 비슷함  〈2005 삼성그룹〉
莫逆之友(막역지우) 극히 친밀한 벗.  〈2011 수도권매립지관리공사〉
萬頃蒼波(만경창파) 넓고 푸른 바다.
萬古風霜(만고풍상) 사는 동안에 겪은 많은 고생.
萬機親覽(만기친람)  〈2006 농협중앙〉
임금이 온갖 정사를 직접 다스리는 경우이다.
晩時之歎(만시지탄) 기회를 잃음을 한탄함. 〈2006 인천소방, 2008 경북·대구농협, 2009 법원, 2010 한국농어촌공사〉
滿身瘡痍(만신창이) 온몸이 흠집투성이가 됨. 아주 엉망이 됨.
萬壑千峰(만학천봉) 많은 골짜기와 산봉우리.
萬彙群象(만휘군상) 많은 군중. 수없이 모여 이룬 무리.
望洋之嘆/望洋之歎(망양지탄)  〈2005 한국전력, 2008 경북·대구농협, 2009 법원〉
힘이 미치지 못하는 탄식의 뜻 ; 학문의 길이 여러 갈래여서 한 갈래의 진리도 얻기 어려움을 이르는 말이다.

罔知所措(망지소조)　매우 급해 어찌할 바를 모름.
麥秀之嘆(맥수지탄)〈2006 인천소방, 2008 경북·대구농협·SH공사, 2009 법원·삼성그룹, 2010 인천도시개발·대한지적공사〉
나라가 망함을 한탄함.

望洋之嘆(망양지탄)　　　　　　　　　　　　　　　　　〈2009 법원〉
어떤 일에 자기 자신의 힘이 미치지 못할 때의 탄식

望雲之情(망운지정)　　　　　　　　　　　　　　〈2010 대한지적공사〉
객지에 나온 자식이 고향의 부모를 그리는 정을 이르는 말

孟母斷機(맹모단기)　맹자의 어머니가 베를 끊었다는 뜻으로, 학업을 중도에서 그만둠을 훈계하는 말이다.　　　　　　　　　　　〈2005 대구시〉

面從腹背(면종복배)　　　　　　　　　〈2005 농협중앙, 2009 국가〉
겉으로는 복종하는 체하며 내심으로는 배반하는 것

面從後言(면종후언)　그 사람 앞에서는 복종하고 돌아서서는 욕함.

明見萬里(명견만리)　먼 곳의 일을 환히 알고 있음을 뜻함.

明鏡止水(명경지수)　　　　　　　　　　　　　　〈2006 경기농협〉
맑은 거울같이 잔잔한 물. 잡념, 허욕이 없는 깨끗한 마음.

明眸皓齒(명모호치)　눈동자가 밝고 이가 희다는 뜻. 미인을 형용하는 말.

名實相符(명실상부)　이름과 실제가 서로 부합하는 것.　　〈2003 주공〉

命也福也(명야복야)　연거푸 생기는 행복을 뜻함.

明若觀火(명약관화)　불을 보듯 분명함.　　〈2006 삼성그룹, 2009 국가〉

毛骨悚然(모골송연)　아주 끔찍한 일을 당하거나 볼 때 두려워 몸이나 털이 으슥하여진다는 말.

毛遂自薦(모수자천)　자기가 자신을 스스로 추천하는 것.　〈2009 삼성그룹〉

牧民之官(목민지관)　백성을 가르치는 벼슬아치라는 뜻으로 고을 원 등 외직 문관을 총칭하는 말.

目不識丁(목불식정)　　　　　　　　　〈2006 농협중앙, 2008 SH공사〉
낫 놓고 기억자도 모른다는 뜻. 아주 무식함.

目不忍見(목불인견)　딱한 모양을 차마 눈으로 볼 수 없음.　〈2003 주공〉

猫頭縣鈴(묘두현령)　고양이 목에 방울달기. 즉 실행할 수 없는 헛 의론이라는 뜻.

武陵桃源(무릉도원)   이 세상을 떠난 별천지를 말함. 신선의 세계.
無不干涉(무불간섭)   함부로 남의 일에 간섭함.
無不通知(무불통지)   무슨 일이든 모르는 것이 없음.
無所不爲(무소불위)   못할 짓이 없음
文房四友(문방사우)   종이・붓・벼루・먹              〈2007 농협중앙〉
門前成市(문전성시)   권세가 드날리거나 부자가 되어 집문 앞이 찾아오는 손님들로 마치 시장을 이룬 것 같음.              〈2004 농어촌공사〉
門前沃畓(문전옥답)   집 앞 가까이에 있는 좋은 논, 곧 많은 재산을 일컫는 말
勿輕小事(물경소사)   조그만 일을 가볍게 여기지 말라. 작은 일에도 정성을 다하라.
勿頸之交(물경지교)   목이 잘리는 한이 있어도 마음을 변치 않고 사귀는 친한 사이(=刎頸之交)
物心一如(물심일여)   마음과 형체가 구분됨이 없이 하나로 일치한 상태
物外閒人(물외한인)   세상의 시끄러움에서 벗어나 한가하게 지내는 사람.
迷道不遠(미도불원)   그리 멀지 않은 곳에서 길을 헤맨다. 멀지 않다는 뜻. 즉, 곧 본 길을 찾게 됨을 의미.
未亡人(미망인)   남편과 함께 죽어야 할 것을, 아직 죽지 못하고 있는 사람이란 뜻으로, 과부가 스스로를 겸손하며 일컫는 말.
彌縫(미봉)              〈2000 국가, 2008 법원〉
꿰매어 맞춤. 실패와 결점을 일시적인 눈가림으로 넘김.
尾生之信(미생지신)   신의가 두터운 것을 비유하거나, 우직한 것을 비유함. 魯나라의 高尾生은 믿음으로써 여자와 다리 아래에서 만나기로 기약하고, 여자가 오지 않자, 물이 밀려와도 떠나지 않아, 기둥을 끌어안고서 죽었다.
未曾有(미증유)   지금까지 한 번도 있어 본적이 없는 것              〈2008 법원〉
民貴君輕(민귀군경)   '백성은 귀하고 임금은 가볍다'는 뜻으로 국민을 존중하는 정치에 대한 기대를 나타낸 말              〈2011 한국산업안전보건공단〉
密雲不雨(밀운불우)              〈2007 경기교육・삼성그룹〉
짙은 구름이 끼어 있으나 비가 오지 않음. 어떤 일의 징조만 있고 그 일은 이루어지지 않는 것을 비유. 위에서 내리는 은택이 아래가지 고루 내려지지 않음을 뜻하기도 한다.

# ㅂ

**璞玉渾金(박옥혼금)** 박옥(璞玉)은 갈고 닦지 않은 옥, 혼금(渾金)은 아직 제련하지 않은 금. 곧 검소하고 질박한 사람을 칭찬하는 말로 쓰인다.

**拍掌大笑(박장대소)** 손바닥을 치면서 크게 웃음. 〈2008 삼성그룹〉

**薄志弱行(박지약행)** 뜻과 행실이 약해 어려움을 견디지 못함.

**盤溪曲徑(반계곡경)** 소반같이 좁은 시내와 꾸불꾸불한 지름길. 정당한 방법을 취하지 않고 옳지 않은 수단을 써서 억지로 일을 한다는 뜻이다.

**盤根錯節(반근착절)** 구부러진 뿌리와 뒤틀린 마디. 얼크러져 매우 처리하기 어려운 사건, 세력이 단단하여 흔들리지 않는 일, 몹시 어려움을 겪는 것을 비유하는 말이다.

**反面敎師(반면교사)** 〈2008 국가, 2009 지방〉
극히 나쁜 면만을 가르쳐 주는 선생이란 뜻

**半面之分(반면지분)** 얼굴을 반만 아는 사이. 서로 알아는 보지만 친하게 지내지는 않는 사이

**半面之識(반면지식)** 얼굴을 반만 아는 사이. 서로 알아는 보지만 친하게 지내지는 않는 사이

**反目嫉視(반목질시)** 서로 미워하고 질투하는 눈으로 봄.

**班門弄斧(반문농부)** 자기의 실력을 생각지 않고 당치않게 덤비는 것을 말한다.

**伴食宰相(반식재상)** 재능이 없으면서 유능한 재상 옆에 붙어서 정사를 처리하는 재상을 말한다.

**反哺之孝(반포지효)** 〈2008 삼성그룹, 2011 농수산물유통공사〉
까마귀 새끼가 자라서 그 어버이에게 먹이를 먹여주는 일. 자식이 부모의 은혜에 보답함을 비유한다. ⇒ 세발달린 상상의 까마귀 : 삼족오

**拔本塞源(발본색원)** 〈2006 한전, 2009 삼성그룹〉
폐단의 근원을 뽑고 막아 없앰.

**拔萃抄錄(발췌초록)** 여러 속에서 뛰어난 것을 뽑아 간단히 적어둔 것.

**旁岐曲徑(방기곡경)** 〈2011 한국산업안전보건공단〉
바른 길을 좇아 정당하게 일하지 않고 그릇된 수단을 써서 억지로 하는 일

**傍若無人(방약무인)** 곁에 사람이 없는 것처럼 아무 거리낌 없이 함부로 말하고 행동하는 태도가 있음.

**蚌鷸之爭**(방휼지쟁)　　　　　　　　　　　　　　〈2008 지방, 2009 국회〉
방합과 도요새의 다툼으로 제3자가 이익을 챙겼다는 뜻.
**背恩忘德**(배은망덕)　은혜를 잊고 도리어 배반함.　〈2011 농수산물유통공사〉
**白駒過隙**(백구과극)　　　　　　　　　　　　　　〈2004 농어촌공사〉
흰 망아지가 빨리 달리는 것을 문틈으로 본다는 뜻으로 인생이나 세월이 덧없이 짧음을 이르는 말이다.
**百年河淸**(백년하청)　　　　　　　　　　　　　　〈2006 용인시〉
아무리 기다려도 성공을 기대하기 어렵다는 말.
**百年偕老**(백년해로)　부부가 화락하여 함께 늙는 것.
**伯樂一顧**(백락일고)　남이 자기의 재능을 알아주므로 극진히 대우함.
**白面書生**(백면서생)　글만 읽고 세상 물정은 모르는 사람.　〈2007 삼성그룹〉
**伯牙絶絃**(백아절현)　　　　　　　　　〈2005 마사회, 2009 삼성그룹〉
자기를 알아주는 참다운 벗의 죽음을 슬퍼하는 것
**白眼視**(백안시)　눈의 흰 부분으로 본다. 즉, 사람을 싫어하여 흘겨보는 것 또는 냉정한 눈길로 바라보는 것을 말한다.
**白楡泣丈**(백유읍장)　　　　　　　　　　　　　　〈2005 대구시〉
백유가 매를 맞으며 운다는 뜻으로, 늙고 쇠약해진 어머니의 모습을 보여 슬퍼함.
**白衣民族**(백의민족)　흰 옷을 숭상하고 즐겨 입은 한민족을 일컫는 말〈2008 삼성그룹〉
**百折不屈**(백절불굴)　백 번 꺾어도 굽히지 않음
**栢舟之操**(백주지조)　공백(共伯)의 아내가 공강(共姜)이 백주(栢舟)라는 시를 지어 맹세하고 절개를 지킨 고사에서 유래한 말이다.(『詩經』「栢舟」) 남편이 일찍 죽은 아내가 절개를 지키는 것을 의미한다.
**伯仲之間**(백중지간)　서로 비슷하고 우열이 없는 것.
**伯仲之勢**(백중지세)　형제인 장남과 차남의 차이처럼 큰 차이가 없는 형세. 우열(優劣)의 차이가 없이 엇비슷함을 이르는 말이다.(=伯仲之間). 옛날에 형제의 순서를 백(伯)·중(仲)·숙(叔)·계(季)로 일컬었었다.
**法遠拳近**(법원권근)　법은 멀고 주먹은 가깝다는 말.
**變法自疆**(변법자강)　법령을 개혁하여 국력을 튼튼하게 함.　〈2009 경기농협〉
**病入膏肓**(병입고황)　병이 몸 속 깊이 들어 고치기 어렵다.　〈2009 SH공사〉

病入膏肓(병입고황) 병이 몸 속 깊이 들어 고치기 어렵다. 〈2009 SH공사〉
輔車相依(보거상의)  서로 돕고 서로 의지한다는 말.
保合大和(보합대화) 〈2011 한국산업안전보건공단〉
한 마음을 가지면 큰 의미의 대화합을 이룰 수 있는 것
蓬生麻中(봉생마중) 쑥이 삼 가운데서 자라나면 붙들어주지 않아도 저절로 곧아짐. 벗이 잘되면 덩달아 잘됨 〈2004 충주시〉
扶危定傾(부위정경) 〈2009 경기교육〉
위기를 맞아 잘못됨을 바로 잡고 나라를 바로 세운다는 뜻.
附和雷同(부화뇌동) 〈2006 경기도, 2010 인천도시개발, 2011 한국산업단지공단〉
남이 하는 대로 무턱대고 따라하는 것 - 주견이 없음
不可思議(불가사의) 보통의 생각으로는 도저히 미루어 알 수가 없음.
不問可知(불문가지) 묻지 않아도 가히 알 수 있음.
拂鬚塵(불수진) 남의 수염에 붙은 먼지를 덜어준다는 뜻, 윗사람 또는 권력자에게 아첨하는 것.
不撓不屈(불요불굴) 한번 먹은 마음이 흔들리거나 굽힘이 없음 〈2008 지방〉
不撤晝夜(불철주야) 밤과 낮을 가리지 않음.
不恥下問(불치하문) 아랫사람에게도 물을 것은 꺼리지 않고 물음.〈2006 경기도〉
不蔽風雨(불폐풍우) 집이 헐어 바람과 비를 가리지 못함.
附和雷同(부화뇌동) 주견이 없이 타인의 언행에 덩달아 좇음.
粉骨碎身(분골쇄신) 뼈가 가루가 되고 몸이 부서지도록 희생적으로 노력함.
鵬程萬里(붕정만리) =산천만리. 〈2008 삼성그룹〉
② 아주 양양한 장래를 비유적으로 이르는 말.
非禮勿聽(비례물청) 예(禮)가 아니면 듣지도 말아라
非夢似夢(비몽사몽) 꿈인지 생시인지 알 수 없는 어렴풋함
比比有之(비비유지) 드물지 않음
髀肉之嘆(비육지탄) 〈2006 인천소방, 2007 삼성그룹〉
장수가 전쟁에 나가지 못하여 넓적다리에 살이 피둥피둥 찌는 것을 한탄한다는 뜻. 뜻을 펴보지 못하고 허송세월을 보낸다는 의미.
非一非再(비일비재) 한두 번이 아님.
牝鷄之晨(빈계지신) 암탉이 새벽을 알리느라고 운다. 아내가 남편의 권리를

잡는 것을 일컫는 말이다.
**貧賤之交**(빈천지교)  빈천할 때 사귄 잊지 못할 벗.
**憑公營私**(빙공영사)  관청이나 공공의 일을 이용해 개인의 이익을 꾀함.
**氷姿玉質**(빙자옥질)  얼음같이 투명한 모습과 옥과 같이 뛰어난 바탕. 용모와 재주가 모두 뛰어남을 비유하는 말이다.( = 仙姿玉質)
**氷淸玉潤**(빙청옥윤)  얼음처럼 맑고 구슬처럼 윤이 난다. 장인과 사위의 인물이 다 같이 뛰어남을 말한다.
**氷炭不相容**(빙탄불상용)  얼음과 숯이 서로 용납하지 못한다. 군자와 소인이 같이 한 곳에 있지 못함을 상징. 서로 반대되는 것들끼리는 근본적으로 어울릴 수 없음을 뜻한다.
**氷炭之間**(빙탄지간)  얼음과 숯의 사이. 서로 화합할 수 없는 사이를 말한다.( = 犬猿之間)

## 人

**徙家忘妻**(사가망처)  이사할 때 자기의 처(妻)를 깜빡 잊고 데려가지 않음. 잘 잊는 것을 가리켜 하는 말이다.
**四顧無親**(사고무친)  사방을 둘러봐도 가족이나 친척이 없다. 친척이 없어 의지할 곳 없이 외로움 (-四顧無人)  〈2013 한국마사회〉
**舍己從人**(사기종인)  〈2013 한국마사회〉
자신의 이전 행위를 버리고 타인의 선행을 본떠 실행함
**四面楚歌**(사면초가)  〈2009 삼성그룹, 2013 한국마사회〉
사면이 적병으로 둘러싸인 경우와 같이 도움 없이 고립된 경우를 일컬음.
**四面春風**(사면춘풍)〈2013 한국마사회〉
 사방으로 봄바람이 분다. 항상 좋은 얼굴로 남을 대하여 누구에게나 호감을 사는 것을 말한다.
**駟不及舌**(사불급설)  사두마차의 속력으로도 입에서 한 번 나온 말의 빠르기를 못 따른다. 말을 삼가 하라는 뜻이다.
**邪不犯正**(사불범정)  바르지 못한 것이 바른 것을 범하지 못함.
**事不如意**(사불여의)  일이 뜻대로 안 됨.
**砂上樓閣**(사상누각)  모래 위에 지은 집, 곧 헛된 것을 비유하는 말이다.

死而後已(사이후이)  죽을 때까지 소임을 그만두지 않는다는 것〈2013 국립공원관리공단〉
辭讓之心(사양지심)  겸손히 마다하며 받지 않거나 남에게 양보하는 마음. 인(仁)의 근본이다.
四通八達(사통팔달)  도로나 교통망이 사방으로 통하는 것.   〈2006 삼성그룹〉
辭讓之心禮之端也(사양지심예지단야)   겸허하게 양보하는 마음은 예(禮)의 근본이다.
事必歸正(사필귀정)     〈2008 삼성그룹, 2009 SH공사, 2013 한국마사회〉
무슨 일이든지 결국은 옳은 데로 돌아간다는 뜻.
山窮水盡(산궁수진)  어려움이 극도에 다달아 아무런 방법이 없음을 말함.
山戰水戰(산전수전)  세상일에 경험이 많은 것을 말함.
山海珍味(산해진미)  산의 산물과 바다의 산물을 다 갖추어 썩 잘 차린 음식.
殺身成仁(살신성인)  절개를 지켜 목숨을 버림.
三旬九食(삼순구식)     〈2003·2008 법원, 2005 삼성그룹, 2009 SH공사〉
몹시 가난함을 의미
三遷之敎(삼천지교)                          〈2005 삼성그룹〉
맹자의 어머니가 아들의 교육을 위하여 묘지 앞, 시장거리, 서당 앞으로 세 번 거처를 옮겼다는 고사로 생활환경이 교육에 있어 큰 구실을 함을 말한다.
傷弓之鳥(상궁지조)  한번 화살에 맞은 새가 항상 의심하고 두려워함과 같이 한번 궂은일을 당하고 나면 늘 의심하고 두려워하게 되는 것을 비유하는 말이다.
上山求魚(상산구어)  산 위에서 물고기를 찾는다. 당치 않은 데 가서 되지도 않는 것을 원한다는 말이다.
桑田碧海(상전벽해)     〈한국전력, 2006 농협중앙, 2009 정통순경〉
뽕나무밭이 변하여 푸른 바다가 된다는 말로 세상일의 변천이 심하여 사물이 바뀜을 비유하는 말이다.(＝桑田滄海)
上濁下不淨(상탁하부정)  윗사람이 바르지 못하면 아랫사람도 행실이 바르지 못하게 된다는 뜻.
上火下澤(상화하택)  불은 위로 오르려 하고, 못은 아래로 처지려는 성향을 가진 것처럼 서로 분열한다는 의미    〈2007 삼성그룹, 2008 한국감정원〉
塞翁之馬(새옹지마)     〈2006 한전, 2008 국가, 2009 삼성그룹〉

세상일은 복이 될지 화가 될지 예측할 수 없다는 비유로 쓰인다.
善男善女(선남선녀) 〈2009 인천관광공사〉
착하고 어진 평범한 사람들
雪上加霜(설상가상) 〈2004·2006 삼성그룹, 2008 국가·삼성그룹〉
불행한 일에 불행을 거듭 당한다는 뜻.
纖纖玉手(섬섬옥수) 가냘프고 고운 여자의 손.
小貪大失(소탐대실) 작은 것을 탐하다가 큰 것을 잃음 〈2009 지방〉
速戰速決(속전속결) 싸움을 오래 끌지 않고 빨리 끝내는 것. 〈2005 삼성그룹〉
束手無策(속수무책) 어찌할 도리가 없음.
遜順埋兒(손순매아) 〈2005 대구시〉
신라흥덕왕 때 자신의 아들을 죽여 묻음으로써 어머니를 봉양하려 한 효행설화
松茂栢悅(송무백열) 소나무가 무성한 것을 보고 측백나무가 기뻐한다는 뜻으로, 벗이 잘됨을 기뻐한다는 의미. 〈2007 한국수원〉
首丘初心(수구초심) 고향을 그리워하는 마음을 일컫는 말. 〈2005 삼성그룹·국체공단·석유개발공사, 2009 삼성그룹, 2010 대한지적공사〉
手不釋卷(수불석권) 손에서 책을 떼지 않고 독서에 열중함. 〈2008 한국감정원, 2009 경기교육·경남농협·삼성그룹, 2012 서울시농수산물유통공사〉
袖手傍觀(수수방관) 〈2006 한전, 2011 국민연금공단〉
일을 하지 않고 그저 옆에서 보고만 있다는 뜻.
乘勝長驅(승승장구) 싸움에 이긴 여세를 몰아 계속 몰아치는 것 〈2008 삼성그룹〉
是非之心(시비지심) 옳고 그름을 가릴 줄 아는 마음. 〈2005 삼성그룹〉
守株待兎(수주대토) 〈2006 한전, 2007 서울시, 2009 경남농협〉
한 가지 일에만 얽매여 발전을 모르는 어리석은 사람을 비유적으로 이르는 말이다.
脣亡齒寒(순망치한) 입술이 없으면 이가 시리다는 뜻으로, 가까운 사이에서 하나가 망하면 다른 하나도 바로 위험에 직면하는 것. 〈2009 삼성그룹〉
尸位素餐(시위소찬) 〈마사회, 2008 국가, 2009 서울시〉
직책을 다하지 못하고 녹만 먹는 것.
時和年豊(시화년풍) 나라가 태평하고 해마다 풍년이 든다. 〈2008 YTN·삼성그룹〉
食少事煩(식소사번) 소득은 없고 할 일만 많은 것 〈2007 삼성그룹〉

識字憂患(식자우환)　　　　　　　　　　　　　〈2006 한전〉
학식이 있는 것이 도리어 근심을 사게 된다는 말.
神出鬼沒(신출귀몰)　귀신처럼 홀연히 나타났다가 홀연히 사라짐. 자유자재로 출몰(出沒)하여 그 변화를 헤아릴 수 없는 일이나 사람을 이르는 말이다.
實事求是(실사구시)　있는 그대로의 사실 즉, 실제에 입각해서 그 일의 진상을 찾고 구하는 것을 말한다.
深思熟考(심사숙고)　깊이 생각하고 자세하게 살펴 봄. 깊이 잘 생각함을 뜻한다.　　　　　　　　　　　　　　　　　〈2012 한국마사회〉
心在鴻鵠(심재홍곡)　바둑을 두면서 마음은 기러기나 고니가 날아오면 쏘아 맞출 것만 생각한다면 어찌되겠느냐는 맹자(孟子)의 언질에서 비롯된 말이다. 학업을 닦으면서 마음은 다른 곳에 씀을 일컫는 말이다.
十目所視(십목소시)　세상 사람을 속일 수 없음.　　〈2007 삼성그룹〉
十伐之木(십벌지목)　열 번 찍어 안 넘어가는 나무가 없다라는 뜻
十匙一飯(십시일반)　열 사람이 한 술씩 보태면 한 사람 먹을 분량이 된다는 뜻. 여러 사람이 힘을 합하면 한 사람을 돕기는 쉽다는 말이다.　〈2003 주공〉
十日之菊(십일지국)　　　　　　　　　　　　〈대한생명, 2007 한국수원〉
국화는 핀 지 9일 되는 날이 절정이므로, 이미 때가 늦었다는 말이다.

# ㅇ

阿鼻叫喚(아비규환)　많은 사람이 지옥 같은 고통을 못 이겨 구원을 부르짖는 측은한 소리. 심한 참상을 형용하는 말. 불교용어(阿鼻地獄/叫喚地獄)
我田引水(아전인수)　　　　　〈2004 서울시 농수산물공사, 2009 삼성그룹〉
제논에 물대기. 자기에게 유리하도록 행동하는 것을 비유하는 말이다.
眼高手卑(안고수비)　눈은 높고 마음은 크나 재주가 없음.　〈2006 삼성그룹〉
眼鼻莫開(안비막개)　눈 코 뜰 새 없는 것. 몹시 바빠 어쩔 수 없는 것.
安貧樂道(안빈낙도)　구차하고 궁색하면서도 그것에 구속되지 않고 평안하게 즐기는 마음으로 살아감. 또는 가난에 구애받지 않고 도(道)를 즐김을 일컫는다.
眼中之人(안중지인)　눈 속에 있는 사람. 정(情)든 사람을 뜻한다. 눈앞에 있는 사람을 가리켜 말하기도 하고, 눈앞에 없어도 평생 사귄 사람을 일컫기도 한다.

眼下無人(안하무인)　눈앞에 사람이 없는 듯이 말하고 행동함. 태도가 몹시 거만하여 남을 사람 같이 대하지 않음을 말한다.

暗中摸索(암중모색)　〈2008 SH공사〉
물건을 어둠 속에서 더듬어 찾음. 분명히 알지 못하는 일을 여러 모로 더듬어 찾아낸다는 말이다.

殃及池魚(앙급지어)　〈2009 SH공사〉
초(楚)나라 성문에 불이 붙어, 성 밖에 있는 연못의 물로 이 불을 끄게 되었는데, 못의 물이 전부 없어져 그 속에 있던 고기들이 모두 말라 죽은 고사에서 비롯됨. 이유 없이 재앙(災殃)을 당하는 것을 비유하는 말로 쓰인다.

曖昧模糊(애매모호)　사물의 이치가 희미하고 분명치 않음

愛人者人恒愛之(애인자인항애지)　다른 사람들을 사랑하는 사람은 다른 사람들도 늘 그를 사랑해준다.

野壇法席(야단법석)　질서가 없고 시끌벅적한 것.　〈2004 삼성그룹〉

弱肉强食(약육강식)　약한 것이 강한 것에 먹힘을 뜻함.　〈2009 국회〉

陽臺(양대)　해가 잘 비치는 대. 남녀의 정교(情交)를 의미한다.

陽臺不歸之雲(양대불귀지운)　한 번 정교(情交)를 맺고 다시는 만나지 못하는 것을 비유하여 말한다.

羊頭狗肉(양두구육)　보기에는 훌륭하되 속은 변변치 못하다는 말.　〈2005 농협중앙·삼성그룹, 2006 경기농협, 2012 한국농어촌공사〉

兩虎相鬪(양호상투)　〈2005 삼성그룹〉
힘센 두 영웅이나 두 나라가 서로 싸우는 것.

養虎遺患(양호유환)　화근을 길러 근심을 사는 것을 말함.

語不成說(어불성설)　말이 조금도 이치에 맞지 아니함은 뜻함.〈2005 삼성그룹〉

漁父之利(어부지리)　〈2005 삼성그룹, 2006 한전〉
둘이 다투는 사이에 들어 제삼자가 이득을 보는 것.

言語道斷(언어도단)　〈2009 국회〉
어이가 없어서 말하려 해도 말할 수 없음을 이르는 말

言中有骨(언중유골)　예사스런 말 속에 단단한 뼈가 들어 있다는 말.

如履薄氷(여리박빙)　얇은 얼음을 밟는 듯 매우 위험한 것.

如反掌(여반장)　〈이동통신〉

易如反掌의 준말로, 손바닥을 뒤집는 것처럼 아주 쉽다는 뜻이다.
女必從夫(여필종부) 아내는 남편에게 순종해야 한다는 말.
易地思之(역지사지) 처지를 바꾸어 생각해 보는 것.　　　〈2004 삼성그룹〉
緣木求魚(연목구어)　　　　　　　　　　　　　　　　〈2006 삼성그룹〉
되지 못할 일을 무리하게 하려고 한다는 뜻.
年年歲歲(연연세세) 해마다　　　　　　　　　　　　〈2009 농어촌공사〉
燕鴻之歎(연홍지탄) 여름새인 제비와 겨울새인 기러기가 만나지 못하듯 길이 어긋나 서로 만나지 못함을 한탄하는 일　　〈2006 인천소방〉
炎凉世態(염량세태)　　　　　　　　〈2004 경기, 2007 삼성그룹〉
세력이 있을 때는 아첨하여 따르고 세력이 없어지면 푸대접하는 세상의 인심을 비유적으로 이르는 말
拈華示衆(염화시중) 마음에서 마음으로 전하는 것(= 拈華微笑)
榮枯盛衰(영고성쇠) 개인이나 사회의 쇠하고 성함이 뒤바뀌는 현상을 일컫는 말.
五里霧中(오리무중) 오리나 되는 짙은 안개 속에 있다는 뜻으로, 무슨 일에 대하여 방향이나 갈피를 잡을 수 없음을 이르는 말.
傲慢無道(오만무도)　　　　　　　　　　　　　　　　　〈2008 국회〉
태도나 행동이 건방지거나 거만하여 도의를 지키지 아니함.
寤寐不忘(오매불망) 밤낮으로 잊지 못함.
吾不關焉(오불관언) 어떤 일에 상관하지 아니하는 태도　〈2006 한전〉
吾鼻三尺(오비삼척) 내 코가 석자　　〈2005 삼성그룹, 2008 국가〉
烏飛梨落(오비이락)　　　　　　　　　〈롯데, EBS, 2007 국가〉
남의 혐의를 받기 쉽다는 말. 까마귀 날자 배 떨어진다.
傲霜孤節(오상고절) 서릿발이 심한 속에서도 굴하지 않고 외로이 지키는 절개라는 뜻으로, 국화를 말함.　　　　　　　〈2007 한국수원〉
五十步百步(오십보백보) 두 가지가 서로 별 차이가 없다는 말.〈2009 삼성그룹〉
五言長城(오언장성) 오언시(五言詩)를 잘 짓는 것이나 만리장성(萬里長城)은 보통 사람으로서는 바랄 수 없는 일임을 비유하는 말이다.
吳牛喘月(오우천월) 오(吳)나라의 소가 더위를 두려워해서 달을 보고도 해인 줄 알고 헐떡인다. 지레 짐작으로 공연한 일에 겁을 내어 걱정함을 비유하는 말로 쓰인다.

烏雲之陣(오운지진)　까마귀가 흩어지는 것처럼, 또 구름이 모이는 것과 같이 모임과 흩어짐이 계속되면서 변화가 많은 진법(陣法)을 말한다.

吳越同舟(오월동주)　　　　　　〈2005 삼성그룹, 2009 삼성그룹·교육〉
서로 적대 관계에 있던 오(吳)나라 군사와 월(越)나라 군사가 한 배에 타게 되었던 고사에서 유래한 말이다. 사이가 좋지 못한 사람끼리도 자기의 이익을 위해서는 행동을 같이 한다는 것을 비유하는 말로 쓰인다.

五臟六腑(오장육부)　5장 : 간·심장·비장·폐·신장, 6부 : 담·위·대장·소장·방관·삼초

烏合之卒(오합지졸)　까마귀 떼와 같이 조직도 훈련도 없이 모인 병사

溫故知新(온고지신)　　　　　　　　　　　　　　　〈2003 국가〉
이미 얻은 사실을 익혀 나아가 새로운 것을 앎.

臥薪嘗膽(와신상담)　　　　　　〈2003·2007 법원·삼성그룹〉
원수를 갚고자 고생을 참고 견딤.

外剛內柔(외강내유)　겉으로는 굳고 안으로는 부드러움.

外華內貧(외화내빈)　겉은 화려하나 속은 빈곤함. 〈2000 법원, 2004 삼성그룹〉

樂山樂水(요산요수)　산과 물을 좋아함.

窈窕淑女(요조숙녀)　얌전한 여자.

龍頭蛇尾(용두사미)　처음엔 그럴 듯하다가 종말이 흐지부지한 것.

龍味鳳湯(용미봉탕)　　　　　　　　　　　　〈2008 삼성그룹〉
용의 맛과 봉황의 탕국이란 뜻으로, 매우 좋은 음식을 비유하는 말

龍虎相搏(용호상박)　힘이 강한 두 사람이 승부를 겨룸 〈2009 대구농협〉

愚公移山(우공이산)　　　　　　〈2006 삼성그룹, 2007 법원〉
노력하면 불가능해 보이는 것도 이루어진다는 뜻

雨露風霜(우로풍상)　모든 경험.

牛耳誦經(우이송경)　　　　　〈2008 국가, 2010 한국농어촌공사〉
쇠귀에 경 읽기. 牛耳讀經(우이독경)과 같은 뜻.

雨後竹筍(우후죽순)　비 온 뒤에 죽순이 나듯 어떤 일이 한 때 많이 일어나는 것.

雲泥之差(운니지차)　　　　　　　　　　　　〈2007 삼성그룹〉
구름과 진흙의 차이라는 뜻, 서로 간의 차이가 큼을 이르는 말

遠交近攻(원교근공)　먼 나라와 친하고 가까운 나라를 쳐서 점차로 영토를 넓힘.

遠禍召福(원화소복)  불행을 물리치고 복을 불러들임.
危機一髮(위기일발)  거의 여유가 없는 위급한 순간.
韋編三絶(위편삼절)                          〈2009 경기교육·삼성그룹〉
공자가 주역을 즐겨 읽어서 책의 가죽 끈이 세 번이나 끊어졌다는데서 유래.
책을 열심히 읽음을 시사 한말.
有口無言(유구무언)  변명할 말이 없음.
類萬不同(유만부동)  모든 것이 서로 갖지 아니함.
有備無患(유비무환)  준비를 하면 걱정할 것이 없음     〈2004 삼성그룹〉
有耶無耶(유야무야)  있는지 없는지 모르게 희미함.
流言蜚語(유언비어)  근거 없는 좋지 못한 말. 아무 근거 없이 널리 퍼진 소문.
類類相從(유유상종)  같은 동아리끼리 왕래하여 사귐.
隱忍自重(은인자중)                                  〈2007 삼성그룹〉
밖으로 드러내지 아니하고 참고 감추어 몸가짐을 신중히 함.
吟風弄月(음풍농월)  시를 짓고 흥취를 자아내어 놀음.
意氣揚揚(의기양양)                                  〈2006 삼성그룹〉
뜻한 바를 이루어 만족한 마음이 얼굴에 나타난 모양
異口同聲(이구동성)  입은 다르나 각자 하는 말은 한결같음.  〈2009 삼성그룹〉
以卵擊石(이란격석)  달걀로 돌을 친다는 뜻으로, 아주 약한 것으로 강한 것
에 대항하려는 어리석음을 비유적으로 이르는 말.
已發之矢(이발지시)  이미 시위를 떠난 화살을 의미, 되돌릴 수 없음.〈2005 삼성
그룹〉
以小事大(이소사대)  작은 나라가 큰 나라를 섬김.
以心傳心(이심전심)             〈2008 삼성그룹, 2009 인천관광공사〉
마음과 마음이 서로 통함.
易如反掌(이여반장)  쉽기가 손바닥을 뒤집는 것과 같음.
利用厚生(이용후생)  기계와 물건의 사용을 편리하게 하고 재물과 의식주를 넉
넉하게 하여 백성의 생활을 풍요롭고 윤택하게 하는 것    〈2008 삼성그룹〉
耳懸鈴鼻懸鈴(이현령비현령)  귀에 걸면 귀걸이, 코에 걸면 코걸이라는 뜻으
로 어떤 사실이 이렇게도 저렇게도 해석됨을 일컫는 말.
因果應報(인과응보)  좋은 일에는 좋은 결과가, 나쁜 일에는 나쁜 결과가 따름.

因循姑息(인순고식)  구습을 고치지 않고 목전의 편안만 취함.
人之常情(인지상정)  사람이면 누구나 가지는 보통의 마음  〈2008 서울시〉
一刻如三秋(일각여삼추)  일각이 삼년과 같다는 뜻.  〈2008 삼성그룹〉
一擧兩得(일거양득)  하나의 행동으로 두 가지 성과를 거두는 것.
一氣呵成(일기가성)  〈2011 한국산업안전보건공단〉
일을 단숨에 매끄럽게 해내는 것
一簞食一瓢飮(일단사일표음)  가난하고 소박한 생활에 만족함.
一望無際(일망무제)  멀고 넓어서 끝이 없음.
一面如舊(일면여구)  처음 만났으나 옛 벗과 같이 아주 친밀함.
一目瞭然(일목요연)  〈2006 한전, 2008 삼성그룹〉
한번 보고도 분명히 안다는 뜻으로, 잠깐 보고도 환하게 알 수 있음을 이르는 말.
一瀉千里(일사천리)  조금도 거침없이 진행됨을 말함.
一葉片舟(일엽편주)  한 조각의 작은 배.
一衣帶水(일의대수)  한 줄기의 띠와 같이 좁은 내나 강.
一日三秋(일일삼추)  하루가 3년처럼 길게 느껴짐. 즉 몹시 애태우며 기다림을 비유하는 말로 쓰인다.
一場春夢(일장춘몽)  인생의 영화(榮華)는 한바탕의 봄날의 꿈과 같이 헛됨을 비유하는 말.
一朝一夕(일조일석)  하루아침 하루 저녁과 같은 짧은 시일.
一陣狂風(일진광풍)  한바탕 부는 사나운 바람.
日進月步(일진월보)  학문이나 재주가 늘어나는 것.  〈2010 한국농어촌공사〉
一觸卽發(일촉즉발)  〈2005 삼성그룹〉
조금만 닿아도 폭발할 것 같은 아슬아슬한 긴장상태
日就月將(일취월장)  〈2006 시흥교육, 2005·2009 삼성그룹〉
나날이 발전하고 다달이 진보함
一波萬波(일파만파)  하나의 물결이 많은 물결을 일으킨다는 뜻으로, 한 사건으로 인해 연속해서 많은 사건이나 파문이 일어나는 것.  〈2008 삼성그룹〉
一敗塗地(일패도지)  싸움에 한 번 패하여 간(肝)과 뇌(腦)가 땅바닥에 으깨어진다는 뜻으로, 여지없이 패하여 재기불능하게 되는 것을 일컫는다.
一片丹心(일편단심)  진정에서 우러나오는 충성된 마음.

一筆揮之(일필휘지) 단숨에 글씨나 그림을 줄기차게 쓰거나 그리는 것을 형용하는 말이다.
日下無蹊徑(일하무혜경) 해가 비치고 있는 곳에는 눈을 피해 갈 수 있는 좁은 지름길이 없다. 나쁜 일이 행해지지 아니한 것을 탄미한 말.
臨渴掘井(임갈굴정) 목마름을 당하여 우물을 판다는 말로, 곧 미리 준비가 없다가 일을 당해 서두른다는 뜻.
臨機應變(임기응변) 일을 당해 그때그때 맞도록 처리함.
臨農奪耕(임농탈경) 땅을 다 다듬고 이제 농사를 지으려 하니까 농사지을 땅을 빼앗아 간다. 오랫동안 애써 준비한 일을 못하게 빼앗는다는 말이다.
臨戰無退(임전무퇴) 싸움에 임해 물러서지 않는다는 뜻.
林中不賣薪(임중불매신) 산 속에는 땔나무가 충분히 있어서 살 사람도 없으니 땔나무를 팔지 않는다. 물건은 그 쓰임이 유용한 곳에서 써야 함을 말한다.
林中之衆鳥不如手中之一鳥(임중지중조불여수중지일조) 숲 속의 많은 새들이 손 안에 한 마리 새보다 못하다.

# ㅈ

自家撞着(자가당착) 〈2000 국가, 2007 경기교육, 2009 경남농협〉
자기의 언행이 전후 모순되어 들어맞지 않는 것.
自强不息(자강불식) 스스로 힘쓰고 쉬지 아니함.
自激之心(자격지심) 제가 한 일에 대하여 스스로 미흡한 생각을 가짐
自誇自尊(자과자존) 제 스스로를 자랑하고 높임.
自愧之心(자괴지심) 스스로 부끄럽게 여기는 마음
煮豆燃豆萁(자두연두기) 콩을 삶는 데 콩깍지로 불을 때다. 골육인 형제가 서로 다투어 괴롭히고 죽이려 하는 것을 비유하는 말이다.
子膜執中(자막집중) 융통성이 없고 임기응변 할 줄 모르는 사람을 일컫는 말이다.
自手削髮(자수삭발) 제 손으로 머리를 깎음. 하기 어려운 일을 남의 힘을 빌지 않고 제 힘으로 처리한다는 뜻이다.
自繩自縛(자승자박) 자기의 줄로 자기를 묶는다는 말로 자기가 자기를 망치게 한다는 뜻이다.

自業自得(자업자득)　자기가 저지른 일의 결과를 자기가 받음.〈2009 삼성그룹〉
自然淘汰(자연도태)　자연적으로 환경에 맞는 것은 살아남게 되고 그렇지 못한 것은 없어짐.
自暴自棄(자포자기)　자기 자신을 스스로 버려서 돌아보지 않음.
自畵自讚(자화자찬)　자기가 그린 그림을 스스로 칭찬함. 자기가 한 일을 스스로 자랑하는 것을 비유하는 말.
作心三日(작심삼일)　마음먹은 것이 삼일 간다. 즉, 결심이 오래 계속되지 못함을 말한다.
張三李四(장삼이사)　　〈2004 삼성그룹, 2009 SH공사・인천관광공사〉
이름이나 신분이 특별하지 않은 평범한 사람
才子佳人(재자가인)　재주가 있는 젊은 남자와 아름다운 여자〈2007 삼성그룹〉
適口之餠(적구지병)　입에 맞는 떡.
賊反荷杖(적반하장)　　〈2005 인천공항공사, 2009 지방〉
잘 못한 자가 도리어 뻣뻣하게 나옴. 도둑이 도리어 매를 들음.
赤手空拳(적수공권)　아무 것도 가진 것이 없음. 맨 손.
戰戰兢兢(전전긍긍)　몹시 두려워 근심함.　〈2003 대구시〉
輾轉反側(전전반측)　　〈2003 국가〉
누워서 물을 이리저리 뒤척이며 잠을 이루지 못하는 것
轉禍爲福(전화위복)　　〈2006 한전, 2008 국가・삼성그룹〉
재앙과 화가 바뀌어 오히려 복이 됨.
切磋琢磨(절차탁마)　학문과 덕행을 닦음을 가리키는 말.　〈2005 수원시〉
漸入佳境(점입가경)　점점 썩 좋은 경지로 들어감.　〈2008 삼성그룹〉
頂門一鍼(정문일침)　　〈2006 농협중앙〉
정수리에 침을 놓는다는 뜻으로, 따끔한 충고나 교훈을 이르는 말.
井底之蛙(정저지와)　　〈대구 7급〉
우물 안의 개구리란 뜻. 견문이 좁은 사람의 비유.
糟糠之妻(조강지처)　가난한 때 고생을 같이 하던 아내.
朝令暮改(조령모개)　　〈2008 선관위, 2009 삼성그룹〉
법령을 자꾸 고쳐 신뢰할 수 없음.
朝飯夕粥(조반석죽)　가난한 생활.

朝變夕改(조변석개)　　　　　　　　　　　　　　〈2009 경기농협〉
아침, 저녁으로 뜯어고친다는 뜻. 계획이나 결정 따위를 자주 바꾸는 것을 이름
朝三暮四(조삼모사)　　　〈서울시 7급, 2003 경남, 2008·2009 삼성그룹〉
간교스러운 꾀로 남을 희롱해 속이는 일.
鳥足之血(조족지혈)　물건이 아주 적은 것을 가리킴. 새발에 피.
左顧右眄(좌고우면)　　　　　　　〈2008 서울·경기·대전·충남농협〉
목표를 뚜렷이 잡지 못하고 여기저기 돌아다 봄.
坐不安席(좌불안석)　자리가 편치 않은 것.　　　〈2004 삼성그룹〉
左衝右突(좌충우돌)　사방으로 치고받고 하는 것.
主客顚倒(주객전도)　　　　　　　　　　　　　　〈2006 한전〉
주인과 손의 위치가 서로 뒤바뀐다는 뜻으로, 사물의 경중 선후 완급 따위가 서로 뒤바뀜.
晝耕夜讀(주경야독)　　　　　　　　　　　　　　〈2007 법원〉
어려운 여건 속에서도 꿋꿋이 공부함을 이르는 말
走馬加鞭(주마가편)　근면하고 성실한 사람을 더욱 편달하는 뜻.
走馬看山(주마간산)　수박 겉핥기다.〈2006 농협중앙·경기농협, 2012 서울시농수산물유통공사〉
酒池肉林(주지육림)　호화가 극에 달한 잔치.
竹馬故友(죽마고우)　　　　　　　　　〈2007 한국수원, 2008 서울시〉
어릴 때부터 같이 놀며 자란 친구.
啐啄同時(줄탁동시)　　　　　　　　　　　　　〈2008 삼성그룹〉
'상부상조'의 뜻으로도 쓰이며, 줄탁동기(啐啄同機)라고도 하며, 줄여서 '줄탁'으로도 쓰인다. 병아리가 알을 깨고 나올 때 어미가 부리를 쪼며 같이 돕는다는 뜻으로, 스승은 깨달음의 계기만 제시하고 나머지는 제자가 스스로 노력해야 함을 의미한다.
衆寡不敵(중과부적)　　　　　　　　　　　〈2005 농협중앙·삼성그룹〉
적은 수효로써 많은 수효를 대적하지 못함.
衆口難防(중구난방)　여러 사람의 말을 막기 어려움　〈2012 한국농어촌공사〉
衆人環視(중인환시)　뭇 사람들이 둘러싸고 봄.
指鹿爲馬(지록위마)　　〈2006 시흥교육·농협중앙, 2008 선관위, 2009 국회〉

윗사람을 농락하여 권세를 마음대로 하는 것

**支離滅裂(지리멸렬)** 이리저리 흩어져 갈피를 잡을 수 없음.

**知足不辱(지족불욕)** 모든 일에 분수를 알고 만족하게 생각하면 모욕을 받지 않는다.

**知足知富(지족지부)** 족한 것을 알고 현재에 만족하는 사람은 부자라는 뜻.

**知彼知己(지피지기)** 상대를 알고 나를 앎

**知彼知己百戰不殆(지피지기백전불태)** 상대를 알고 자신을 알면 백 번 싸워도 위태롭지 않다.

**指呼之間(지호지간)** 부르면 곧 대답할 만한 가까운 거리.

**盡善盡美(진선진미)** 지극히 착하고 지극히 아름다움. 완전무결함

**珍羞盛饌(진수성찬)** 맛이 좋은 음식으로 많이 잘 차린 것을 형용하는 말이다.

**盡人事待天命(진인사대천명)** 사람으로서 할 수 있는 일을 다 한 후에 하늘의 명을 기다린다.

**塵積爲山(진적위산)** 티끌이 모여 태산을 이룸.

**進退維谷(진퇴유곡)** 〈2009 삼성그룹〉
앞으로 나아갈 수도 뒤로 물러 설 수도 없이 꼼짝할 수 없는 궁지에 빠짐.(= 進退兩難)

**塵合泰山(진합태산)** 티끌 모아 태산. 〈2010 한국농어촌공사〉

**嫉逐排斥(질축배척)** 시기하고 미워하여 물리침.

**疾風知勁草(질풍지경초)** 바람이 세게 불어야 강한 풀임을 안다. 위급하거나 곤란한 경우를 당해봐야 의지와 지조가 굳은 사람을 알 수 있게 됨을 비유하는 말.(-歲寒然後知松栢)

# ㅊ

**此日彼日(차일피일)** 오늘 내일 하며 일을 핑계하고 자꾸 기한을 늦춤

**創業易守成難(창업이수성난)** 일을 이루기는 쉬어도 지키기는 어렵다.

**滄海桑田(창해상전)** 푸른 바다가 변하여 뽕밭이 된다는 말. 곧 덧없는 세상의 변천을 뜻함(=상전벽해).

**滄海遺珠(창해유주)** 세상에 알려지지 않은 현자(賢者) 또는 명작(名作)을 비유하는 말.

滄海一粟(창해일속)　　　　　　　　　　　　〈2009 삼성그룹〉
넓은 바다에 떠있는 한 알의 좁쌀. 아주 큰 물건 속에 있는 아주 작은 물건을 말한다.
采薪之憂(채신지우)　자기 병을 겸손하게 일컫는 말. 아파서 나무를 할 수 없다는 뜻.(-負薪之憂)
責己之心(책기지심)　스스로 제 허물을 꾸짖는 마음
册床退物(책상퇴물)　글만 읽고 세상 물정에는 어두운 사람.
滄海一粟(창해일속)　지극히 작은 것을 의미　　　　〈2006 삼성그룹〉
妻城子獄(처성자옥)　아내의 성과 자식의 감옥에 갇혀 있다. 妻子가 있는 사람은 집안일에 완전히 얽매여서 다른 일에 꼼짝도 할 수 없음을 이르는 말이다.
天高馬肥(천고마비)　하늘이 높고 말이 살찐다는 뜻. 가을철을 일컫는 말.
千年一淸(천년일청)　황하(黃河)같은 탁류(濁流)가 맑아지기를 천년 동안 바란다. 가능하지 않은 일을 바라는 것을 일컬음.
千慮一得(천려일득)　천 번 생각하면 한 가지는 얻는다. 바보도 한 가지쯤은 좋은 생각이 있다는 뜻으로도 쓰인다.
千慮一失(천려일실)　　　　　　　　　　　　〈2007 삼성그룹〉
여러 번 생각하여 신중하고 조심스럽게 한 일에도 때로는 한 가지 실수가 있음
天崩之痛(천붕지통)　부모님이나 임금이 돌아가신 아픔을 뜻함.〈2009 SH공사〉
千思萬慮(천사만려)　여러 가지로 생각하는 것.
千仞萬丈(천인만장)　천길 만길.
千載一遇(천재일우)　일생에 다시 얻기 어려운 좋은 기회.〈2011 국민연금공단〉
天下無敵(천하무적)　세상에 대적할만한 사람이 없음.　〈2008 삼성그룹〉
靑出於藍(청출어람)　　　　　　　〈2006 시흥교육, 2008 삼성그룹〉
쪽에서 우러난 푸른빛이 쪽보다 더 푸르다는 뜻에서, 제자가 스승보다 낫다는 말.
靑出於藍而靑於藍(청출어람이청어람)　푸른색이 쪽에서 나왔으나 쪽보다 더 푸르다. 제자가 스승보다 나은 것을 비유하는 말.
樵童汲婦(초동급부)　　　　　　　　　　　　〈2009 SH공사〉
땔나무를 하는 아이와 물을 긷는 아낙네라는 뜻. 평범한 사람을 말함.
草露人生(초로인생)　풀끝의 이슬 같은 덧없는 인생.
草綠同色(초록동색)　　　〈2006 농협중앙, 2012 서울시농수산물유통공사〉

같은 처지의 사람에게 기우는 것, 가재는 게 편이다.
焦眉之急(초미지급) 〈2009 국가〉
눈썹에 불이 불음과 같이 매우 다급한 지경.(=燒眉之急)
焦土戰術(초토전술) 군대가 철수할 때 중요 시설을 불 질러 적의 공격력을 저지하고 또 적이 이용하지 못하도록 함.
蜀犬吠日(촉견폐일) 촉(蜀)나라의 개는 해를 흔히 볼 수 없기 때문에 해만 보면 짖는다. 식견이 좁은 사람이 선하고 어진 사람을 오히려 비난하고 의심한다는 뜻으로 쓰인다.
觸處逢敗(촉처봉패) 가는 곳마다 낭패를 당함.
寸鐵殺人(촌철살인) 〈광주일보, 2006 한전, 2005·2008·2009 삼성그룹〉
짧은 경구로 사람의 급소를 찌름.
春秋鼎成(춘추정성) 제왕의 나이가 젊음.
春秋筆法(춘추필법) 대의명분을 밝혀 세우는 史筆(사필)의 준엄한 논법.
春雉自鳴(춘치자명) 묻지 않는 것을 스스로 말함을 비유함.
忠言逆耳(충언역이) 좋은 말은 귀에 듣기 거슬림.
七寶丹粧(칠보단장) 많은 보물로 단장함.
七顚八起(칠전팔기) 여러 번 실패한 끝에 겨우 성공한 것.
七縱七擒(칠종칠금) 제갈공명(諸葛孔明)의 전술로 일곱 번 놓아 주고 일곱 번 잡는다는 말로 자유 자재로운 전술을 가리킨다.〈2013 국립공원관리공단〉
針小棒大(침소봉대) 〈2008 선관위·서울·경기·대전·충남농협, 2011 한국산업단지공단〉
바늘을 몽둥이라고 말하듯 과장해서 말하는 것

# ㅋ

快刀亂麻(쾌도난마) 〈2007 삼성그룹, 2008 농협중앙〉
어지럽게 뒤얽힌 일들을 시원스럽게 처리함.

# ㅌ

他山之石(타산지석) 다른 산에서 난 나쁜 돌도 자기의 구슬을 가는 데에 소용이 된다는 뜻으로 다른 사람의 하찮은 언행일지라도 자기의 지덕을 연마하는 데에 도움이 된다는 말이다.
他尙何說(타상하설)  한 가지 일을 보면 다른 일도 알 수 있다는 말
卓上空論(탁상공론)                                    〈2008 삼성그룹〉
탁자 위에서만 펼치는 헛된 논설. 실현성이 없는 허황된 이론을 일컫는다.
脫兎之勢(탈토지세)  토끼가 울에서 뛰어나오듯 신속한 기세를 말한다.
貪官汚吏(탐관오리)  탐욕이 많고 마음이 깨끗하지 못한 관리.
太剛則折(태강즉절)  너무 강하면 부러지기 쉽다는 말.
泰山北斗(태산북두)  태산과 북두칠성. 여러 사람이 우러러보는 존경받는 뛰어난 존재를 일컫는 말이다.                    〈2007 삼성그룹〉
泰山壓卵(태산압란)  태산처럼 무거운 것으로 달걀을 누른다. 쉬운 일을 뜻한다.
太平烟月(태평연월)  세상이 평화롭고 안락한 시대.
兎死拘烹(토사구팽)                         〈2006 농협중앙, 2008 삼성그룹〉
필요할 때는 쓰고 필요 없을 때는 야박하게 버리는 경우이다.
兎死狐悲(토사호비)  토끼가 죽으니 여우가 슬퍼한다. 남의 처지를 보고 자기 신세를 헤아려 동류의 슬픔을 서러워 한다는 뜻.
兎營三窟(토영삼굴)  토끼는 숨을 수 있는 굴을 세 개는 마련해놓는다. 자신의 안전을 위하여 미리 몇 가지 술책을 마련함을 비유하는 말이다.
吐盡肝膽(토진간담)  간과 쓸개를 모두 내뱉음. 솔직한 심정을 속임 없이 모두 말하는 것을 비유하는 말.
吐哺握發(토포악발)  뱉어도 보고 먹어도 보고 잡아도 보고 보내도 본다. 현사(賢士)를 구하기 위해 애쓴다는 말

# ㅍ

破鏡重圓(파경중원)  반으로 잘라졌던 거울이 합쳐져 다시 둥그런 본 모습을 찾게 됨. 살아서 이별한 부부가 다시 만나는 것을 상징하는 말로 쓰인다.
波瀾曲折(파란곡절)                                    〈2006 삼성그룹〉
생활이나 일의 진행에서 일어나는 많은 곤란과 변화
破落戶(파락호)                                        〈2008 선관위〉
재산이나 세력이 있는 집안의 자손으로서 집안의 재산을 몽땅 털어먹는 난봉꾼
波瀾萬丈(파란만장)                                    〈2006 삼성그룹〉

파도의 물결치는 것이 만장(萬丈)의 길이나 된다. 일의 진행에 변화가 심함을 비유하는 말로 쓰인다.

波瀾重疊(파란중첩)　일의 진행에 있어서 온갖 변화나 난관이 많음.

破顔大笑(파안대소)　〈2006 삼성그룹〉
즐거운 표정으로 한 바탕 크게 웃는 것.

破竹之勢(파죽지세)　〈2006 · 2008 삼성그룹〉
걷잡을 수 없이 나아가는 당당한 기세.

八方美人(팔방미인)　〈2008 서울시 · 선관위〉
여러 방면에 능통한 사람을 비유적으로 이르는 말

表裏不同(표리부동)　겉과 속이 같지 않다.　〈2004 삼성그룹, 2005 농협중앙〉

風樹之嘆(풍수지탄)　〈2006 한전 · 인천소방, 2008 경북 · 대구농협, 2009 법원 · 정통순경 · 삼성그룹, 2010 대한지적공사, 2011 농수산물유통공사〉
부모 돌아가신 뒤에 생전에 충분히 못해 드린 것을 후회하는 것.

風前燈火(풍전등화)〈2012 한국농수산식품유통공사〉
바람 앞에 켠 등불처럼 매우 위급한 경우에 놓여 있음을 가리키는 말

風餐露宿(풍찬노숙)　〈이동통신〉
바람과 이슬을 무릅쓰고 한데서 먹고 잠, 곧 큰일을 이루려는 사람의 고초를 겪는 모양

皮骨相接(피골상접)　몸이 몹시 말랐음을 일컫는 말.

匹夫匹婦(필부필부)　〈2004 삼성그룹, 2009 SH공사, 2011 수도권매립지관리공사〉
평범한 남자와 평범한 여자

必有曲折(필유곡절)　반드시 어떠한 까닭이 있음

## ㅎ

夏爐冬扇(하로동선)　여름의 화로와 겨울의 부채. 쓸모없는 재능을 말한다.

下石上臺(하석상대)　〈한국일보, 2008 법원〉
아랫돌을 빼서 윗돌 괴고 윗돌 빼서 아랫돌 괴기. 즉 임시변통으로 이리 저리 둘러맞춤을 말한다.

瑕玉(하옥)　흠이 없으면 완전한 것인데, 아깝게도 흠이 있어 결점이 된다는 뜻. 옥에도 티가 있다.

鷽鳩笑鵬(학구소붕)  작은 비둘기가 큰 붕새를 보고 웃는다. 되지 못한 소인이 위인의 업적과 행위를 비웃는다는 뜻.
鶴首苦待(학수고대)  학의 목처럼 목을 길게 늘여 몹시 기다림.  〈2005 국가〉
學如不及(학여불급)  배움은 언제나 모자라다고 생각하라.
學而不思則罔(학이불사즉망)  배우기만 하고 생각하지 않으면 그물에 갇힌 듯이 더 이상의 발전이 없다.
漢江投石(한강투석)  한강에 돌 던지기. 아무리 도와도 보람이 없다는 것.
汗牛充棟(한우충동)  짐으로 실으면 소가 땀을 흘리고 쌓으면 들보에까지 찬다는 뜻으로, 가지고 있는 책이 매우 많음을 말한다. 〈2005 마사회, 2006 경기농협, 2009 경기교육·SH공사, 2011 한국공항공사〉
☞ 오거서(五車書) 많은 장서를 이르는 말
汗出沾背(한출첨배)  〈2007 삼성그룹〉
부끄럽거나 무서워서 흐르는 땀이 등을 적신다.
含哺鼓腹(함포고복)  〈2009 경기농협, 2012 서울시농수산물유통공사〉
음식을 먹으며 배를 두드린다는 뜻. 천하가 태평하여 즐거운 모양
咸興差使(함흥차사)  〈2008 선관위, 2009 삼성그룹〉
심부름 간 사람이 돌아오지 않거나 아무 소식이 없음을 비유하는 말.
項羽壯士(항우장사)  힘이 아주 센 사람을 비유함.  〈2008 선관위〉
虛心坦懷(허심탄회)  마음에 아무런 거리낌 없이 솔직한 태도로 일에 임함.
虛張聲勢(허장성세)  〈2000 법원, 2007 서울시, 2008 선관위·국회〉
실력이 없으면서 허세만 떠벌림.
孑孑單身(혈혈단신)  아무도 의지할 곳이 없는 홀몸.
螢雪之功(형설지공)  애써 공부한 보람.
狐假虎威(호가호위)  여우가 호랑이의 위세를 빌려 호기를 부린다는 뜻. 남의 세력을 빌어 위세를 부림.  〈2009 경기농협〉
糊口之策(호구지책)  그저 먹고 살아가는 계책.
好事多魔(호사다마)  좋은 일에는 방해되는 것이 많다는 말.  〈2006 농협중앙〉
虎死留皮(호사유피)  범이 죽으면 가죽을 남기는 것과 같이, 사람도 죽은 뒤에 이름을 남겨야 한다는 말.
虎視耽耽(호시탐탐)  날카로운 눈으로 가만히 기회를 노려보고 있는 모양.
狐死兔泣(호사토읍)  〈2007 삼성그룹〉

여우의 죽음에 토끼가 운다는 뜻으로, 동료의 불행을 슬퍼하는 것.
護疾忌醫(호질기의) 〈2009 경기교육〉
병을 숨기면서 의원에게 보이길 꺼린다는 뜻. 타인의 충고를 귀담아 듣지 않음을 비판하는 말
浩然之氣(호연지기) 거침없이 넓고 큰 기개 〈2009 국가〉
呼兄呼弟(호형호제) 친형제처럼 가깝게 지냄 〈2009 대구농협〉
惑世誣民(혹세무민) 세상을 어지럽히고 백성을 속이는 것. 〈2003 경남〉
魂飛魄散(혼비백산) 몹시 놀라 정신이 없음을 가리킴.
渾然一致(혼연일치) 차별 없이 서로 합침.
渾然一體(혼연일체) 생각, 행동 의지가 완전히 하나가 되는 것. 〈2008 국회〉
昏定晨省(혼정신성) 〈2005 대구시, 2006 삼성그룹〉
저녁에는 잠자리를 보아드리고, 아침에는 문안을 드린다는 뜻으로, 자식이 아침저녁으로 부모의 안부를 물어서 살핌을 이르는 말이다.
忽顯忽沒(홀현홀몰) 문득 나타났다 홀연히 사라짐.
紅爐點雪(홍로점설) ① 뜨거운 불길 위에 한 점 눈을 뿌리면 순식간에 녹듯이, 사욕이나 의혹이 일시에 꺼져 없어지고 마음이 탁 트여 맑음을 일컫는 말. ② 크나큰 일에 작은 힘이 조금도 보람이 없음을 가리키는 말. 紅爐上點雪의 준말
畵龍點睛(화룡점정) ① 사람의 가장 요긴한 곳. ② 무슨 일을 함에 가장 긴요한 부분을 끝내어 완성시킴을 일컫는 말. 〈2009 삼성그룹〉
花容月態(화용월태) 미인의 얼굴과 태도. 〈2006 중부발전, 2008 삼성그룹〉
畵中之餠(화중지병) 바라다만 보았지 소용이 닿지 않는 것.
換骨奪胎(환골탈태) ① 얼굴이 이전보다 더 아름다워짐. ② 남이 문장을 본떴으나 그 형식을 바꿈.
歡呼雀躍(환호작약) 기뻐 소리치며 날뜀.
荒唐無稽(황당무계) 말이나 행동이 허황되어 믿을 수가 없음
會稽之恥(회계지치) 전쟁에 진 치욕을 말한다. 춘추시대 월왕(越王) 구천(勾踐)이 오왕(吳王) 부차(夫差)와 회계산(會稽山)에서 싸워 포로로 잡혔다가 굴욕적인 강화를 하고 풀려났던 고사에서 비롯된 말이다.(-臥薪嘗膽)
會心之處不必在遠(회심지처불필재원) 자기 마음에 적합한 바는 반드시 먼 곳에만 있는 것이 아님.

膾炙人口(회자인구) 널리 사람들에게 알려져 입에 오르내리고 찬양을 받음
會者定離(회자정리) 만나면 반드시 헤어지게 마련이다.
懷寵尸位(회총시위) 임금의 총애를 믿고 물러가야 할 때에 물러가지 않고 벼슬자리만 헛되이 차지함을 가리키는 말.
橫說竪說(횡설수설) 조리가 없는 말을 함부로 지껄임
孝弟仁之本(효제인지본) 효도와 공경은 인의 근본이다.
朽木糞牆(후목분장) 썩은 나무에 조각하거나 부패한 벽토에 흙칠을 하여도 소용이 없다는 뜻. 쓸모없는 사람을 비유하기도 하고 혼란한 세상을 비유하기도 한다.
後生可畏(후생가외) 〈2006 경기도·농협중앙, 2007 법원〉
후진들이 젊고 기력이 있어 두렵게 여겨짐
厚顔無恥(후안무치) 얼굴이 두꺼워 수치스러움을 모름. 뻔뻔스러움. 〈2011 농수산물유통공사〉
胸中生塵(흉중생진) 가슴에 먼지가 생긴다. 사람을 잊지 않고 생각은 오래하면서 만나지 못함을 일컫는 말이다.
興亡盛衰(흥망성쇠) 흥하고 망하고 성하고 쇠하는 것 〈2009 국가〉
興盡悲來(흥진비래) 〈2009 삼성그룹〉
즐거운 일이 다하면 슬픔이 옴. 곧 흥망과 성쇠가 엇바뀜을 일컫는 말이다.

## 02 의미가 유사한 고사성어

**길거리의 뜬소문** – 가담항설(街談巷說), 가담항의(街談巷議), 도청도설(道聽塗說)

**가혹한 정치** – 가렴주구(苛斂誅求), 도탄지고(塗炭之苦), 포락지형(炮烙之刑), 가정맹어호(苛政猛於虎)

**은혜를 잊지 못함** – 각골난망(刻骨難忘), 백골난망(白骨難忘), 결초보은

(結草報恩)

**시대의 흐름을 모르고 융통성이 없음** - 각주구검(刻舟求劍), 수주대토(守株待兎), 교주고슬(膠柱鼓瑟), 미생지신(尾生之信)

**평범한 사람들** 〈2004 삼성그룹, 2009 SH공사·인천관광공사, 2011 수도권매립지관리공사〉
갑남을녀(甲男乙女), 장삼이사(張三李四), 필부필부(匹夫匹婦), 우부우부(愚夫愚婦), 선남선녀(善男善女), 초동급부(樵童汲婦), 범부범부(凡夫凡婦)

**운명을 건 한판 승부** - 건곤일척(乾坤一擲), 배수지진(背水之陣)

**큰 일을 위해 작은 것을 희생함** - 견위수명(見危授命), 대의멸친(大義滅親), 선공후사(先公後私), 읍참마속(泣斬馬謖)

**절세의 미인** - 경국지색(傾國之色), 경국지미(傾國之美), 경성지색(傾城之色), 경성지미(傾城之美), 단순호치(丹脣皓齒), 명모호치(明眸皓齒), 절세미인(絶世美人), 월하미인(月下美人), 화용월태(花容月態), 절세가인(絶世佳人)
※ 화조월석(花朝月夕) : 아름다운 자연

**몹시 가난함** - 계옥지탄(桂玉之歎), 남부여대(男負女戴), 삼순구식(三旬九食)

**자주 바뀌어 일관성이 없음** - 고려공사삼일(高麗公事三日), 작심삼일(作心三日), 조령모개(朝令暮改), 조변석개(朝變夕改), 조석지변(朝夕之變)

**한 나라를 떠받들 만한 인재** - 고굉지신(股肱之臣), 동량지재(棟樑之材), 사직지신(社稷之臣), 주석지신(柱石之臣)

**일시적인 계책** - 고식지계(姑息之計), 고식지책(姑息之策), 임시변통(臨時

變通), 임기응변(臨機應變), 미봉책(彌縫策), 하석상대(下石上臺), 동족방뇨(凍足放尿), 암이도령(掩耳盜鈴)

**지극히 친밀한 교제 관계**　　　　　　　　〈2005 의정부, 2007 농협중앙〉
관포지교(管鮑之交), 수어지교(水魚之交), 금란지계(金蘭之契), 막역지우(莫逆之友), 문경지교(刎頸之交), 단금지교(斷金之交), 죽마지우(竹馬之友), 죽마고우(竹馬故友), 죽마구의(竹馬舊誼) 총죽지교(葱竹之交), 간담상조(肝膽相照), 금석지교(金石之交), 백아절현(伯牙絶絃), 지음(知音)

**학문이나 재주가 갑자기 늘어남**　　　　　　〈2010 한국농어촌공사〉
괄목상대(刮目相對), 일취월장(日就月將), 일진월보(一進月步)

**많은 것 가운데 극히 적은 것** - 구우일모(九牛一毛), 창해일속(滄海一粟)

**여럿 가운데 가장 뛰어난 것** - 군계일학(群鷄一鶴), 백미(白眉), 태산북두(泰山北斗), 낭중지추(囊中之錐), 철중쟁쟁(鐵中錚錚), 간세지재(間世之才)

**쳐부수기 어려운 성지(城地)** - 금성탕지(金城湯池), 금성철벽(金城鐵壁), 아성(牙城), 난공불락(難攻不落), 철옹성(鐵甕城)

**사이가 좋은 부부** - 금슬상화(琴瑟相和), 백년해로(百年偕老), 해로동혈(偕老同穴)

**서로 비슷하여 우열을 가릴 수 없음** - 난형난제(難兄難弟), 막상막하(莫上莫下), 대동소이(大同小異), 백중지세(伯仲之勢), 오십보백보(五十步百步)
반대말 : 천양지차(天壤之差), 천양지판(天壤之判), 운니지차(雲泥之差), 소양지판(霄壤之判)

**세상에 아첨함**　　　　　　　　　　　　　〈2007 삼성그룹〉
불수진(拂鬚塵), 교언영색(巧言令色), 곡학아세(曲學阿世)

**한바탕의 헛된 꿈** - 남가일몽(南柯一夢), 노생지몽(盧生之夢), 여옹지침(呂翁之枕), 한단침(邯鄲枕), 한단지몽(邯鄲之夢), 황량몽(黃粱夢), 일취지몽(一炊之夢), 황량일취지몽(黃粱一炊之夢), 일장춘몽(一場春夢)

**어떤 일의 시초** - 남상(濫觴), 효시(嚆矢)

**매우 위험한 상태**　　　　　　　　　　　　　〈2012 한국농어촌공사〉
- 누란지세(累卵之勢), 누란지위(累卵之危), 풍전등화(風前燈火), 위기일발(危機一髮), 명재경각(命在頃刻), 백척간두(百尺竿頭), 초미지급(焦眉之急), 위급존망지추(危急存亡之秋)

**진리 탐구의 어려움** - 다기망양(多岐亡羊), 망양지탄(亡羊之歎)

**면학에 대한 엄중한 권계** - 단기지계(斷機之戒), 맹모단기(孟母斷機), 단기지교(斷機之交), 맹모삼천(孟母三遷), 삼천지교(三遷之敎)

**분수를 모르고 날뜀** - 당랑거철(螳螂拒轍), 당랑지부(螳螂之斧), 일일지구불지외호(一日之狗不知畏虎)

**일이 잘못된 뒤에 후회함** - 망양보뢰(亡羊補牢), 만시지탄(晚時之歎), 십일지국(十日之菊), 사후약방문(死後藥方文), 사후청심환(死後淸心丸), 우후송산(雨後送傘)
반대말 : 유비무환(有備無患), 거안사위(居安思危)

**아주 무식함** - 목불식정(目不識丁), 일자무식(一字無識), 어로불변(魚魯不辨), 망자단청(盲者丹靑)
반대말 : 무소불지(無所不知)

**공연히 의심이 많음** - 배중사영(杯中蛇影), 오우단월(吳牛喘月), 풍성학루

**어떤 일의 시초** - 남상(濫觴), 효시(嚆矢)

**매우 위험한 상태**  〈2012 한국농어촌공사〉
- 누란지세(累卵之勢), 누란지위(累卵之危), 풍전등화(風前燈火), 위기일발(危機一髮), 명재경각(命在頃刻), 백척간두(百尺竿頭), 초미지급(焦眉之急), 위급존망지추(危急存亡之秋)

**진리 탐구의 어려움** - 다기망양(多岐亡羊), 망양지탄(亡羊之歎)

**면학에 대한 엄중한 권계** - 단기지계(斷機之戒), 맹모단기(孟母斷機), 단기지교(斷機之交), 맹모삼천(孟母三遷), 삼천지교(三遷之敎)

**분수를 모르고 날뜀** - 당랑거철(螳螂拒轍), 당랑지부(螳螂之斧), 일일지구불지외호(一日之狗不知畏虎)

**일이 잘못된 뒤에 후회함** - 망양보뢰(亡羊補牢), 만시지탄(晩時之歎), 십일지국(十日之菊), 사후약방문(死後藥方文), 사후청심환(死後淸心丸), 우후송산(雨後送傘)
반대말 : 유비무환(有備無患), 거안사위(居安思危)

**공연히 의심이 많음** - 배중사영(杯中蛇影), 오우단월(吳牛喘月), 풍성학루(風聲鶴唳), 초목개병(草木皆兵)

**아무리 실패해도 굴하지 않음** - 백절불굴(百折不屈), 백절불요(百折不撓), 불요불굴(不撓不屈), 칠전팔기(七顚八起)

**화합하기 어려운 원수 사이** - 불구대천지수(不俱戴天之讎), 빙탄지간(氷炭之間), 수화상극(水火相剋), 견원지간(犬猿之間), 빙탄불상용(氷炭不相容)

**매우 곤란한 상태** - 사면초가(四面楚歌), 진퇴양란(進退兩難), 진퇴유곡

(進退維谷), 산진수궁(山盡水窮)

**인생의 길흉은 예측하기 어려움** - 새옹지마(塞翁之馬), 전화위복(轉禍爲福)

**고향을 잊지 않는 마음** - 수구초심(首丘初心), 사향지심(思鄕之心), 호사수구(狐死首丘), 월조소남지(越鳥巢南枝)

**세상이 크게 변함** - 상전벽해(桑田碧海), 천선지전(天旋地轉)

**마음으로 서로 통함** 〈2006 한전, 2012 한국마사회〉
이심전심(以心傳心), 불립문자(不立文字), 교외별전(敎外別傳), 염화미소(拈華微笑), 염화시중(拈華示衆), 심심상인(心心相印)

**제3자가 이익을 얻음** - 어부지리(漁父之利), 방휼지쟁(蚌鷸之爭), 견토지쟁(犬兎之爭)

**그리워하여 잊지 못함** - 오매불망(寤寐不忘), 전전반측(輾轉反側), 전전불매(輾轉不寐)

**힘써 학문에 전념함** 〈2012 한국농어촌공사〉
- 자강불식(自强不息), 발분망식(發憤忘食), 수불석권(手不釋卷), 형창설안(螢窓雪案), 절차탁마(切磋琢磨), 위편삼절(韋編三絶), 주경야독(晝耕夜讀), 남아수독오거서(男兒須讀五車書), 안광철지배(眼光徹紙背), 착벽인광(鑿壁引光), 행상대경(行常帶經)

**견문이 좁음** - 정저지와(井底之蛙), 좌정관천(坐井觀天), 정중관천(井中觀天), 관견(管見)

**불가능한 일을 무리하게 하려 함** - 지천사어(指天射魚), 연목구어(緣木求魚), 이란투석(以卵投石), 육지행선(陸地行船)

**아무리 애써도 성사시키기 어려움** - 천년일청(千年一淸), 백년하청(百年河淸), 한강투석(漢江投石), 홍로점설(紅爐點雪)

**제자가 스승보다 뛰어남** - 청출어람(靑出於藍), 청출어람이청어람(靑出於藍而靑於藍), 빙수위지이한어수(氷水爲之而寒於水), 후생가외(後生可畏), 후생각올(後生角扤), 출람지예(出藍之譽)

**매우 태평스런 시절** - 태평성대(太平聖代), 강구연월(康衢煙月), 비옥가봉(比屋可封), 고복격양(鼓腹擊壤), 함포고복(含哺鼓腹)

**겉과 속이 다름** - 표리부동(表裏不同), 구밀복검(口蜜腹劍), 면종복배(面從腹背), 면종후언(面從後言), 양두구육(羊頭狗肉), 권상요목(勸上搖木)

**부모에 대한 효도** - 혼정신성(昏定晨省), 반포지효(反哺之孝), 반포보은(反哺報恩), 반의지희(斑衣之戲) 〈2011 농수산물유통공사〉

**다독(多讀)** - 남아수독오거서(男兒須讀五車書), 한우충동(汗牛充棟), 수불석권(手不釋卷), 박이부정(博而不精) 〈2011 한국공항공사〉

**정독(精讀)** - 위편삼절(韋編三絶), 독서백편의자현(讀書百遍義自見), 안광투지(眼光透紙), 정이불박(精而不博) 〈2011 한국공항공사〉

**통독(通讀)** - 주마간산(走馬看山)

**독서** 〈2009 경기교육〉
수불석권(手不釋卷), 한우충동(汗牛充棟), 위편삼절(韋編三絶)

**숙독(熟讀)** : 뜻을 생각하고 충분히 음미하면서 읽는 것 〈2007 농협중앙〉
**속독(速讀)** : 빨리 읽는 것

### 겉과 속이 다른 경우 〈2005 농협중앙〉

표리부동(表裏不同), 양두구육(羊頭狗肉), 구밀복검(口蜜腹劍), 경이원지(敬而遠之), 면종복배(面從腹背)

## 04 한자 읽기

〈2005 노동·선관위·삼성그룹, 2006 인천소방·중부발전·한전·국가, 2007 경기교육·한국수원, 2008 선관위·법원·SH공사·삼성그룹· 서울·경기·대전농협, 2009 서울시·지방·국가·SH공사·삼성그룹, 2011 방송통신심의위원회, 2012 한국마사회〉

**■ ㄱ ■**
攪亂 ··· 교란
釀出 ··· 양출
間歇 ··· 간헐
更紙 ··· 갱지
誇張 ··· 과장
怯懦 ··· 겁나
股肱 ··· 고굉
困難 ··· 곤란
句讀 ··· 구두
龜裂 ··· 균열
愆過 ··· 건과
交驩 ··· 교환
甘蔗 ··· 감자
斛量 ··· 곡량
改悛 ··· 개전
忌憚 ··· 기탄

驚蟄 ··· 경칩
乖愎 ··· 괴팍
旗幟 ··· 기치
更生 ··· 갱생
喫煙 ··· 끽연
坑夫 ··· 갱부
滑稽 ··· 골계
更迭 ··· 경질
龜鑑 ··· 귀감
敎唆 ··· 교사
詭辯 ··· 궤변

**■ ㄴ ■**
難澁 ··· 난삽
賂物 ··· 뇌물
凜然 ··· 늠연
磊落 ··· 뇌락
懦弱 ··· 나약

儺禮 ··· 나례
捏造 ··· 날조
拿捕 ··· 나포
凌辱 ··· 능욕
鹿茸 ··· 녹용

**■ ㄷ ■**
團欒 ··· 단란
島嶼 ··· 도서
遝至 ··· 답지
曇天 ··· 담천
鈍濁 ··· 둔탁
遁辭 ··· 둔사
撞着 ··· 당착
登攀 ··· 등반
獨擅 ··· 독천
陶冶 ··· 도야

**■ ㅁ ■**
滿腔 ··· 만강
牡牛 ··· 모우
煤煙 ··· 매연
母論 ··· 무론
拇印 ··· 무인
巫覡 ··· 무격
明澄 ··· 명징
萌芽 ··· 맹아
驀進 ··· 맥진
未洽 ··· 미흡

**■ ㅂ ■**
頒布 ··· 반포
不朽 ··· 불후
發穗 ··· 발수

剝奪 … 박탈
撲滅 … 박멸
反駁 … 반박
粉碎 … 분쇄
勃興 … 발흥
拔萃 … 발췌
便秘 … 변비

■■ㅅ■■
獅子吼 … 사자후
疎薄 … 소박
十方 … 시방
省略 … 생략
相殺 … 상쇄
拾得 … 습득
馴致 … 순치
酬酌 … 수작
閃光 … 섬광
上梓 … 상재
蘇生 … 소생
猜忌 … 시기
遡及 … 소급
洗滌 … 세척
使嗾 … 사주
騷亂 … 소란
猜疑 … 시의
殺到 … 쇄도
撒布 … 살포

收斂 … 수렴

■■ㅇ■■
齷齪 … 악착
軟膏 … 연고
猥褻 … 외설
凝結 … 응결
雨雹 … 우박
義捐 … 의연
軋轢 … 알력
誘拐 … 유괴
歪曲 … 왜곡
弛緩 … 이완
移徙 … 이사
硯滴 … 연적
涅槃 … 열반
剩餘 … 잉여
遊說 … 유세
謁見 … 알현
孕胎 … 잉태
容喙 … 용훼
兀然 … 올연
湮滅 … 인멸
銳敏 … 예민
濾過 … 여과
罹病 … 이병
誤謬 … 오류

隘路 … 애로
緩和 … 완화
嗚咽 … 오열
斡旋 … 알선
已往 … 이왕

■■ㅈ■■
孜孜 … 자자
稠密 … 조밀
蠢動 … 준동
箴言 … 잠언
執拗 … 집요
櫛比 … 즐비
桎梏 … 질곡
什物 … 집물
敵愾 … 적개
眞摯 … 진지
截斷 … 절단
嗾囑 … 주촉
藉藉 … 자자
點睛 … 점정
朱螺 … 주라

■■ㅊ■■
懺悔 … 참회
翠嵐 … 취람
忖度 … 촌탁
喘息 … 천식

秤板 … 칭판
熾烈 … 치열
諦念 … 체념
僭濫 … 참람
沈着 … 침착
剿滅 … 초멸
闡明 … 천명
聚落 … 취락
贅言 … 췌언
尖端 … 첨단
菜蔬 … 채소

■■ㅌ■■
唾罵 … 타매
度支 … 탁지
綻露 … 탄로
投擲 … 투척
幀畫 … 탱화
攄得 … 터득
討論 … 토론
推敲 … 퇴고
堆積 … 퇴적
洞察 … 통찰
闖入 … 틈입

■■ㅍ■■
破綻 … 파탄
編輯 … 편집

| | | | |
|---|---|---|---|
| 風靡 … 풍미 | 抱擁 … 포옹 | 解弛 … 해이 | 橫暴 … 횡포 |
| 覇權 … 패권 | | 行列 … 항렬 | 恰似 … 흡사 |
| 逼迫 … 핍박 | | 屹然 … 흘연 | 麾下 … 휘하 |
| 貶下 … 폄하 | ■■ㅎ■■ | 諱談 … 휘담 | 欣快 … 흔쾌 |
| 販促 … 판촉 | 翕然 … 흡연 | 黃疸 … 황달 | 嚆矢 … 효시 |
| 褒賞 … 포상 | 詰責 … 힐책 | 肛門 … 항문 | 膾炙 … 회자 |
| 跛行 … 파행 | 絢爛 … 현란 | 孑孑 … 혈혈 | 哄笑 … 홍소 |
| 標識 … 표지 | 恍惚 … 황홀 | 酷毒 … 혹독 | 諧謔 … 해학 |

## 05 어려운 한자 읽기와 뜻풀이

〈2005 울산농협 · 농협중앙 · 한국전력, 2006 삼성그룹 · 농협중앙 · 경기농협 · 한국농촌공사, 2007 농협중앙 · 경북농협 · 경기농협 · 한국수원 · 삼성그룹, 2008 국회 · 농협중앙 · 경북농협 · 서울 · 경기 · 대전 · 충남농협, 2009 서울시, 2010 한국농어촌공사〉

固陋(고루)   낡은 사상이나 풍습에 젖어 고집이 세고 변통성이 없음
奈落(나락)   ㉠ 지옥, ㉡ 도저히 벗어날 수 없는 극한 상황을 비유한 말
難澁(난삽)   (말이나 글 따위가) 어렵고 빡빡하여 부드럽지 못함
惱殺(뇌쇄)   애가 타도록 몹시 괴롭힘. 특히 여자가 아름다운 용모로 남자를 매혹시켜 괴롭힘
徒勞(도로)   보람 없이 애씀. 헛수고
桐梓(동재)   오동나무와 가래나무. 즉 좋은 재목을 가리키는 말
杜撰(두찬)   틀린 곳이 많은 작품
酩酊(명정)   술에 몹시 취함
跋文(발문)   책 끝에 본문내용의 줄거리나 그에 관련된 사항을 간략하게 적은 글
跋扈(발호)   제 멋대로 날뜀

拜謁(배알)  지체 높은 분을 만나 뵙는 것
布施(보시)  깨끗한 마음으로 남을 위해 돈이나 물품을 베푸는 것. 포시
芙蓉(부용)  연꽃
色讀(색독)  문장(文章)의 원뜻을 돌보지 않고 읽음
齟齬(서어)
涉獵(섭렵)  널리 이곳저곳을 다니면서 찾음. 온갖 책을 널리 읽음
菽麥(숙맥)  ㉠ 콩과 보리 ㉡ 어리석고 못난 사람
膝下(슬하)  무릎 아래. 곧 어버이의 따뜻한 보살핌 아래의 뜻
壓卷(압권)  ㉠ 여러 책 중 가장 잘 된 책, ㉡ 한 책 가운데서 가장 잘된 글
翁壻(옹서)  장인과 사위
訛傳(와전)  그릇 전함 = 유전(謬傳)
雌雄(자웅)  ㉠ 암컷과 수컷, ㉡ 승부(勝負)·우열의 비유
箴言(잠언)  경계가 되는 짧은 말
正鵠(정곡)  과녁의 한가운데 점으로 목표·핵심을 뜻하는 말
造詣(조예)  어떤 분야에 대한 깊은 지식이나 이해
咫尺(지척)  아주 가까운 거리
桎梏(질곡)  자유를 몹시 속박함. 차꼬와 수갑
剔抉(척결)  살을 긁어내고 뼈를 발라냄
靑孀(청상)  젊었을 때 남편을 여읜 여자
蔥蒜(총산)  파와 마늘
出斂(추렴)  여러 사람이 돈이나 물건 따위를 얼마씩 나누어 냄
秋霜(추상)  ㉠ 가을의 찬 서리
        ㉡ 위엄이나 엄한 형벌의 비유
秋毫(추호)  가을철에 가늘어진 짐승의 털. 매우 적음의 비유
贅辭(췌사)  필요 없는 군더더기 말
托鉢(탁발)  동냥하는 일
推敲(퇴고)  글을 지을 때 자구(字句)를 다듬고 고치는 일
沛然(패연)  비가 억수로 쏟아지는 그 기세
貶辭(폄사)  남을 헐뜯는 말
輻輳(폭주)  : 한 곳으로 많이 몰려 듦

剽竊(표절)  글을 짓는 데 남의 작품 내용의 일부를 몰래 따다 씀
筆誅(필주)  허물이나 죄를 글로 써서 비난함
糊塗(호도)  근본적으로 조처를 하지 않고 건성으로 애매하게 덮어버림
膾炙(회자)  ㉠ 회와 구운 고기, ㉡ 널리 사람들의 입에 오르내림. 화제에 자주 오름

### 한자음과 한자
〈2005 노동·선관위·삼성그룹, 2006 인천소방·중부발전·한전·국가, 2007 경기교육·한국수원, 2008 선관위·법원·SH공사·삼성그룹·서울·경기·대전농협, 2009 서울시·지방·국가·SH공사·삼성그룹, 2011 방송통신심의위원회, 2012 한국마사회·한국농어촌공사〉

| | | | | |
|---|---|---|---|---|
| 각인(刻印) | 각축(角逐) | 간과(看過) | 갈등(葛藤) | 강력(強力) |
| 거마(車馬) | 거시(巨視) | 건설(建設) | 결정(結定) | 겸허(謙虛) |
| 경협(輕俠) | 계승(繼承) | 고루(固陋) | 고사(固辭) | 과수원(果樹園) |
| 과잉(過剩) | 국제무대(國際舞臺) | | 궤변(詭辯) | 규모(規模) |
| 기미(羈縻) | 낙인(烙印) | 낭랑(琅琅) | 냉랭(冷冷) | 녹록(碌碌) |
| 논란(論難) | 농사(農事) | 농업용수(農業用水) | | 농촌(農村) |
| 누설(漏泄) | 다각화(多角化) | 당선(當選) | 대비(對備) | 대우(待遇) |
| 대출(貸出) | 도태(淘汰) | 두각(頭角) | 마찰(摩擦) | 만전(萬全) |
| 명징(明澄) | 문책(問責) | 반박(反駁) | 반추(反芻) | 방대(尨大) |
| 배상(賠償) | 배척(排斥) | 분할(分割) | 불가피(不可避) | 비등(沸騰) |
| 사소(些少) | 삭감(削減) | 삼각대(三脚臺) | 색인(索引) | 색출(索出) |
| 생략(省略) | 서간(書簡) | 서식(棲息) | 선포(宣布) | 세무(稅務) |
| 소생(甦生) | 소비자(消費者) | 솔선(率先) | 수렴(收斂) | 숙박(宿泊) |
| 슬하(膝下) | 시행(施行) | 신토불이(身土不二) | | 알선(斡旋) |
| 알현(謁見) | 양상(樣相) | 연년세세(年年歲歲) | 연연불망(戀戀不忘) | |
| 예방(豫防) | 오류(誤謬) | 오열(嗚咽) | 완벽(完璧) | 왜곡(歪曲) |
| 유예(猶豫) | 이두(吏讀) | 이윤(利潤) | 주재(主宰) | 준설(浚渫) |
| 지탱(支撐) | 질책(叱責) | 차례(茶禮) | 참신(斬新) | 창출(創出) |
| 처참(悽慘) | 천명(闡明) | 체제(體制) | 추락(墜落) | 추락(墜落) |

추렴(出斂)    취약(脆弱)    타파(打破)    퇴고(推敲)    파탄(破綻)
패배(敗北)    포용(包容)    표지(標識)    표지(標識)
필두(筆頭)    항도(恒道)    항렬(行列)    항목(項目)    해이(解弛)
해학(諧謔)    행위(行爲)    현안(懸案)    혜택(惠澤)    화훼(花卉)
확산(擴散)    환경변화(環境變化)         효시(嚆矢)    후각(嗅覺)
훼손(毀損)    휴대(携帶)    힐책(詰責)

**단어의 의미** 〈2005 울산농협·농협중앙·한국전력, 2006 삼성그룹·농협중앙·경기농협·한국농촌공사, 2007 농협중앙·경북농협·경기농협·한국수원·삼성그룹, 2008 국회·농협중앙·경북농협·서울·경기·대전·충남농협, 2009 서울시, 2010 한국농어촌공사〉

감사(感謝) : 고맙게 여기는 마음
감사(監査) : 감독하고 검사하는 것
결재(決裁) : 상관이 부하가 제출한 안건승인, 서류결재
결제(決濟) : 처결하여 끝내는 것. 돈 결제
겸양(謙讓) : 겸손한 태도로 다른 사람에게 양보하거나 사양함.
고사(苦辭) : 간절히 사양함
고취(鼓吹) : 사상 따위를 강력히 주장하여 불어넣는 것.
날조(捏造) : 어떤 일을 허위로 조작함
남상(濫觴) : 사물의 시초
냉소(冷笑) : 쌀쌀한 태도로 비웃음. (비) 조소(嘲笑)
노련(老鍊) : 많은 경험을 쌓아 그 일에 아주 익숙하고 능란한 것. (반) 유치(幼稚)
농구(農具) : 농사를 짓는데 쓰는 기구. (비) 경구(耕具)
농단(壟斷) : 이익이나 권리를 독차지함을 이르는 말
당착(撞着) : 말이나 행동의 앞뒤가 서로 맞지 않음. (비) 모순(矛盾)
물고(物故) : 죄인을 죽임. (비) 사거(死去)
미점(美點) : 성품이 뛰어난 점. (반) 단점(短點)
민속(敏速) : 날쌔고 빠르다. (비) 기민(機敏)
반목(反目) : 서로 맞서서 미워하는 것. (비) 대립(對立)
배우자(配偶者) : 부부의 한쪽 동반

자. (비) 반려자(伴侶者)
백미(白眉) : 여럿 가운데 가장 뛰어난 사람이나 물건
백수(白手) : 아무 것도 없이 난봉을 부리고 돌아다니는 사람
백중(伯仲) : 재주나 실력·기술 따위가 서로 비슷하여 낫고 못함이 없음
백치(白痴) : 연령에 비해 지능이 떨어지는 사람
사추(邪推) : 사실을 곡해하고 나쁘게 미루어 생각하는 것. (비) 시의(猜疑)
상관(相關) : 서로 관련이 있는 것
상보(相補) : 서로 모자란 부분을 보충하다.
선도(先導) : 앞장서서 인도하거나 안내함.
순화(純化) : 다른 지역에 옮겨진 생물이 점차로 그 환경에 적응하는 체질로 변하는 일
실패(失敗) : 일이 뜻대로 되지 않음. (반) 성공(成功)
역연(歷然) : 또렷한 모양. (반) 막연(漠然)
옥야(沃野) : 기름진 들 (반) 황야(荒野)
운문(韻文) : 시의 형식으로 운율을 살려 지은 글 (반) 산문(散文)
유약(柔弱) : 부드럽고 약함 (비) 연약(軟弱)
이해(利害) : 이익과 손해. (비) 득실(得失)
지향(志向) : 어떤 것을 하고자 노력하는 것.
지양(止揚) : 더 높은 단계를 이루기 위하여 어떤 것을 하지 않는 것.
집기(什器) : 집안이나 사무실에서 쓰는 온갖 기구
착공(着工) : 공사의 시작. (반) 준공(竣工)
천착(穿鑿) : 어떤 원인이나 내용 따위를 알려고 열심히 파고듦
청공(晴空) : 맑은 하늘
출연(出捐) : 금품을 내어 도와줌
치졸(稚拙) : 유치하고 졸렬함. (반) 교묘(巧妙)
타당(妥當) : 형편이나 이치에 마땅하다.
팽배(澎湃) : 기세나 사조 따위가 세차게 일어 넘침
항렬(行列) : 같은 혈족 직계에서 갈라진 계통 사이의 대수관계
호의(好意) : 좋게 생각해 주는 마음
회복(恢復) : 경기회복

# 06 육십갑자(六十甲子)

천간(天干)의 갑(甲)·을(乙)·병(丙)·정(丁)·무(戊)·기(己)·경(庚)·신(辛)·임(壬)·계(癸)에, 지지(地支)의 자(子)·축(丑)·인(寅)·묘(卯)·진(辰)·사(巳)·오(午)·미(未)·신(申)·유(酉)·술(戌)·해(亥)를 순차로 배합하여 예순 가지로 늘어놓은 것

| 갑자(甲子) | 을축(乙丑) | 병인(丙寅) | 정묘(丁卯) | 무진(戊辰) |
| 기사(己巳) | 경오(庚午) | 신미(辛未) | 임신(壬申) | 계유(癸酉) |
| 갑술(甲戌) | 을해(乙亥) | 병자(丙子) | 정축(丁丑) | 무인(戊寅) |
| 기묘(己卯) | 경진(庚辰) | 신사(辛巳) | 임오(壬午) | 계미(癸未) |
| 갑신(甲申) | 을유(乙酉) | 병술(丙戌) | 정해(丁亥) | 무자(戊子) |
| 기축(己丑) | 경인(庚寅) | 신묘(辛卯) | 임진(壬辰) | 계사(癸巳) |
| 갑오(甲午) | 을미(乙未) | 병신(丙申) | 정유(丁酉) | 무술(戊戌) |
| 기해(己亥) | 경자(庚子) | 신축(辛丑) | 임인(壬寅) | 계묘(癸卯) |
| 갑진(甲辰) | 을사(乙巳) | 병오(丙午) | 정미(丁未) | 무신(戊申) |
| 기유(己酉) | 경술(庚戌) | 신해(辛亥) | 임자(壬子) | 계축(癸丑) |
| 갑인(甲寅) | 을묘(乙卯) | 병진(丙辰) | 정사(丁巳) | 무오(戊午) |
| 기미(己未) | 경신(庚申) | 신유(辛酉) | 임술(壬戌) | 계해(癸亥) |

〈2010 인천도시개발〉

띠 : 자(子 : 쥐띠), 축(丑 : 소띠), 인(寅 : 범띠), 묘(卯 : 토끼띠), 진(辰 : 용띠), 사(巳 : 뱀띠), 오(午 : 말띠), 미(未 : 양띠), 신(申 : 원숭이띠), 유(酉 : 닭띠), 술(戌 : 개띠), 해(亥 : 돼지띠)

☞ 자시(子時) : 밤 23 ~ 01시

〈2011 농수산물유통공사〉

# 07 가족의 호칭

| 구분 | 자기 | | 타인 | |
|---|---|---|---|---|
| | 산사람 | 죽은사람 | 산사람 | 죽은사람 |
| 아버지 〈2009 SH공사〉 | 가친(家親)〈2012 농수산공사, 2013 한국마사회〉 엄친(嚴親) 부주(父主) | 선친(先親) 〈2007 경기교육, 2013 한국마사회〉 선고(先考) 선부군(先父君) | 춘부장(春府丈) 〈2008 선관위, 2012 농수산공사〉 춘장(春丈) 춘당(春堂)〈2013 한국마사회〉 영존(令尊), 대인(大人) 어르신, 어르신네 | 선대인(先大人)〈2012 농수산공사, 2013 한국마사회〉 선고장(先考丈) 선장(先丈) |
| 어머니 | 자친(慈親) 모주(母主) 가자(家慈) 모친(母親) | 선비(先妣) 〈2001 국가〉 선자(先慈) | 자당(慈堂)〈2002 국가, 2007 경기교육, 2012 농수산공사 2013 한국마사회〉 대부인(大夫人), 모당, 훤당(母堂, 萱堂), 북당(北堂), 모부인(母夫人) | 선대부인(先大夫人) 〈2001 국가〉 선부인(先夫人) |
| 할아버지 | 조부(祖父) 왕부(王父) | 선고조(先考祖) 조고(祖考) 왕고(王考) | 존조부장(尊祖父丈) 왕존장(王尊丈) 왕대인(王大人) | 선조부장(先祖父丈) 선왕고장(先王考丈) |
| 할머니 | 조모(祖母) 왕모(王母) | 선조모(先祖母) 조비(祖妣) 선왕모(先王母) | 왕대부인(王大夫人) 존조모(尊祖母) | 선왕대부인(先王大夫人) 선조비(先祖妣) |
| 아들 | 가아(家兒) 가돈(家豚) 돈아(豚兒) 미돈(迷豚) | | 영랑(令郎) 영식(令息) 영윤(令胤) | |
| 딸 | 여식(女息) 식비(息鄙) | | 영애(令愛) 영교(令嬌) 영양(令孃) 영원(令媛) | |
| 손자 | 손자(孫子), 손아(孫兒) | | 영원(令媛) 영포(令抱), 영손(令孫) | |

☞ 당숙 : 아버지의 사촌형제
　내자 : 남 앞에서 자기 아내를 부르는 말
　이질 : 언니나 여동생의 아들 딸
　생질 : 누이의 아들
　종질(당질) : 사촌형제의 아들

〈2007 경기교육〉

〈2009 경기농협〉